西北政法大学刑事法律科学研究中心系列丛书之二

未成年人犯罪的刑事司法制度研究

贾 宇 舒洪水 / 等著

知识产权出版社
全国百佳图书出版单位

图书在版编目（CIP）数据

未成年人犯罪的刑事司法制度研究/贾宇等著. —北京：知识产权出版社，2015.8

ISBN 978 - 7 - 5130 - 0910 - 2

Ⅰ.①未… Ⅱ.①贾… Ⅲ. 未成年人犯罪—刑事诉讼—研究—中国 Ⅳ.①D925.204

中国版本图书馆 CIP 数据核字（2015）第 200389 号

责任编辑：龚　卫　　　　　　　　　　责任校对：董志英

封面设计：SUN 工作室　韩建文　　　　责任出版：刘译文

未成年人犯罪的刑事司法制度研究

Weichengnianren Fanzui De Xingshi Sifa Zhidu Yanjiu

贾　宇　舒洪水　等著

出版发行：	知识产权出版社 有限责任公司	网　　　址：	http://www.ipph.cn
社　　址：	北京市海淀区马甸南村 1 号（邮编：100088）	天猫旗舰店：	http://zscqcbs.tmall.com
责编电话：	010 - 82000860 转 8120	责 编 邮 箱：	gongwei@cnipr.com
发行电话：	010 - 82000860 转 8101/8102	发 行 传 真：	010 - 82000893/82005070/ 82000270
印　　刷：	北京科信印刷有限公司	经　　销：	各大网上书店、新华书店及 相关专业书店
开　　本：	787mm×1092mm　1/16	印　　张：	12.75
版　　次：	2015 年 8 月第 1 版	印　　次：	2015 年 8 月第 1 次印刷
字　　数：	220 千字	定　　价：	42.00 元

ISBN 978-7-5130-0910-2

本书主要法律、法规文件缩略表

	全 称	缩略语
1	《联合国保护被剥夺自由少年规则》	《少年规则》
2	《联合国少年司法最低限度标准规则》	《北京规则》
3	《联合国儿童权利公约》	《儿童权利公约》
4	《联合国预防少年犯罪准则》	《利雅得准则》
5	《中华人民共和国未成年人保护法》（2012年修订）	《未成人保护法》
6	《中华人民共和国预防未成人犯罪法》（2012年修订）	《预防未成年人犯罪法》
7	《中华人民共和国法官法》	《法官法》
8	《中华人民共和国教师法》	《教师法》
9	《中华人民共和国刑法》	《刑法》
10	《中华人民共和国刑事诉讼法》（1996年）	1996年《刑事诉讼法》
11	《中华人民共和国刑事诉讼法》（2012年）	2012年《刑事诉讼法》
12	《人民检察院办理未成年人刑事案件的规定（2001年）》	2001年《未成年人刑事案件规定》
13	《人民检察院办理未成年人刑事案件的规定》（2006年）	2006年《未成年人刑事案件规定》
14	《最高人民法院关于审理未成年人刑事案件具体应用法律若干问题的解释》（2006年）	《最高法解释》
15	《最高人民法院关于审理未成年人刑事案件的若干规定》（2001年）	2001年《最高法若干规定》

绪　论

众所周知，未成年人❶犯罪日趋严重，已成为一个全球性难题。2005年，英国内政大臣承认，英国约有 1/4 的未成年人涉嫌犯罪，已被卷进一股"骇人"的犯罪浪潮中。2006 年，美国司法部的官员称，在过去 5 年里，未成年人犯罪似瘟疫般地从城市中心向郊区迅速蔓延。❷未成年人是世界的未来，如何研究未成年人犯罪以及未成年人司法制度是对我们人类未来的人文关切。未成年人司法制度是一个庞大的知识体系，它不仅是相关的理论解释体系也是相关的社会结构功能性体系。对于未成年人司法制度的研究因此也超越了法学本身的理论框架，它需要借助犯罪学、社会学、监狱学、刑事诉讼法学、心理学等相关学科的理论来解释具体问题。因此，也加大了对这一问题研究的难度。可是，未成年人刑事司法制度的研究关涉未成年人基本权利的保护，关涉未成年人犯罪的综合治理和预防，也关涉我们国家的社会和谐和未来的发展。因此，必须认真加以研究。

本书采用刑事一体化的思想，从八个方面论述了未成年人司法制度的理论和实践问题。第一，分析未成年人犯罪的现状、特点和成因；第二，考察未成年人犯罪的司法制度的历史渊源、结构模式以及理论基础和未成年人司法制度应该遵循的基本原则；第三，系统分析我国对于未成年人犯罪的立法和司法制度的规定和存在问题；第四，对我国的未成年人犯罪的

---

❶　本书鉴于表述的方便和习惯的原因，将未成年人与少年、青少年、混同使用，其含义都是指已满 14 周岁、未满 18 周岁的青少年。

❷　http：//news. xinhuanet. com/legal/2009 - 06/23/content_ 11586205. htm.

具体司法制度，如侦查制度、起诉制度、审判制度和行刑制度等进行全面系统的研究，对理论上的争议和实务中出现的问题进行多方位的思辨和理论上的分析，着重分析问题和不足并最终提出解决问题的方法；第五，对我国未成年人司法制度改革中出现的热点问题进行广泛讨论，并对理论界出现的各种观点进行梳理和分析，以期对我国未成年人司法制度的改革提供理性的思考意见。

　　本书具体分工如下：贾宇负责第一章、第二章的写作；舒洪水负责第三章、第四章的写作；王东明负责第五章、第六章的写作；怯帅卫负责第七章、第八章的写作。全书由贾宇统稿。

目　录

第一章
未成年人犯罪的特点及成因分析

一、未成年人与未成年人犯罪

未成年人，从字面上理解就是与成年人相对的还没成年的人。但是这样的解释根本解决不了问题，人们不禁会追问：那么什么是成年人？未成年人的特征是什么？成年人与未成年人的区分标准是什么？对于这些问题的回答，世界各国由于文化水平、经济发达程度、历史因素、人种因素和价值观念等的不同，实践中并没有形成统一的表述和理解。但作为与成年人相对的概念，未成年人这一概念的使用也具有相对确定的含义。不管各国对未成年人的称谓如何，都有一个共同点，即都是从法律意义上来理解未成年人的，我国也不例外。

在联合国有关法律文件中，并没有"未成年人"这一概念，与我国法律中"未成年人"相对应的法律概念是"儿童"和"少年"。《少年规则》第 11 条规定："少年系指未满 18 岁者。"《儿童权利公约》第 1 条规定："儿童系指 18 岁以下的任何人，除非对其适用之法律规定成年年龄低于 18 岁。"❶《北京规则》第 2 条第 2 款规定："为了本规则的目的，会员国应在

---

❶ 陈明华，宣炳昭，江献军. 国际刑法中的未成年人刑事责任问题研究［M］//张智辉. 国际刑法问题研究. 北京：中国方正出版社，2002：198.

1

符合本国法律制度和法律概念的情况下应用下列定义：（a）少年系指按照各国法律制度，对其违法行为可以不同于成年人的方式进行处理的儿童或少年人。"同时，在第 2 条的"说明"中规定："年龄限度将取决于各国本身的法律制度，并对此作了明文规定，从而充分尊重会员国的经济、社会、政治、文化和法律制度。这样，在少年的定义下，年龄幅度很大，从 7 岁到 18 岁或 18 岁以上不等。鉴于各国法律制度的不同，这种差别似乎是难免的，但并不会削弱本最低限度标准规则的作用。也就是说，《北京规则》对少年的规定依各国法律的不同而不同。

各国大都规定了刑事责任年龄作为未成年人介入刑事司法程序的起始年龄。从各国刑法关于刑事责任年龄的划分来看，大致可以分为以下三类：一是两分制。其中又有相对两分制和绝对两分制之分。相对两分制是将刑事责任年龄分为相对无责任时期和刑事成年时期，如《土耳其刑法典》的规定。绝对两分制是将刑事责任年龄分为绝对无责任时期和刑事成年时期。例如 1954 年的《格陵兰刑法典》。二是三分制。即将刑事责任年龄划分为绝对无责任年龄、减轻责任年龄和完全责任年龄三个阶段，如 1950 年《朝鲜民主主义人民共和国刑法》和 1956 年《泰国刑法典》；或者将刑事责任年龄划分为绝对无责任年龄、相对无责任年龄和完全责任年龄三个阶段，如 1968 年修订的《意大利刑法典》。三是四分法。即将刑事责任年龄分为绝对无刑事责任时期、相对无刑事责任时期、减轻刑事责任时期和完全负刑事责任时期，如 1929 年《西班牙刑法典》。❶ 根据我国《未成年人保护法》第 2 条规定："本法所称未成年人是指未满 18 周岁的公民。"在刑事立法中，我国现行《刑法》对刑事责任年龄的规定采用了四分法，即 16 周岁以上为完全负刑事责任年龄阶段；已满 14 周岁未满 16 周岁为相对负刑事责任年龄阶段；14 周岁以下为绝对无刑事责任年龄阶段；已满 14 周岁不满 18 周岁为减轻刑事责任年龄阶段。在我国，刑事法意义上的未成年人是指已满 14 周岁未满 18 周岁的未成年人。

在未成年人犯罪的概念问题上，有关少年刑事司法国际文件的态度前后不一。1960 年在英国伦敦召开的第二届预防犯罪和罪犯处遇大会通过决

---

❶ 马克昌. 犯罪通论［M］. 武汉：武汉大学出版社，2001：259 - 260.

议认为，凡轻微的少年违法行为，如果对于成年人不追究刑事责任的，那么就不应该以保护少年为理由处罚少年；更认为对于少年犯罪不应轻易扩大，而应该尽可能限于违反刑法的行为。❶ 1985 年通过的《北京规则》第 2 条第 2 款（b）项指出："违法行为系指按照各国法律制度可由法律加以惩处的任何行为"；（c）项规定了少年犯"系指被指控犯有违法行为或被判定犯有违法行为的儿童或少年人。"且该规则第 3 条规定本规则应用范围扩大到"不仅适用于少年犯，而且也适用于可能因犯有对成年人不予惩处的任何具体行为而被起诉的少年"。可见《北京规则》认可身份犯罪，但《利雅得准则》却对身份犯罪持否定态度，《利雅得准则》第 56 条规定："为防止青少年进一步受到污点烙印、伤害和刑事罪行处分，应制定法规，确保凡成年人所做不视为违法或不受刑罚的行为，如为青少年所做，也不视为违法且不受刑罚。"从各国对未成年犯罪的具体规定来看，美国、英国及日本采用广义的未成年人犯罪概念，即不仅包含刑法意义上的犯罪行为，而且包含那些成年人实施不认为是犯罪，而未成年人实施则认为是犯罪的"身份罪"。英美国家把未成年人的不良违法和犯罪行为统称为少年罪错。在美国，"少年罪错这一术语，既包括少年的犯罪行为，违法行为，也包括违反社会规范的不良行为"。❷ 近年来，虽然美国某些州的立法发生了一些改变，如 1961 年加利福尼亚少年法和 1962 年纽约州少年法相继作出修改，将某些身份犯罪排除少年犯罪的范畴，大多数州遵循了这一做法，将身份犯罪规定为独立的种类，但是，在美国至少有 7 个州仍旧将某种或者多种类型的身份犯罪包含在少年犯罪的范畴之内。❸ 英国少年法所规定的"犯罪"少年包括下述三类：不听父母的话和父母放任不管的少年；与不道德的人交往或其家庭成员犯有某些特定罪行（如卖淫、乱伦等）的少年；违反政府法令的少年。❹ 日本把未成年人犯罪称为"少年非行"，按照日本《新版法律学辞典》的解释，所谓少年非行，是指

---

❶ 康树华，向泽选. 青少年法学新论［M］. 北京：高等教育出版社，1996：93.

❷ 康树华. 犯罪学［M］. 北京：群众出版社，1998：590.

❸ 温小洁. 我国未成年人刑事案件诉讼程序研究［M］. 北京：中国人民公安大学出版社，2003：11.

❹ 康树华，向泽选. 青少年法学新论［M］. 北京：高等教育出版社，1996：91.

《日本少年法》第 3 条所规定的犯罪少年、触法少年和虞犯少年的总称。❶
这里犯罪少年和触法少年的"犯罪"和"触法"概念是刑法学意义上的概
念，都是指触犯刑罚法令的行为，只不过是 14 岁以上的称为犯罪，而未满
14 岁的称为触法。而虞犯少年则指参照少年的品行和环境，具有"具有不
服从监督人正当监督恶习的；没有正当理由离家出走的；同具有犯罪性质
或不道德的人交往，或者出入可疑场所的；具有损害自己或他人品德行为
的"四项理由，可能触犯刑罚法令的少年。除了上述对未成年犯罪概念采
用广义的规定外，也有一些国家对未成年人犯罪采取狭义说，即未成年人
犯罪中的犯罪概念就是国家刑事法律中规定的犯罪概念，是国家刑法所禁
止的行为，严格按照刑法来界定。如原联邦德国《青少年刑法》第 4 条规
定："少年的违法行为看作犯罪还是过错以及时效问题，皆依照一般刑法规
定处理。"《俄罗斯刑法典》第 87 条对未成年人的刑事责任作了专门规定：
"（1）犯罪之时年满 14 岁，但不满 18 岁的人，是未成年人。（2）对实施犯
罪的未成年人，可以判处刑罚，或者对他们适用教育感化性强制措施。"❷

　　我国对未成年犯罪的规定采类似上述德俄两国，对未成年人犯罪的内
涵采狭义的规定。《刑法》第 17 条规定："已满十六周岁的人犯罪应当负
刑事责任。已满十四周岁不满十六周岁的人犯故意杀人、故意伤害致人重
伤或者死亡、强奸、抢劫、贩卖毒品、放火、爆炸、投毒罪❸的，应当负
刑事责任。已满十四周岁不满十八周岁的人犯罪，应当从轻或者减轻处
罚。"据此，刑事犯罪责任年龄划分为四个阶段：其一，完全不负刑事责
任年龄阶段。即不满 14 周岁，是完全不负刑事责任年龄阶段。不满 14 周
岁的人尚处在幼年时期，还不具备辨认和控制自己行为的能力，即不具备
刑事责任能力。因而法律规定，对不满 14 周岁的人所实施的危害社会的行
为不追究责任。但是，对于不满 14 周岁不予刑事处罚的实施了危害社会行

---

❶ 康树华. 青少年犯罪与治理 ［M］. 北京：中国人民公安大学出版社，2000：15.

❷ 张忠斌. 未成年人犯罪的刑事责任研究 ［D］. 武汉：武汉大学，2005：3.

❸ 2001 年 12 月 29 日第九届全国人民代表大会常务委员会第二十五次会议通过的《中华人
民共和国刑法修正案（三）》将第 114 条中"投毒"修订为"投放毒害性、放射性、传染病病原
体等物质"；"投毒罪"罪名被 2002 年 3 月 15 日最高人民法院、最高人民检察院《关于执行〈中
华人民共和国刑法〉确定罪名的补充规定》取消，代之以"投放危险物质罪"罪名。下文出现投
毒罪的，均直接表述为投放危险物质罪。

为的人，应责令家长或监护人加以管教，也可视需要对接近 14 周岁的人由政府收容教养。其二，相对负刑事责任年龄阶段，按照《刑法》第 17 条第 2 款规定，已满 14 周岁不满 16 周岁，是相对负刑事责任年龄阶段。到这个年龄阶段的人已经具备了一定的辨认和控制自己行为的能力，因此，法律要求他们对自己实施的严重危害社会的行为，即"犯故意杀人、故意伤害致人重伤或者死亡、强奸、抢劫、贩卖毒品、放火、爆炸、投毒罪的"行为负刑事责任。对于不满 16 周岁不予刑事处罚的实施了危害社会行为的未成人，应责令家长或监护人加以管教，在必要的时候也可以由政府收容教养。《未成年人保护法》和《预防未成年人犯罪法》均明确规定："未成年人因不满 16 周岁不予刑事处罚的，责令他的父母或者其他监护人严加管教；在必要的时候，也可以由政府依法收容教养。"其三，完全负刑事责任年龄阶段。《刑法》第 17 条第 1 款明文规定，已满 16 周岁的人已进入完全负刑事责任年龄阶段。由于已满 16 周岁的未成人的体力和智力已有相当的发展，具有了一定的社会知识，是非观念和法律观念的增长已经达到一定程度，一般已能够根据国家法律和道德规范的要求来约束自己，因而他们已经具备了基本的刑法意义上的辨认和控制能力。因此，我国《刑法》规定已满 16 周岁的人原则上可以构成刑法中的所有犯罪，要求他们对自己实施的刑法所禁止的一切危害行为承担刑事责任。其四，减轻刑事责任年龄阶段。对于已满 14 周岁不满 18 周岁的人犯罪，应当从轻或者减轻处罚。这是考虑到未成年人虽然具备一定的辨别和控制自己行为的能力，但其成熟程度与成年人相比，仍有不小差距，容易受外界不良因素的影响。同时，未成年人的可塑性大，容易接受教育和改造。因此，对于未满 18 周岁的人，即便其行为构成了我国刑法规定的犯罪，在对其进行处罚时，也应当从轻或者减轻处罚。

在刑法学意义上，未成年人犯罪的认定和成年人犯罪的认定没有任何区别，严格以刑法为标准来认定某一行为是否构成犯罪。因而，在我国，如前所述，未成年人犯罪就是指已满 14 周岁未满 18 周岁的、具有刑事责任能力的自然人实施的违反我国《刑法》的规定，严重危害社会的行为。

二、我国未成年人犯罪的现状与特点

据《中国法律年鉴》的统计资料表明，整个 20 世纪 80 年代的青少年犯罪在全部刑事案件中的比例呈增加趋势：1980 年为 61.2%，1981 年为 64%，1982 年为 65.9%，1983 年为 67%，1984 年为 63.3%，1985 年为 71.3%，1986 年为 72.5%，1987 年为 74.4%，1988 年为 75.7%，1989 年为 74.1%。进入 90 年代后，青少年犯罪在全部刑事案件中的比例有所下降，但仍然十分严重：1990 年为 57.31%，1991 年为 52.88%，1992 年为 50.78%，1993 年为 50.74%，1994 年为 49.12%，1995 年为 45.54%，1996 年为 40.53%，1997 年为 37.85%，1998 年为 39.39%。❶ 近年来，未成年人犯罪现象不容乐观。据法院系统的统计，进入到审判程序的未成年人犯罪案件数量逐年上升，占全部刑事案件的比率也呈逐年增长趋势。2001 年我国法院判处未成年罪犯 49 883 人，占当年全部刑事罪犯总数的 6.68%。2002 年全国法院判处未成年罪犯 50 030 人，占当年全部刑事罪犯总数的 7.13%。2003 年全国法院判处未成年罪犯 58 870 人，占当年全部刑事罪犯总数的 7.93%。2004 年全国法院判处未成年罪犯 70 086 人，占当年全部刑事罪犯总数的 9.17%。2005 年全国法院判处未成年罪犯 82 692 人，占当年全部刑事罪犯总数的 9.81%。❷ 2006 年全国法院判处未成年罪犯 83 732 人，占当年全部刑事罪犯总数的 9.40%。2007 年全国法院判处未成年罪犯 87 527 人，占当年全部刑事罪犯总数的 9.40%。❸ 可见，在我们国家，未成年人犯罪也是一个值得注意，并亟待解决的重大社会问题。总体而言，未成年人犯罪具有以下趋势及特点。

（一）犯罪主体年龄呈现低龄化

回顾 20 世纪 80 年代以来关于青少年犯罪问题的研究文献，对青少年

---

❶ http://www.chinalawedu.com/news/16900/173/2008/9/wy056213582949800226341 –0.htm.

❷ 张有义，申欣旺. 未成年人犯罪的全方位治理 ［N］. 法制日报，2007 –08 –26.

❸ 张波，陈霞. 重庆市未成年人犯罪十年调查——以法院审判为视角 ［G］. 中国犯罪学学会第八届学术研讨会论文集：中册，2009.

犯罪主体变化特点最多的描述便是低龄化趋势日趋明显。"据典型调查，青少年初次违法犯罪的高发年龄段为 12 ~ 15 岁，比 80 年代初提前 1 ~ 2 岁；初次犯罪的高发年龄段为 14 ~ 17 岁，亦比 80 年代初提前 1 ~ 2 岁。全国绝大部分地区未满 18 岁的少年犯罪逐年增多，有些地方增长幅度超过 30% 以上。据公安部门统计，1993 年全国查获的 18 岁以下的少年作案成员为 18.1 万人，比 1984 年的 8.3 万人增加了 1 倍多。"[1] 由于各种因素所致，近年来未成年人犯罪低龄化趋势明显。2000 ~ 2002 年，14 ~ 16 岁未成年人犯罪分别占未成年人犯罪总数的 12.21%，14.63%，15.31%。湖南省未成年犯管教所在 2003 年 1 月至 2004 年 4 月收押的未成年犯 886 人中，16 岁以下的为 122 人，约占总人数的 14%。[2] 从地方法院办理的未成年人犯罪案件数据来看，犯罪人低龄化现象也日趋严重：河南省辉县市人民法院 2004 ~ 2006 年 3 年来审理的 22 件 38 名未成年人性犯罪中，2004 年 14 ~ 16 岁的有 1 人，16 ~ 18 岁的有 6 人；2005 年 14 ~ 16 岁的达 11 人，16 ~ 18 岁的有 5 人；2006 年 14 ~ 16 岁的有 7 人，16 ~ 18 岁的有 8 人。其中有一起轮奸案，4 个犯罪人作案时均不满 16 周岁。还有一起李某等 8 人轮奸案件，其中有 5 人不满 16 周岁，3 人不满 17 周岁。[3] 从上海市静安区近 3 年青少年犯罪人员的年龄特点来看，年龄在 18 岁以下的未成年犯在整个青少年犯罪中的比例明显提高，从 2004 年的 5.16% 上升至 2006 年的 24.19%，绝对人数亦有较大增加，而年龄在 21 岁以上的犯罪人员比例则逐年下降，中心城区青少年犯罪主体低龄化趋势明显。[4]

（二）财产型犯罪呈增长趋势

目前我国未成年人犯罪的动机主要是图财，据 1992 年的一次全国青少

---

[1]　郭翔. 青少年犯罪：预防、惩教与康复 [M] //中国青少年犯罪研究年鉴：2001 年第二卷. 北京：中国方正出版社，2002：321.

[2]　罗开卷，郭振兰. 转型社会中未成年人违法犯罪的现状分析与防治对策 [M] //中国刑法学年会文集（2004 年度）第二卷：实务问题研究（下册）. 北京：中国人民公安大学出版社，2004.

[3]　郭志俊，周智霞. 38 名少年缘何走上犯罪歧途？[N]. 人民法院报，2007 – 05 – 30.

[4]　郑英豪. 大城市中心城区青少年犯罪的特点、成因与预防 [D]. 上海：华东政法大学，2007.

年犯罪的抽样调查，有 68% 的青少年罪犯的作案动机是图财。随着我国经济结构的变化，分配失衡和贫富差距的增大，拜金主义、享乐主义思想在社会上蔓延、对物质财富的过度欲求致使未成年人犯罪中侵财型犯罪剧增。青少年侵犯财产类犯罪的案件主要包括盗窃、抢劫、抢夺、诈骗和敲诈勒索犯罪。这在经济相对发达的大城市表现得尤为明显。消费欲望盲目扩张，同时缺乏合法取得财富的有效途径，致使相当大一部分青少年心理失衡铤而走险走上了违法犯罪道路。20 世纪 90 年代以来，未成年人犯罪中，增长最快的是抢劫，由 1985 年仅占未成年人作案总数的 0.82% 猛增到 1995 年的 17.12%，作案人员的绝对数量也从 1985 年的 916 人增加到 1995 年的 26 154 人，净增 2 万余人，年递增率为 70.86%，尤其是到了 90 年代几乎是直线上升。其次是抢夺案，1989 年抢夺案仅占未成年人作案的 0.75%，1995 年上升到 2.0%，作案人员的绝对数由 1989 年的 1529 人上升到 1995 年的 3170 人。❶ 1998 ~ 2002 年，全国法院审理的未成年人犯罪案件中，抢劫罪占 43.66%，盗窃罪占 27.90%，两项共占 71.56%，在未成年人犯罪中居于首位。各省的情况也呈现上述特点，例如，从 2000 年至 2004 年 5 月，福建省未成年人抢劫罪占未成年人犯罪总数的 41.86%，盗窃罪占 27.9%。❷

（三）犯罪组织团伙化

犯罪组织团伙化是我国当前未成年人犯罪的突出特点。未成年人由于自身缺乏足够的体力、智力、胆量和经验，单独作案往往难以成功，因此，团伙化成为未成年人犯罪的一个显著特征。在实际中，未成年人喜欢以合群性来确定自身的形象，当一些贪图物质享受，或被社会、学校所排斥的未成年人聚到了一起，他们的违法犯罪的可能性就会逐渐增加。他们多以同学、亲戚和老乡等血缘、地缘，或者是结识于游戏机室、录像厅等低级游戏场所，共同的失落感、消极心理和志趣，使之聚合在了一起。近

---

❶ 戴宜生. 关于 2001 年中国青少年违法犯罪趋势的分析与预测 [J]. 青少年犯罪研究，2001（5）.

❷ 刘才光，林常茵. 福建省 21 世纪初期少年犯罪概况动态及审判对策 [M] //中国刑法学年会文集（2004 年度）第二卷：实务问题研究（下册）. 北京：中国人民公安大学出版社，2004.

年来，我国未成年人犯罪团伙作案的案件逐年递增，而且有向"专业化"
"集约化"方向发展的趋势。有的犯罪团伙甚至拥有严密的组织系统、作
案纪律以及防侦破措施，有些犯罪团伙组织化程度较高，有名称、有标
志、有严格的帮规、等级分明、作案时分工明确策划周全，其作案数量
多、危害程度深，作案范围往往不局限于某个地区而进行流窜性作案。初
步形成黑社会组织的雏形，这种团伙犯罪对社会危害更大。据有关统计资
料，当前未成年人犯罪中，2 人以上共同犯罪的占 40% 以上。❶ 河南省辉
县市人民法院 2004～2006 年 3 年来审理的 22 件 38 名未成年人性犯罪中，
2004 年共同犯罪的有 5 件，单独作案的有 1 件；2005 年属于共同犯罪的有
4 件，单独作案的有 1 件；2006 年属于共同犯罪的有 7 件，单独作案的有
4 件。在共同犯罪中，最少的有 2 人，最多的有 8 人。❷ 2000～2003 年，天
津、上海、甘肃、青海、宁夏、江苏、海南等地未成年人犯罪案件 70% 以
上属于团伙犯罪，河北、内蒙古、四川、浙江、湖南也占 40% 左右。❸

（四）未成年人犯罪主体的文化程度普遍较低

文化程度是社会化程度的标志之一。尽管文化程度对于社会个体是否
犯罪的意义不具有绝对性，但文化程度的高低在很大程度上影响着个人对
社会事物的接受和判断能力。一个人的文化水平过于低下，知识结构不合
理，在急剧的社会转型期，由于文化冲突剧烈、价值变迁加速、科技发展
迅猛、社会竞争残酷等很容易形成不正常的心理和各种思想障碍，就会出
现思想道德品质和心理人格上的缺陷。在某种意义上，文化程度的高低对
于个人世界观、人生观和价值观的形成和嬗变起着决定性的作用，进而制
约对正常社会心理的适应和对社会规范遵从的程度。在我国，大量本应该
进入初中或高中的部分农村未成年人由于家庭或自身原因而辍学，有的成

❶ 邵磊. 略谈我国未成年人犯罪的社会原因及司法对策 [J]. 河北青年干部管理学院学报，
2005 (3).

❷ 郭志俊，周智霞. 38 名少年缘何走上犯罪歧途？[N]. 人民法院报，2007 – 05 – 30.

❸ 罗开卷，郭振兰. 转型社会中未成年人违法犯罪的现状分析与防治对策 [M] //中国刑
法学年会文集（2004 年度）第二卷：实务问题研究（下册）. 北京：中国人民公安大学出版社，
2004.

为社会闲散人员到处游荡，有的则外出打工过早地走上了社会。这些对未成年人的世界观、人生观、价值观的形成有着巨大的影响。同时，文化程度的低下也影响着未成年人认识能力、观察能力、分析能力和判断能力等。素质低，辨别是非的能力相应较差，走上犯罪道路的可能性会比普通成年人要大，这一阶段也正是被犯罪心理学家称为"危险年龄"的阶段。调查显示，犯罪未成年人的文化教育方面呈现了两个明显特点：（1）多数未成年犯有学业失败的经历，57.1%的人学习成绩中下或根本跟不上，50.3%表示很少或从未受过老师表扬，这些数字都远远高于普通未成年人；（2）文化水平低导致许多犯罪未成年人对法律无知，法律意识淡薄。调查表明，在被调查未成年人中，有高达68.7%的人对法律知识一无所知，了解一些法律知识、知道自己的所作所为可能会触犯法律的只有30%左右。而闲散未成年人的文化程度更是令人担忧，从学习程度来看，排在前三位的是初中肄业、小学肄业、小学毕业，而其中文盲、小学和初中水平的共占到97%之多。❶ 2006年上海市静安全区青少年违法犯罪案件中，涉案青少年全部为初中以下文化，其中初中252人，小学125人，文盲12人。❷

（五）暴力型犯罪增多

根据犯罪学理论，在一个国家实现现代化的过程中，犯罪的增长将首先发生在与社会进步关系最密切的经济领域。根据这一理论，在我国经济不断稳步快速发展，进一步实现现代化的过程中，财产犯罪比例将会逐渐增大。而从我国犯罪的实际情况来看，过去未成年人犯罪类型单一，以盗窃为主。而当前未成年人犯罪的类型越来越多，由过去的单一犯罪形式向多元形式发展，其中抢劫犯罪增幅加大，暴力型犯罪严重危害社会的问题日益突出。近年来，我国未成年人犯罪性质更加恶劣，有不少未成年人参与了一些大案和要案。有的犯罪分子在光天化日之下，持枪抢劫、强奸、

---

❶ 吕红梅. 未成年人犯罪现状、成因及对策分析 [J]. 广西青年干部学院学报, 2005 (3).

❷ 郑英豪. 大城市中心城区青少年犯罪的特点、成因与预防 [D]. 上海：华东政法大学, 2007：5.

绑架、杀人，犯罪手段凶狠残暴，影响恶劣。2004年3月在长春发生的"3·23"恶性抢劫杀人案件中，5名犯罪嫌疑人中有4名是未成年人。据法院系统的统计显示，1998～2002年，全国法院审理的未成年人犯罪案件中，盗窃罪占27.9%，抢劫罪占43.7%，共计71.6%。据某省少管所统计，未成年人涉及的杀人、抢劫案件各占总数的20%以上。❶

（六）犯罪手段成人化、智能化

转移赃物等反侦查手段相当熟练。部分未成年人作案时手段隐蔽，有意破坏现场，具有明显的反侦察意识。他们往往形成犯罪团伙，采用威逼、绑架、敲诈勒索等种种手段为他人充当保护人和讨债人角色。不少青少年盗窃团伙实行盗窃、运输、销赃一条龙，利用现代化的交通和通讯工具，甚至采用高科技的电子设备等实施犯罪。他们往往利用繁华闹市做掩护，跨地区流窜作案，有的还寻求公开职业做掩护。在全球信息化的大背景下，未成年人犯罪方式由传统方式向现代方式转变，利用互联网实施诈骗，利用计算机仿制信用卡实施盗窃，使用麻醉剂实施抢劫、强奸的情况屡屡发生。另外出现了少量高科技未成年人犯罪案件，如利用黑客技术实施的计算机网络犯罪等。

（七）女性犯罪呈增长趋势

随着外来文化的不断冲击以及传统道德约束力的显著下降，女性在思想解放的同时，社会文化、社会控制却一度失衡，没有能够及时对其加以正确的引导，犯罪领域就相应出现女性犯罪绝对数逐渐增加的现象，而且其增长率远远高于男性。在女性未成年人犯罪人数增加的同时，女性未成年人在犯罪方式上还出现了由"依附型"向"独立型"发展的趋势。过去，女性未成年人犯罪往往与男性合伙作案，处于帮助男性、提供情况、望风掩护等依附地位。现在，女性未成年人单独作案或完全由女性未成年人结成团伙作案现象时有发生。自20世纪90年代以来，农村女性犯罪的比例在不断上升，且犯罪性质日益严重、犯罪类型日趋多元化、农村女性

---

❶ 胡安忠. 当代家庭与未成年人违法犯罪 [J]. 天府新论，2006（6）.

犯罪率上升成为近年来犯罪的新特点。据上海市检察院分析，进入90年代后，未成年女犯在未成年人犯总数中的比例则占据一成左右，其中卖淫犯罪就占了未成年女犯的30%左右，而农村未成年女性又占有重要比重。❶北京市某法院近年来审理的未成年人犯罪案件中，1996年未成年女性犯罪案件5件5人，占未成年人犯罪案件总数的2%，1997年增长至8件8人，占总数的4%，而1998年1~5月未成年女性犯罪案件为7件15人，占审结未成年人数的17%。❷贵州省安顺市曾摧毁一个在市区多次抢劫的犯罪团伙，10名成员均为女性，其中除一名19岁之外，其余都是11~14岁的中小学生；贵州省黎平县曾破获一起蒙面抢劫案，5名成员均为11岁、12岁的女孩子。❸大城市中心城区的青少年罪犯在年龄越来越小的同时，犯罪青少年中女性的比例也在逐年上升，2006年上海市静安区青少年犯罪中女性比例占到11%以上，虽然从总体上看男性依然占据绝对主导地位，但女性青少年罪犯的数量与比例在不断上升是个不争的事实。中心城区作为高度开放性的地域，使得并不以暴力性和破坏性见长的女性青少年实施犯罪的潜在机会增加。❹

（八）性犯罪呈增长趋势

未成年人处在青春发育期，性机能逐渐发育成熟，从而产生强烈的性意识，有接触异性的需求，有了性的欲望和冲动。同时其辨别是非能力差，抵抗不良影响的能力弱，易受不良思想的影响。当前社会文化市场上大量流行的黄色书刊、音像制品、网站等屡禁不止，在相当一部分青少年中流行着手抄本、黄色影碟，就连公开播放和发行的音像制品和文学作品中，也有色情镜头和色情描写。电脑的普及和国际互联网的迅猛发展更使这种现象难以遏制。未成年人生理发育的提前和社会文化中对性及色情的宣扬，成为未成年人性犯罪增加的诱因。

---

❶ 顾家彪. 当前我国农村未成年人犯罪的原因及对策 [D]. 武汉：华中师范大学，2007：5.

❷ 贾冬梅. 当前少女犯罪案件分析 [J]. 青少年犯罪问题，1999 (1).

❸ 崔建中. 当前女性犯罪的趋势与对策 [J]. 青少年犯罪研究，2004 (1).

❹ 郑英豪. 大城市中心城区青少年犯罪的特点、成因与预防 [D]. 上海：华东政法大学，2007：5.

（九）社会闲散人员成为未成年人犯罪的主要来源

我国正处于转型时期，加上地区经济发展的极度不均衡，城乡差别增大，造成了大量的流动人口，城市尤其是中心城区往往成为外来人口的集散地，而青少年在外来人口中占相当大的比重。他们中有很大一部分是外来的失学生、辍学生、流失生、流浪儿童，成为社会闲散人员。这部分群体由于缺乏生活经验，在各方面缺乏生活支持成为脱离了原有约束关系而又未纳入新的管理机制的城市"边缘青少年"。这些所谓的"边缘青少年"，自身辨别和控制能力的不足，极易受到中心城区繁华环境的诱惑而最终走上犯罪道路。上海市静安区 2006 年外省市户籍的青少年犯罪人数比例就达到了 80% 以上，外来流动人口的青少年犯罪数量和比例均逐年攀升。❶ 2003 年中国青少年研究会发布的一项对全国 10 个省、市近 3 000 名未成年罪犯的调查报告显示，在未成年罪犯中闲散未成年人比例高达 61.2%。根据国家公布的统计数据和调查获取的比例，调查报告认为，我国目前至少有 1 000 万闲散未成年人，而这一群体是未成年人犯罪的主要发源地。

三、未成年人犯罪的成因分析

（一）未成年人犯罪的生理与心理特征分析

儿童发展心理学认为，6~7 岁到 11~12 岁为学龄初期，即小学阶段；11~12 岁到 14~15 岁为学龄中期，即初中阶段；14~15 岁到 17~18 岁为学龄晚期，即高中阶段。处于后两个阶段的未成年人，在生理、心理、认知、行为特征等方面具有儿童和成人的双重特点，这一阶段的未成年人在人生发展过程中"不确定"因素最多，属于人生的"危险期"。社会化明显提前，他们的身高、体重、性机能等生理的成熟大大快于智力、性格、

---

❶　郑英豪. 大城市中心城区青少年犯罪的特点、成因与预防［D］. 上海：华东政法大学，2007：5.

道德观和自我意识等心理的成熟，这就造成他们在生理发育、心理发展、社会期望、生活欲望之间呈现出明显的矛盾，加之社会经验缺乏，对于问题的看法和事情的处理往往失之片面、极端，在各种不良因素的刺激下，容易走上违法犯罪道路。

进入青春期后，未成年人生理上开始出现明显变化，内分泌迅速增多，心、脑、肺、肌肉等各项体征发育加快，智力增长，性心理逐步出现与增强。未成年人精力旺盛，"从11岁至18岁的能量代谢率平均值要比18岁以后多消耗8 000卡"❶但大脑对其活动的调节控制能力又相对薄弱，因而过剩的精力极可能被用于暴力犯罪中。由于内分泌旺盛，少年情绪经常兴奋性高，容易受外界环境感染而冲动。而大脑的控制力较低，则容易产生冲动型犯罪。❷有学者认为，额叶前部皮下层和未成年人犯罪也有一定关系。额叶前部皮下层是大脑中的一个区域，它的作用是让人有自我约束能力。它是大脑发育过程中最后成熟的部分，完全成熟需要几十年的时间。具有不成熟的额叶前部皮下层的个体，行为约束能力差。虽然没有相关的研究证明青少年犯罪严重的原因之一是青少年的额叶前部皮下层发育不成熟，自控能力差，但根据额叶前部皮下层作用的原理仍然不难得出这样的结论。❸生理、智力、心理以及社会经验等发展之间的不平衡，使他们在身心上呈现出多种矛盾。首先是精力过剩与调节能力低的矛盾。未成年人生理机能迅速发育，使他们的活动量增大，日常学习生活之余仍有大量过剩的精力和体力，但是由于他们心理水平的提高相对缓慢，缺乏足够的调节和控制过剩精力的能力。因此，在外界不良因素的影响下，过剩的精力常常用之不当，往往将过剩的精力用于抢劫、性犯罪等暴力性的犯罪活动中。其次是兴奋性高和控制力低的矛盾。由于未成年人腺体的发育，内分泌非常旺盛，大脑常常处于兴奋的状态，导致他们的情绪兴奋性高容易冲动，但是由于他们的大脑皮质发育尚未成熟，自我控制能力欠缺，容易出现冲动性和情景性犯罪。最后性机能发育成熟和道德观念缺乏的矛

---

❶ 康树华. 犯罪学——历史、现状、未来 [M]. 北京：群众出版社，1998：627.

❷ 梅传强. 犯罪心理学 [M]. 北京：法律出版社，2003：176.

❸ 李伟. 犯罪学的基本范畴 [M]. 北京：北京大学出版社，2004：72.

盾。未成年时期，性机能逐渐发育成熟，从而产生强烈的性意识，有接触异性的需求，有了性的欲望和冲动。然而，他们缺乏组建家庭和负担家庭的法律道德责任和经济能力，从而产生了生物性和社会性的矛盾。如果这一时期的未成年人不能正确处理好这对矛盾，那么就不可能正确对待两性关系，就有可能放纵自己，对自己的行为不加约束控制，从而强化这对矛盾，导致性犯罪。❶

随着年龄的增长，青春期的未成年人逐渐产生了比较复杂的心情。他们对所接触到的一切都感到新奇，在追求新奇方面敢作敢为，意志越来越坚定，却又处于不稳定阶段，思想和行为容易受外界环境的影响和支配，对事物的模仿本能显得很突出。❷ 他们感觉自己已经长大成人，产生强烈的独立性心理倾向，希望摆脱成人，尤其是父母的管束和指导，表现出明显的心理闭锁和孤独感。这种闭锁使青少年在心理上与成年人产生隔阂，不愿互相交流思想感情，但同时他们又渴望被人理解，希望与人交流。这种矛盾使他们不愿意与父母和老师沟通，却希望与同龄伙伴拉帮结伙，从而容易被人引诱，走上犯罪道路。❸ 从整体上看，未成年人犯罪主体在其需要、动机、认识、情感以及意志因素方面都呈现出与成年人所不同的特征。

第一，需要与动机因素。动机产生于需要，推动未成年人犯罪的需要主要有：膨胀的物质需要，不当的性欲求，哥们儿义气，嫉妒，逞能好胜，自我显示等。未成年人的需要因素表现为物质需求畸形、精神需求空虚。有些未成年人把物质享受视为生活幸福的标志，这种扭曲的观念必然导致畸形的需求，喜欢攀比炫耀、争强好胜，向往花天酒地、纸醉金迷的腐化生活，倘若某种需求受客观条件所限难以得到满足就会不择手段，铤而走险。而在精神需求上，正处于萌动期，求知欲、好奇心强烈而辨别、鉴赏能力差，面对各种文化垃圾，呈现出极度的空虚，倾向于庸俗化、低级化。这种物质需求畸形和精神需求空虚，极易在外界刺激、引

---

❶ 郑荣富. 预防未成年人犯罪的法社会学研究 ［D］. 兰州：西北师范大学，2007：16.
❷ 康树华. 犯罪学——历史、现状、未来 ［M］. 北京：群众出版社，1998：629－630.
❸ 梅传强. 犯罪心理学 ［M］. 北京：法律出版社，2003：177.

诱下产生不可遏抑的犯罪动机，这种犯罪动机偶发性强，简单模糊，很少预谋性，随机性强，不稳定，带有强烈的情绪性和情感性，和成年人相比，犯罪动机的未被意识的特征比较显著，即他们常常对动机本身的意识很模糊。

第二，在认识因素上，表现为对社会认知、他人认知和个人认知的缺陷。在商品经济和外来文化的冲击下，传统价值观念面临分化、重组，腐朽的拜金主义、享乐主义和个人主义思想乘虚而入，在潜移默化中腐蚀着未成年人的心灵，使他们的精神世界发生扭曲、裂变。从而使其对于自己所处的社会产生片面的偏激的认识。与此同时，正处于青春叛逆期的未成年人，心智尚未成熟，缺乏理性分析能力，因而常常导致善恶不分，是非颠倒。一方面对长辈的正面规劝多持抵触、逆反态度，甚至滋生敌对、憎恶乃至仇恨情绪，另一方面，随着自主空间的拓展，在模仿与从众心理的驱动下，又极易与社会上的不法分子或其他劣迹少年在心理上、行为上逐渐趋同。由于心理较生理发展相对滞后，未成年人无法对自己作出客观全面的评价，在各种不良因素的影响下，要么自以为是，狂妄自大，要么自暴自弃，极易走向幼稚、荒诞的极端。

第三，情感因素。在这一特定生长阶段，未成年人大脑皮层兴奋占优势，感觉灵敏，反应迅速，情绪波动大。而社会竞争的激烈又使当代教育过于急功近利，从而导致未成年人的自尊心更易受伤害。由于对刺激的反应不均衡，又缺乏自我调节能力，所以未成年人常常意气用事，情感多于理智，易于激动，也易于受挫，情绪极不稳定。他们缺乏高级的社会性情感，低级情感占主导地位，过分以自我为中心、冷漠、无同情心。实施犯罪时总是伴随着激烈的甚至猛烈的情绪暴发，作案时具有强烈的情绪亢奋性。另外，情绪体验低级、庸俗，他们的喜怒哀乐的变化，往往与低级、庸俗的需要相联系。

第四，在意志因素方面，表现为抵御犯罪的意志力薄弱而实施犯罪的意志力顽固。未成年人的意志能力有一定的自觉性和果断性，但尚不坚定，一些成年人看起来稀疏平常的现象都可能攻破他们的意志力防线。普遍存在的侥幸心理和强烈的逆反心理，会在无形中加固实施犯罪的意志力，表现出犯罪意志的顽固性，一些未成年人把"背道而驰"曲解为"特

立独行"，标榜自己不为劝诫所动、坚持劣行才是有意志力的体现，并以此在同伴中耀武扬威，自鸣得意。❶

（二）未成年人犯罪的外部成因分析

犯罪心理学认为：心理缺陷是造成犯罪的内在原因，而客观外在的不良刺激是形成犯罪心理的源泉。❷ 有关解释未成年人犯罪心理形成原因的理论很多，"青春期危机理论"认为，人的发展是由本能的生物人向理智的社会人发展的过程，在相近似的环境中，青少年之所以比成年人更易于越轨，主要是身心发展及社会化程度的差异所致。青春期危机导致未成年人比成年人更容易越轨；未成年人越轨是以生理学和心理学为基础，而不是以道德为基础；生理发展超前与心理发展相对滞后所形成的剪刀差，是未成年人越轨的基本动因。社会失调论认为，社会结构的失调势必导致一批低文化青少年层的出现，这是青少年犯罪率升高的社会原因。我们目前尚处于市场经济的初级阶段，社会结构的调整、利益集团的重组是必然的社会现象，但未成年人对于社会发展规律的了解和理解还非常肤浅，他们还不具备客观分析、冷静对待的能力，贫富两极分化程度的不断加强、城市与农村的差异越来越大、特殊权力集团贪污腐败愈演愈烈等现实的社会现象，带给未成年人更多的是感官上的刺激和严重的心理失衡，有时会直接引发犯罪。不良环境决定论认为，由于青少年认识能力低下，富于易感性和冲动性，自控力薄弱，在不良环境因素的影响下易于产生违法犯罪心理。不良文化环境常常会使人在潜移默化中受到感染，在非自觉的情况下于不经意之间受到影响。❸ 然而，任何一例未成年人犯罪都不是在某一单一因素的作用下产生的，未成年人犯罪正是在来自社会、家庭以及学校种种客观因素的综合影响下，通过一定的心理活动而形成的。

1. 家庭因素

家庭环境影响着未成年人成长和发展，甚至可能起着决定性的作用。

---

❶ 龙昶. 未成年人犯罪的心理特征及原因分析［J］. 新西部，2007（12）.

❷ 罗大华，何为民. 犯罪心理学［M］. 杭州：浙江教育出版社，2002：136.

❸ 樊颖. 青少年犯罪心理探讨［D］. 成都：四川大学，2005：4－5.

良好的家庭环境中，未成年人对家庭的依恋感强烈，家庭能孕育未成年人健康的心理和健全的人格，为未成年人健康成长提供必要的条件，不良的家庭环境则会削弱未成年人对家庭的依恋，导致未成年人人格缺陷和行为偏差，往往是造成违法犯罪的重要因素。改革开放以来，中国家庭随着经济的迅猛发展也正在发生着巨大的变化，以往那种夫妻、父母、子女和兄弟姐妹共同劳动、互相协作、相互依靠的景象已不复存在。城乡二元结构促成的大量的流动人口，导致大量家庭，特别是农村家庭的非完整化以及大量农村留守儿童的存在。在某种程度上而言，中国传统的家庭结构已经解体。同时，由于婚姻和家庭观念的多元化，导致了离婚率的上升和单亲家庭的增多，家庭教育的职能被大大削弱。所有这些都成为我国青少年犯罪增加的重要原因。具体而言，下列家庭因素对未成年犯罪的发生起着重要的影响：

第一，家庭结构残缺。生活在结构残缺家庭中的孩子由于无法得到正常家庭所应当享有的家庭温暖，导致其中不少人逃学、厌学、中途辍学、流落街头，有时还要遭受来自社会的歧视以及多种不公正的待遇，很容易致使其心理失衡，而养成冷酷无情、玩世不恭的性格特征，从而成为违法犯罪的心理基础。司法部《少年犯罪与改造研究》课题组对全国16个省、市、区18所少管所的6 495名少年犯的问卷抽样调查表明，有26.6%的少年犯来自结构残缺的家庭。❶ 上海浦东新区的统计表明，1999～2001年浦东新区的单亲、离异家庭孩子违法犯罪，分别占当年未成年人犯罪的56%、61%、63%。❷ 北京市海淀区法院少年法庭2003年受理的未成年人犯罪案件中，来自单亲家庭的少年犯占少年罪犯总数的26.4%。❸ 可见，结构残缺的家庭对未成年人成长有诸多不利。

第二，家庭关系恶化，亲子关系简单。即使家庭结构是完整的，如果父母感情不和，经常发生冲突，也容易导致子女有越轨行为。因为不顺利的婚姻生活往往使父母无暇顾及子女的事务，这种控制力量的消失正是未

---

❶ 康树华，向泽远. 青少年法学新论［M］. 北京：高等教育出版社，1996：177.
❷ 顾君忠. 浅析家庭因素与青少年犯罪的关系［J］. 青少年犯罪问题，2002（4）.
❸ 尚秀云. 家庭教育应当成为预防未成年人犯罪的第一道防线［J］. 青少年犯罪问题，2004（4）.

成年人越轨的主要原因之一，而且它比父母离异对子女造成的负面影响还要大。子女夹在父母之间，心理会受到极大的损害和不良影响，慢慢会在个性上出现缺陷，容易养成空虚、烦躁、不安和失望的情绪，造成性格内向、孤僻自卑。为逃避紧张的家庭气氛，极易离家出走。另外，有些父母忙于追求金钱或者自己的事业，忽视与家人共享家庭生活的时间与空间，或者不懂得情感交流的方式，无法了解家人子女的心理状态，对子女放任自流，致使亲子关系更加简单化、疏远，甚至达到对立、冲突的程度，造成子女在家里得不到安全或情感上的满足和慰藉，就可能逃离家庭，在社会上寻求支持与认同，很容易因为社会经验不足或者受到不良的引诱而走上违法犯罪的道路。

第三，父母的不良行为。家庭中的社会化很多都是在无形中进行的，父母的言谈举止、态度等对未成年人发生着潜移默化的影响。犯罪行为是后天习得的，是在与他人的交往过程中习得的，对犯罪行为的学习的最主要部分发生在关系最亲密的群中，并且儿童时期发展的犯罪行为很可能会持续一生。[1] 根据 1992 年全国人大内务司法委员会委托中国青少年研究会对 8 省青少年违法犯罪行为进行的调查显示，违法犯罪的青少年中，家庭成员有违法记录的占 20.5%。[2] 深圳对犯罪人员家庭状况的调查发现，父母有抢劫、盗窃、吸毒、贩毒、嫖娼、婚外情、赌博等违法犯罪记录或不良嗜好的，占被调查家庭的 19%。其中未成年人家庭的"问题父母"达 22%，高于成年组家庭的"问题父母"。[3] 上海 1999 年一项调查反映，生活在问题家庭中的青少年犯罪为正常家庭青少年犯罪 8 倍多。[4] 由此可见，父母不良行为对未成年人犯罪具有严重的负面影响。

第四，不当的教育方法。目前我国许多家庭的管教方式都存在不当之处，主要表现为娇惯溺爱、粗暴生硬或者放任自流。家庭的教养方式直接关系到教育的成败，特别是粗暴的教育方式，使子女意识不到家庭

---

[1]　刘晓英，康明树，马琰，黄淼. 影响青少年犯罪的家庭原因探析［J］. 中国青年研究，2005（1）.

[2]　周振想. 青少年犯罪学［M］. 北京：中国青年出版社，2004：214.

[3]　周芦萍，余长秀. 城市家庭问题与青少年违法犯罪［J］. 青少年导刊，2002（1）.

[4]　郭翔. 家庭变迁与青少年犯罪［J］. 青少年犯罪研究，2000（3）.

的温暖，对家庭缺乏归属感，从而在加深了亲子之间的矛盾与冲突的同时，养成了孩子的自卑心理或攻击性人格，容易作出过激行为。总之，不遵循未成年人生理、心理特征和成长规律，往往是未成年人形成不良习惯和危险人格的重要因素，是导致未成年人犯罪的一个很直接、很重要的原因。

2. 学校因素

学校也是未成年人社会化的重要场所。良好的学校教育，可以对家庭教育的不良影响起到弥补和矫正的作用，帮助未成年人抵制和消除不良社会因素的影响。但是，学校教育还存在某些不尽如人意的缺陷和失误，具体主要包括以下几个方面：第一，学校教育内容单纯。我国目前的学校教育仍然以知识和智力教育为主，在衡量一个学校教学质量的好坏仍然以升学率为主要指标的情况下，学校仅注重孩子的学习成绩，忽略对未成年人全方位的教育，特别是忽视思想品德教育。德育教育往往是方法简单、陈旧或是流于形式，而且内容空洞、脱离实际，对学生缺乏吸引力，致使学生难以树立正确的人生观和价值观，造成少数学生社会公德较差，是非观念不强，私欲、物欲、征服欲、占有欲膨胀。在社会转型期的种种不良风气的影响下，在广为蔓延的精神垃圾和不健康信息的毒害下，一部分心理发展不平衡、道德品质较差、抗干扰力较弱的未成年人很容易行为越轨，甚至实施犯罪行为。第二，青春期性健康教育和性道德教育不够。未成年人处在青春期，而有些学校有意无意采取回避态度，使未成年人无法通过正当渠道接受正确的青春期性健康、性道德教育，性知识严重匮乏。而广播、电影、电视、广告、音像作品、书刊中有关性的露骨描写、表述又会导致未成年人产生性好奇、性冲动，由于缺乏自制力，极易走上性犯罪的道路。青春期性教育和心理健康教育滞后，性知识和性教育的渠道不畅通，得不到及时、正确的指导，使得未成年人在性知识上表现为愚昧无知，于是，在好奇心的驱使下，他们把探索的目标投向了色情网站及淫秽音像制品等，这也是造成未成年人犯罪的主要原因之一。

3. 社会因素

未成年人的成长过程是一个社会化的过程。社会化，是指个体在与社会的互动过程中，逐渐养成独特的个性和人格，从生物人转变成社会人，并通过社会文化的内化和角色知识的学习，逐渐适应社会生活的过程。社会化是一个贯穿人生始终的长期过程。个人凭借生而俱有的自然属性和生物本能是不能在社会中生存的，而必须通过社会化途径学习和掌握社会文化知识和规范，才能适应社会，才能在特定的社会环境中生存下来。❶ 社会化是培养社会个体掌握社会生活法则的过程，无疑社会成员个体所处社会环境具备的条件，对于个体社会化来说就至关重要。缺乏必要的社会条件，成员个体的社会化就会出现缺陷、偏差而无法顺利完成。根据社会化过程理论，犯罪是个体与社会以及个体与各种社会化机构在个体社会化过程中相互作用的结果。未成年人的社会化不仅受到家庭、学校等因素的影响，由于接受社会化的未成年人价值观念和道德观念尚未定型，存在较多不稳定因素，易变性较大，更容易受到来自社会中诸因素的影响，使不良因素侵入其意识中。如果未成年人长期处于充斥严重违法犯罪因素的环境中，而其本身又具有强烈的好奇心，则很可能就对犯罪因素进行盲目模仿，最终走向犯罪的道路。这些不利的社会因素主要表现在以下方面：

第一，社会转型带来的不利影响。社会转型过程中由于社会发展失衡而导致的社会极化与社会排斥是造成未成年人，尤其是农村未成年人犯罪的社会根源。当前，我国正处在深刻的社会转型期，社会结构急剧变迁，社会分化加速，利益格局不断分化和重组，从而也加速了社会极化，由于收入差距拉大而出现社会距离拉大。对于大量的农村未成年人以及社会闲散未成年人而言，消费主义的高涨和享乐主义的盛行与社会贫富差距的悬殊必然会造成心理的失衡，对财富的大量占有和高质量生活享受的渴望和追求不断得到外界环境的激发，从而引发未成年人以违法犯罪的极端方式来实现个人需要和欲望。由于历史原因，我国长期实行城乡二元分割的社会管理制度。城乡二元分割的社会制度把农村未成年人排斥在正常的经济、政治、文化、教育等活动之外，对农村未成年人的多项权利及其自身的发展起着很大程度的限制。具体而言，农村的未成年人在经济、社会关

---

❶ 郑杭生. 社会学概论新修 ［M］. 3 版. 北京：中国人民大学出版社，2003：83 - 85.

系、保障制度、教育以及文化上都受到社会的排斥。各种社会排斥相互缠绕、相互加强。教育排斥导致能力贫困，能力贫困导致就业排斥；在就业排斥作用下，农村未成年人最终陷入经济贫困，而政府并未为农村未成年人提供相应的社会支持、社会援助以及社会保障。农村未成年人在各种社会排斥下已经难以得到经济的、制度的、文化的支持，最终由于经济压力或心理压力而走上抢劫、偷盗、贩毒、杀人等犯罪道路。❶

第二，不良文化及社会腐败现象的消极影响。文化，作为人类在社会历史发展进程中创造的精神财富，对人们的思想影响很深。高尚、健康的文化能陶冶情操、净化心灵、催人奋进，而低级、庸俗甚至反动的文化则可以使人颓废、消沉、追求无聊甚至反动的东西。未成年人处在青春发育期，辨别是非能力差，抵抗不良影响的能力弱，易受不良思想的影响。改革开放以来，相对于高速发展的经济，精神文明建设却相对滞后，在引进国外优秀文化、先进科学技术和管理方式的同时，一些腐朽的消极文化也乘虚而入。如西方文化所鼓吹的民主自由思想、极端个人主义思想、金钱至上的思想导致一些青少年盲目追求个人自由和个性开放，导致以自我为中心，集体观念和社会责任心都大打折扣，也致使一些青少年逐渐滋长了极端享乐主义思想，使他们为了享乐可以损人利己、不择手段。同时，社会上不良文化泛滥，暴力、色情、恐怖的电影、电视、录像、图书刊物等充斥社会，社会上通过网络、报刊、杂志、书籍、影视作品渲染色情、暴力、凶杀情节的现象屡禁不止，加之我国几千年的封建思想残余根深蒂固等因素严重冲击着社会主义市场，使未成年人的思想和身心受到不同程度的影响。这种消极文化对我国青少年犯罪起着直接的刺激与诱发作用，在很大程度上直接诱发和加剧了未成年人犯罪。在不良文化诱发未成年人犯罪的同时，社会上的腐败现象也起着不可忽视的负面影响。虽然我国一直致力于反腐倡廉，但不可否认的是，当前社会上的腐败现象仍然大量存在。任人唯亲，打击报复，行贿受贿，敲诈勒索，党风不正等现象依然非常严重。腐败现象集中表现为权力转化为资本，资本又转化为权力的恶性

---

❶ 顾家彪. 当前我国农村未成年人犯罪的原因及对策［D］. 武汉：华中师范大学，2007：7－10.

循环。这些腐败现象导致了社会道德水平的下降，是诱发和助长犯罪思想，产生犯罪行为的基础，尤其是对于涉世未深的青少年影响更大。他们耳闻目睹理论与现实的巨大反差而陷入困惑，进而对社会产生怀疑和抵触甚至反叛。从某种意义上讲，对于大量的未成年人犯罪，社会负有不可推卸的责任。

第二章

未成年人司法制度概述

一、未成年人司法制度的历史发展

未成年人犯罪古已有之，在人类社会的最初阶段其处理模式与成年人相比并无特殊之处。因此，这时期也不可能形成现代意义上的"未成年人"的概念。在人类社会的早期，未成年人只处于父母的私人财产的地位，根本不具有独立的法律意义上的"人"的地位。如《汉谟拉比法典》中规定，子女是父亲的私产。随着历史的发展，人们逐渐认识到未成年人的身心发展程度等方面与成年人存在很大差异。但是仍没有将未成年人作为独立的个人，只是将其视为"小大人"附属于成人社会，处于被支配、被规制的地位，属于驯服的对象，父母对其有绝对的支配权。这一时期的未成年人还完全是法律的客体，根本没有任何的法律地位。随着经济的发展，人类文明程度的逐渐提高，在世界上经济发展活跃的地区开始在法律层面上关注未成年人的法律地位。如《查士丁尼法典》宣告要建设儿童的绝对自由，宣称儿童不是他们父母的私有财产。罗马法还对未成年人的行为能力作出规定，宣告他们为无民事行为能力或限制行为能力人。❶ 但是，

---

❶ 王雪梅. 儿童权利论［M］. 北京：社会科学文献出版社，2005：19.

这时期还没有形成"童年"的观念。

从 17 世纪开始，在启蒙运动的推动下，"童年"的观念开始逐渐形成并发展起来。1641 年，美国马萨诸塞州率先承认儿童是有自由权利的人。当"童年"的观念出现后，刑事司法领域中那种将未成年人犯罪与成年人犯罪一视同仁的做法所具有的不正义、不人道性日益被揭露出来，并为人道主义者、儿童权利保护主义者所不容。他们开始致力于为未成年人建立一个更好的、更人道的法律制度，一场"拯救儿童"运动在欧美诸国展开。这项运动极大地推动了未成年人概念的产生，并最终促成了世界上第一个少年法——1899 年美国伊利诺伊州《少年法庭法》的诞生。这部法律的诞生标志着未成年人开始真正地独立于成年人，被作为社会中独立的个体，享有了"人"的法律地位。❶

进入 20 世纪以后，国际社会开始关注未成年人的特殊性，着力发展对未成年人的特殊保护，并制定通过了一系列的国际公约，如《儿童权利公约》《北京规则》《利雅得准则》《少年规则》等。这些国际公约既是实体法规范也是程序法规范，既规定了未成年人的法律地位、权利能力、行为能力等实体权利，也规定了对未成年被害人、犯罪嫌疑人、被告人以及罪犯的特殊保护司法制度。至此，"未成年人"作为人类的特殊群体，由于其身心的特殊性受到人类社会的特殊关照和法律的特殊保护，这已经成为人类历史发展的时代潮流和不可遏制的时代精神，并已经成为世界大多数国家和国际社会的立法实践，它标志着人类的认识水平、文明程度等达到了一个较高的层次。

未成年人司法制度是随着未成年人观念的形成而逐步发展起来的。如前所述，1899 年，美国的伊利诺伊州制定了世界上第一部少年法。根据这部法律，芝加哥市库克县创建了世界上第一个少年法院，这标志着未成年人司法制度在人类社会的诞生。少年法院的建立，立刻掀起了美国少年法院运动热潮。该运动快速遍及了整个美国，就在芝加哥少年法院成立后的 5 年内，11 个州建立了类似的少年法院。1938 年，美国国会通过了联邦系统的《少年法院法案》。到 1945 年，美国所有州都通过了类似法案，建立

---

❶ 翁跃强，等. 未成年人刑事司法程序研究［M］. 北京：中国检察出版社，2010：2.

了各自的少年审判制度。少年审判模式的产生，成为世界各国效仿的对象。1908年英国制定了《儿童法》，并成立了少年法院。1908年德国建立了第一个少年法院，于1923年制定了《少年法院法》。1912年法国建立了青少年法院，并颁布了《青少年保护观察法》（1954年改为《少年犯罪法》）。此后，日本、意大利、荷兰等国家也先后建立了形式多样的少年法院。今天，世界上大多数国家和地区建立了相对独立的少年司法制度，并且在国际社会也逐步形成了一整套国际少年司法准则。未成年人司法制度的建立体现了成人社会对未成年人特殊性的关注和对未成年人天性的尊重。它以国家制度的形式确立了未成年人在人类社会的应有地位，标志着未成年人观念在人类社会的最终确立，也可以说是标志着"未成年人"在人类社会的诞生。❶

二、未成年人司法制度的构成和制度模式

（一）未成年人司法制度的构成

未成年人司法制度的构成问题，理论界主要有两种观点。

第一种观点称为少年司法制度的基本结构。储槐植教授从未成年人司法制度的实际运作机制的角度，认为少年司法制度的基本结构由两部分组成：纵向结构和横向结构。未成年人司法的管辖对象构成了横向结构，它包括两个层次：违法行为和犯罪行为；未成年人司法的执行主体构成了纵向结构，它包括四个层次：公安机关、检察机关、人民法院、司法行政机关。❷

第二种观点称为少年司法制度的基本构造。姚建龙主张这种称法，他是从法社会学的角度分析少年司法制度的内在结构，并使用"构造"代替"结构"一词。姚建龙根据司法制度是由概念系统、组织系统、规则系统和设备系统所构成的观点，认为未成年人司法制度同样是一个由概念系

---

❶ 姚建龙. 长大成人：少年司法制度的建构［M］. 北京：中国人民大学出版社，2003：9.
❷ 储槐植. 刑事一体化与关系刑法论［M］. 北京：北京大学出版社，1997.

统、组织系统、规则系统和设备系统所构成的，"软""硬"皆备的大系统。未成年人司法制度的概念系统，即理论基础包括两部分：一是未成年人司法制度与司法制度及其他制度所共有的理论基础；二是未成年人司法制度所特有的理论基础，如少年司法的理念、少年司法权的理论、少年司法的理论等。少年司法制度的组织系统是少年司法制度构建的核心。少年司法制度本质上是一种"法庭模式"，在少年司法制度的组织系统中以专门的少年审判机构（如少年法庭、少年法院、家庭法庭等）为首要，少年审判机构居于少年司法组织系统的核心和统领地位。少年司法制度的规则系统包括少年司法组织规则和少年司法活动规则。少年司法组织规则包括少年司法组织的设置规则和少年司法组织的关系规则。少年司法活动规则主要指少年司法组织机构处理少年案件活动所应该遵守的刑事、行政等方面的法律规定，既包括实体法规定，也包括程序法规定。少年法律体系构成了少年司法制度的规则系统。少年司法制度的设备系统，是指少年司法制度运作所必需的各种物质设施，如专门法庭、专门建设的少年监狱等。❶

　　少年司法制度的构成，前述两种观点是学界代表性的两种观点。第一种观点对少年司法制度构成作了平面化的分解，第二种观点对少年司法制度作了立体化的全方位的解读。少年司法制度的构成或者组成的现有研究文献非常少见，可以说这个问题没有引起学者们的重视或者关注，但是对这个问题的研究对于少年司法制度研究体系的建立具有重要意义。无论是第一种储槐植的观点，还是第二种姚建龙的观点，都是试图将少年司法制度所应当包含的内容用一个体系性的框架把它架构起来，使得少年司法制度的各项具体内容在其框架中有一个明晰的脉络引导，有一个合理的位置可以归属。这种体系性的架构是每一门学科都不可缺少的，对少年司法制度的研究也是一样。❷

（二）未成年人司法制度的模式

　　未成年人司法制度的模式问题，如前所述，世界各国，尤其是西方发

　　❶ 姚建龙. 长大成人：少年司法制度的建构［M］. 北京：中国人民大学出版社，2003.
　　❷ 杨盛欢，许建军. 少年司法制度的构成与模式述评［J］. 广西政法管理干部学院学报，2009（2）.

达国家，都陆续制定并通过了关于未成年人犯罪的法律，成立旨在处理未成年人犯罪的少年法院或者法庭。由于各国的历史传统、法律文化等方面的差异，尽管对待未成年犯罪的基本理念相同，都是保护。但在未成年人事件的处理上却出现了两种差异性的操作模式：一种是少年法庭的形式，又被称为司法模式。其中由于两大法系国家法律传统的不同，少年法庭被赋予了不同含义。英美法系国家主要以福利性为主，少年法庭主要是民事性质而非刑事性质。而大陆法系则属于刑事性质的法庭。另一种是以瑞典为代表的福利委员会处理模式，对少年完全采取一种保护的姿态，保护的对象十分广泛，包括犯罪和违法的少年、需要照顾的孤残少年等。最近，又兴起了一种社区参与模式，它是介于司法模式与福利委员会之间的一种处理模式。下面对这几种模式作简要介绍。

1. 福利模式

这种模式以美国为代表，多见于英美法系国家。这种模式主张，未成年人犯罪是家庭、社会、学校的共同责任，是一种病态的社会现象。因而，未成年人触犯刑法不应受到严厉的惩罚，而应该采取教化、感化、帮助的态度，刑罚的目的在于教育而不是惩罚。刑事司法的主要任务是教育未成年人改过自新，尽快回归社会。在这种模式下，一切以未成年人的利益最大化为标准。与普通的刑事法院相比，是一种完全不同的司法模式。它不是刑事性质的，而是具有民事性质，鲜明地体现了福利型少年司法制度的特色。具体而言，其主要体现在以下几个方面：

第一，少年法院管辖的对象并非局限于违法犯罪的少年，而是包括无人抚养的、被遗弃的以及有违法行为的少年儿童三大类。而对于犯法少年儿童案件，由于凡是够得上刑事处罚的案件，均由少年法院送普通法院审理，因此，少年法院的所有工作更多的是审理无人抚养的、被遗弃的少年儿童案件。这样的少年法院类似慈善机构。

第二，从少年法院的审理方式来看，法律并没有规定一套可供法官审理案件的专业程序，而是创造了一种"圆桌式"的对话方式。这种审理方式，并不具有传统意义上的民事、刑事审判的含义，进一步淡化了诉讼色彩，凸显出对少年的人文关怀和保护理念。

第三，从少年法院的制裁措施看，把教育措施和保护处分作为常用的手段。

第四，从诉讼的提起看，检察官在少年法院审理案件过程中的地位和作用完全被观护人所代替，观护人还代替行使了部分属于律师的职能。这使得传统上的抗辩式机制几乎被完全排除。❶

更具特色的是瑞典、挪威、丹麦等国家，它们先后通过了少年福利法，建立起社会福利委员会或者儿童福利委员会，专门处理少年保护案件和部分少年犯罪案件。以瑞典为例，15 岁以下的少年犯罪，虽然不受刑事处罚，但是由儿童福利委员会专门管辖。对于 15 ~ 18 岁少年和 18 ~ 21 岁少年犯罪案件，则由福利委员会与普通法院交叉管辖。大多数 15 ~ 18 岁的少年犯罪案件，通过法律途径从刑事诉讼程序移送儿童福利委员会，而且儿童福利委员会能够影响诉讼程序的启动，公诉人很大程度上根据儿童福利委员会的意见决定是否起诉。

2. 司法模式

司法模式主张人们应该对其行为负责，并强调司法的威慑性和补偿性。但基于未成年人犯罪的特殊性，未成年人认识能力和水平不及于成年人，所以，对于未成年人犯罪，一方面要采取教育手段，而另一方面要同时采取惩罚措施，但主要是通过惩罚达到教育的目的。这种模式的兴起，主要是未成年人犯罪急剧增加，单靠教育手段很难达到防卫社会的目的。因此，原先实行福利模式的国家，如美国等，不得不兼顾司法的需要，逐渐回归司法模式。加拿大 1908 年未成年犯罪法案的通过，标志着未成年司法福利模式的确立，但是随着未成年人犯罪的泛滥和公众对于过于宽松处罚的反对，经过多次法律修改，加拿大已经回到司法模式。这种模式下的诉讼程序较为正式，有专门的法官进行法庭审理，法官的自由裁量权比较少，庭审实行抗辩式，通常检察官和律师也要介入诉讼程序。强调程序的正当性，被告人在被认定为犯罪之前是无罪的，并享有程序上的保护。法官科处的刑罚代替了个体化的、不固定的措施，并且刑罚也具有固定的和

---

❶ 张利兆. 未成年人刑事政策研究［M］. 北京：中国检察出版社，2006：44；姚建龙. 长大成人：少年司法制度的构建［M］. 北京：中国人民公安大学出版社，2003：309.

成比例的性质。❶

3. 社区参与模式

社区参与模式又称绿色模式，或者衡平与恢复性司法模式。这种模式是在人类认识到了传统的福利模式和司法模式存在各自的不可克服的弊端的基础上，对未成年人犯罪的司法模式进行的有益的尝试。它一方面是为了克服福利模式过于强调对未成年犯罪人的教化，却付出了惨重的社会代价的矛盾；另一方面也是为了克服司法模式对于未成年人犯罪过于强调惩罚和社会保护而忽略未成年人犯罪的特殊性，侵害未成年人的基本权利的矛盾。恢复性司法模式以"实现修复正义，重塑社会和谐"为理念，以柔性司法为特征，通过协商谅解方式，实现各方利益的协调，达到实现犯罪改造与社会恢复的目的。具体运行方式是：通过犯罪人、受害人和社区等利害关系人共同商讨的形式，协商决定对犯罪问题的处理，协商达成满足各方需求的协议，使得犯罪人能够真正认识到自己行为的危害性以及给受害人带来的痛苦，通过道歉和补偿，获得受害人和社区的谅解，实现犯罪人的教育改造，修复犯罪所破坏的社会关系，恢复社会的和谐。

未成年人恢复性司法理念一经诞生就受到世界各国的关注，并迅速为许多国家所接受。英国的1998年《犯罪与妨害治安法》和1999年《青少年司法和犯罪证据法》都涵盖了恢复性司法的内容。1999年7月28日，联合国作出了题为《制定和实施刑事司法调解和恢复性司法措施》的1999/26号决议。2002年4月经社理事会、预防犯罪和刑事司法委员会，又通过了《关于在刑事事项中采用恢复性司法方案的基本原则》的决议。在实践方面，从1974年第一个恢复性司法案例产生到现在，世界上许多国家都出现了大量相似的恢复性司法案例。在美国，至少有14州的少年法典规定了恢复性司法，且不同的州规定了不同的操作方式，并设立了大量的恢复性司法组织与机构，如恢复性司法研究所、调解与冲突研究中心、司法之友等。英国也有许多恢复性司法的研究与实践组织，恢复性司法联合体伦敦门诺中心、全国犯罪人关怀和重新安置协会等。

---

❶ 翁跃强，等. 未成年人刑事司法程序研究 [M]. 北京：中国检察出版社，2010：6-7.

这种新型的司法模式，既注意保护未成年人权利，又关注到受害人、社会的需求，有利于避免传统司法的不良干预，使未成年犯罪人更好地回归社会，更利于受害人权益保护、社会纠纷的化解，使社会关系、社会秩序恢复到和谐状态。虽然这种理论还不成熟，还处于研究探索阶段，但是这种模式所具有的非刚性的司法特色，满足各方需求的制度优势，却日益显示出其巨大的生命力。❶ 一定程度上，这种司法模式代表了未成年人刑事司法制度的发展方向。

三、未成年人刑事司法制度的理论基础

未成年人刑事司法制度之所以区别于普通刑事司法制度，在于犯罪主体和犯罪原因的特殊性。这些特殊性也正是设定未成年人刑事司法制度的基础。另外，刑罚理念的发展变化，教育刑理论的兴起也为未成年人刑事司法制度提供了坚实的理论依据。

（一）教育、感化的刑事政策与教育刑理论

教育刑论认为刑罚不是报应，而是教育，以教育有社会危险性的人复归社会为目的。19 世纪后半期，教育刑理论逐步兴起，并为当代各国刑事立法与刑事司法所普遍接受。有些国家甚至在宪法中表达了教育刑的理念。例如，《意大利宪法》第 27 条第 3 款规定：刑罚不能有与人道相悖的处遇，必须以对被判刑人的再教育为目的。❷ 教育刑理论对于现代未成年人犯罪处遇政策的形成影响深远，当今各国普遍对未成年犯罪人实行不同于成年犯罪人的特殊处遇政策。德国学者阿尔布莱希特教授指出："尽管对于未成年犯在法律上也应对其犯罪（犯罪意图必须被证明）负责，但是其最为根本的目的还是对其教育和使其康复。并且，对未成年人的处理不是建立在他的罪行或者罪行的严重程度之上，而是建立在未成年犯罪者和他或者她的需要上。""对未成年犯罪人进行教育，而忽略一般的预防、威

---

❶ 翁跃强，等. 未成年人刑事司法程序研究 ［M］. 北京：中国检察出版社，2010：7－8.
❷ 杜里奥·帕多瓦尼. 意大利刑法学原理 ［M］. 陈忠林，译. 北京：法律出版社，1998：348.

慑。这并不意味着对未成年犯罪人进行处理不需要遵循比例原则。对未成年犯罪人的处置必须在教育原则的指引之下与其自身的犯罪行为和犯罪人的基本情况相适应。"❶

（二）未成年人的身心特点与刑罚个别化

刑罚个别化，即是反对以离开行为人的犯罪行为本身为标准，来科处统一的刑罚，主张应该按照犯罪人的个人情况科以与此相应的不同的刑罚，由此使犯罪人能够回到社会上来的思想。❷ 即要求刑罚应当与罪犯的个人情况相一致。刑罚个别化是与刑罚的目的相关联的。"刑罚的目的是一般预防或者是特殊预防，虽然历史上存在着争论，但后来刑罚具有两重目的的观点得到比较普遍的认可。"而特别预防"是为了防止个人实行犯罪对个人的作用。他包含个人身体的、心理的教育作用"❸。而对于未成年人而言，其身心各方面均处于发展不成熟时期，生理、智力、心理以及社会经验等发展之间尚未平衡，在生理上表现为精力过剩而调节能力低、兴奋性高而控制力低、性机能发育成熟而道德观念缺乏。在心理方面，未成年人的需要、动机、认识因素、情感因素和意志因素均与成年人有所差别。因此，在未成年人犯罪的审判中，如果仅仅根据所犯罪行裁量刑罚，不考虑未成年犯罪人的性格、家庭、社会经历与交往、个人表现以及犯罪前后的情况等，不利于对未成年犯罪人的教育挽救。世界各国立法和司法实践都考虑未成年人的身心特点，并以此为依据构建本国的未成年刑事司法制度，我国也不例外。因此，可以认为，未成年人不同于成年人的身心特点决定了未成年人刑事司法制度的特殊性。

（三）未成年人的社会化与实证学派的决定论

刑法学上的实证学派又称为新派，是在 19 世纪末产生的。新派的决定论是相对于古典学派的非决定论而言的。古典学派主张非决定论，即认为

---

❶ 杨雄. 未成年人刑事案件中社会调查制度的运用 [J]. 法学论坛，2008（1）.

❷ 木村龟二. 刑法学词典 [M]. 顾肖荣，等，译. 上海：上海翻译出版公司，1991：416.

❸ 马克昌. 比较刑法学原理 [M]. 武汉：武汉大学出版社，2002：830.

犯罪人责任承担的实质是源于其"自由意思",这种"自由意思"不受其他因素的决定。新派的决定论则否定自由意思,认为"犯罪人是由素质和环境决定的,对具体的行为道义上没有应予非难的理由;刑事责任的根据不在于人有自由意思"❶。在关于犯罪的原因上,新派的决定论同样否认犯罪源自人的自由意志,菲利(Ferri)把犯罪的原因分为人类学的原因、社会学的原因与物理学的原因。这些原因导致了犯罪,而不是由无原因的自由意志导致了犯罪。李斯特(Liszt)把犯罪原因分为个人的原因与社会的原因。犯罪一定是基于某种原因产生的,因此,只对已经发生的行为进行非难、追究责任还不能防止犯罪,未来防止犯罪就必须研究犯罪原因。❷

　　未成年人的成长过程是一个社会化的过程。社会化,是指个体在与社会的互动过程中,逐渐养成独特的个性和人格,从生物人转变成社会人,并通过社会文化的内化和角色知识的学习,逐渐适应社会生活的过程。社会化是一个贯穿人生始终的长期过程。个人凭借生而具有的自然属性和生物本能是不能在社会中生存的,而必须通过社会化途径学习和掌握社会文化知识和规范,才能适应社会,才能在特定的社会环境中生存下来。❸ 社会化是培养社会个体掌握社会生活法则的过程,无疑社会成员个体所处社会环境具备的条件,对于个体社会化来说就至关重要。根据社会化过程理论,犯罪是个体与社会以及个体与各种社会化机构在个体社会化过程中相互作用的结果。未成年人犯罪作为一种复杂的社会病态现象,尽管有其自身的原因,但更多的在于家庭、学校、社会等各个方面的责任。家庭结构残缺、家庭关系恶化、亲子关系简单、父母的不良行为及不当的教育方法、青春期性健康教育和性道德教育不够、社会转型带来的不利影响、不良文化及社会腐败现象的消极影响等所有这些来自家庭、学校和社会中的不良因素都可能阻碍、影响未成年人的社会化过程,导致未成年人走上违法犯罪的道路。目前国际社会对未成年人司法制度的基本定位是,不应主要根据犯罪构成,而应根据其犯罪成因来对犯罪的未成年人进行处理。因

---

❶ 马克昌. 比较刑法学原理 [M]. 武汉:武汉大学出版社,2002:433.

❷ 张明楷. 外国刑法纲要 [M]. 北京:清华大学出版社,1999:13 – 14.

❸ 郑杭生. 社会学概论新修 [M]. 3 版. 北京:中国人民大学出版社,2003:85.

此，在办理未成年人刑事案件时，应当全面调查其家庭情况、学校情况、社会交往、个人经历等方面，寻找诱发其犯罪的主客观因素，充分利用有利的条件，通过全面调查，办案机关可以综合考虑未成年人的社会、家庭背景、平时表现等，并作为对犯罪的未成年人作出适当处理的参考依据。从决定论的角度而言，青少年犯罪除了其自身的主观因素外，社会因素也是主要的因素。因此，未成年人的刑事司法制度要以此为基础，反映"社会性"这一要素的客观要求，公正合理地解决未成年人犯罪问题。

四、我国未成年人刑事司法的基本原则

未成年人刑事司法的基本原则是指由国内法或者国际法规定的，贯穿于未成年人犯罪的侦查、起诉、审判和执行等各个环节，公、检、法、司等国家机关在处理未成年人犯罪时必须遵循的基本准则。体现了未成年人司法的基本理念，是未成年人刑事司法制度的核心和精髓，也是指导未成年人刑事司法活动的准绳，关系着整个未成年人刑事司法制度的建立、运行和发展。但是，理论界对于未成年人刑事司法的基本原则并没有取得一致意见，不同的学者基于不同的理解提出了各种主张。主要分歧在于到底包括哪几种原则，这些原则是随意的排列还是具有自身的逻辑内涵。结合我国立法司法现状和国际未成年人刑事立法司法实践，我们认为，未成年人刑事司法应该遵循的基本准则按其逻辑顺序主要有以下几个。

（一）双向保护原则

双向保护原则是我国未成年人刑事司法制度的首要原则。其基本含义是指：少年司法既要保障社会的安全、秩序，也要考虑未成年人的特点，注重保护失足少年，努力把两者有机结合起来，力图实现未成年人司法中人道主义精神与预防犯罪之刑罚宗旨的和谐统一，做到保护社会和保护少年的统一。该原则起源于 1985 年联合国大会第 40 届会议通过的《北京规则》。该规则第 5 条的"说明"中明确提出，对犯罪的未成年人适用刑罚"不仅应当根据违法行为的严重程度而且也应根据本人的情况来对少年犯

作出反应……应当确保对罪犯的情况和对违法行为、包括被害人的情况所作出的反应也要相称"。通常认为这段表述确立了对未成年人刑事立法与司法最重要的一项原则——保护社会利益与保护未成年犯罪人的双向保护原则。

在我国，目前已基本形成了保护未成年人的法律防治保护体系。从立法上看，刑法、刑事诉讼法、未成年人保护法、预防未成年犯罪法等法律体系已经形成，为有效保护未成年犯罪人提供了立法依据；从司法实践上看，最高司法机关先后出台了《关于办理未成年人刑事案件适用法律的若干问题的解释》《关于审理未成年人刑事案件的若干规定》《人民检察院办理未成年人刑事案件的规定》《公安机关办理未成年人违法犯罪的规定》《关于办理少年刑事案件建立相配套工作体系的通知》等形成了比较完善的未成年人犯罪的司法操作规定。应当说，我国未成年人犯罪的双向保护原则已基本做到了有法可依。这为我国贯彻国际法所确立的双重保护原则提供了制度保障，奠定了坚实的基础。

需要注意的是，保护社会与保护少年之间并非一种机械统一的关系，它并不排斥特定条件下的侧重。事实上，就少年司法制度从普通司法制度中独立出来的初衷的价值来看，在一定程度上它是强调对于少年的保护的。无论是《儿童权利公约》《利雅得准则》《少年规则》等国际公约、联合国文件，还是《未成年人保护法》《预防未成年人犯罪法》等国内法，这一点都有较为明显的体现。在我国已经形成了较为完备的保护少年的具体司法原则，如适应青少年身心发展特点原则、迅速简化原则、全面调查原则、法律帮助原则、自我保护原则等。

（二）预防为主、减少司法干预原则❶

这一原则有两个基本含义：一是对于少年犯罪的治理应当注重防患于未然，而不在于事后补救性质的司法干预；二是对于司法干预手段的使用应该极为慎重，尽量减少司法干预，避免司法干预可能给少年造成的不良影响。由于青少年身心特点，司法干预很可能会给他们造成伤害，或者对

---

❶　姚建龙. 少年司法制度原则论［J］. 青年探索，2003（1）.

他们未来的健康成长带来不利影响，过度的司法干预也往往起不到有效治理青少年犯罪问题的成效。因此"预防为主、减少司法干预原则"已经成为世界少年司法制度所认同的一项基本原则。《利雅得准则》是一部专门规定少年犯罪预防的国际少年司法准则，对青少年犯罪预防的重要性作了充分强调。该准则第一节第 1～6 条规定"预防少年犯罪是社会预防犯罪的一个关键部分""要成功地预防少年犯罪，需要全社会进行努力""年轻人应该发挥积极作用，应该参与社会活动，而不应仅看作社会化或控制的对象""预防少年犯罪的政策和措施应避免对未造成严重损害儿童发育和危害他人的行为而给儿童定罪和处罚"。《北京规则》在其基本观点中指出："会员国应尽力创造条件确保少年能在社会上过有意义的生活，并且在其一生中最易沾染不良行为的时期使其成长和受教育的过程尽可能不受犯罪和不法行为的影响。应充分注意采取积极措施充分调动所有可能的资源，包括家庭、志愿人员及其他社区团体以及学校和其他社区机构，以便促进少年的幸福，减少法律进行干预的必要，并在他们触犯法律时对他们进行有效、公平及合乎人道的处理。"又在第 1 条说明中解释道："这些主要的基本观点及总的社会政策，旨在尽可能促进少年的幸福，从而尽量减少少年司法制度进行干预的必要。这样做也可减少任何干预可能带来的害处。"预防为主、减少司法干预原则，既是我国少年法所确立的一项基本原则，也是我国少年司法实践的特色。1991 年 9 月全国人大常委会通过的《未成年人保护法》从家庭保护、学校保护、社会保护、司法保护四个方面努力为未成年人构建完善的保护网络，以避免未成年人走入歧途。1996 年 6 月通过的《预防未成年人犯罪法》是一部规定预防未成年人犯罪的专门性法律，它是预防为主、减少司法干预原则的集中体现。我国历来强调以非司法的方式处理青少年问题，预防为主，尽量减少司法干预的思想已经成为我国处理少年问题的特点和传统。

有必要指出的一点是，预防为主、减少司法干预原则与我国目前宜适当扩大少年司法保护范围是并行不悖的。预防为主、减少司法干预原则并不等于排斥一切形式的司法干预，本质上而言，它所强调的也是对青少年的保护，这与适当扩大司法保护范围的宗旨是一致的。就我国少年司法制度的发展现状而言，总体上并不存在国外许多国家的司法干预过度问题。

相反，它的一个主要不足之处恰恰是对青少年的司法保护范围过窄。此外，预防为主、减少司法干预原则主要是对少年刑事司法制度所提出的要求，而适当扩大司法保护范围并不限于少年刑事司法，它还包括少年民事司法和少年行政司法。

（三）"教育为主、惩罚为辅"的原则

对未成年人犯罪采取"教育为主、惩罚为辅"的原则，已经形成源远流长的惯例。如前所述，美国伊利诺伊州在 100 多年前就制定了《少年法庭法》，并于同年组建了世界上第一个少年法庭。此后，美国各州以及瑞典、西班牙、意大利、芬兰等欧洲国家纷纷效仿。《北京规则》《利雅得准则》这些刑事司法准则确立了"少年宜教不宜罚"的精神。所谓"少年宜教不宜罚"，其基本含义是：对于少年的犯罪与不良行为，应当尽量采取教育性手段，而不宜施以刑罚，惩罚少年只是一种不得已而为之的最后手段。在这种国际背景下，近年来我国也在《未成年人保护法》《预防未成年人犯罪法》中规定了"教育为主、惩罚为辅"的原则。《最高法解释》和《未成年人刑事案件规定》以及 2012 年《刑事诉讼法》中也规定了类似的原则。可见，针对未成年犯罪人的教育和惩罚，教育是目的，惩罚是手段。对未成年犯罪人从宽处理，彰显刑法对未成年人这一特殊群体的人文关怀，有助于更好地实现预防未成年人犯罪的目的，从而促进社会的可持续发展及和谐发展❶。

"教育为主、惩罚为辅"原则的基本要求是：❷ 对待未成年犯不能像对待成年犯那样，立足于其罪行、罪责而适用成比例、相适应的报应刑，而应当在查清犯罪事实的基础上，分析其犯罪的原因，并根据其犯罪的原因对其进行认罪伏法、悔过自新的教育，像父母对待孩子、老师对待学生、医生对待病人那样对待犯有罪错的少年，通过严厉而又慈爱的法制教育和伦理观、世界观、人生观教育以及文化知识的学习，矫正其犯罪心理，培养其规范意识，从而达到将误入歧途的孩子重新塑造成对社会、国家有用

---

❶ 冯卫国. 刑法总则定罪量刑情节通释 ［M］. 北京：人民法院出版社，2006：81.

❷ 梁根林. 当代中国少年犯罪的刑事政策总评 ［J］. 南京大学法律评论，2009（3）.

之材的功效。

（四）迅速简约原则

迅速简约原则，是指对未成年人案件的侦查、起诉、审判都应迅速进行，简化诉讼程序，提高诉讼效率，以减轻因诉讼拖延而对未成年被追诉人造成的不利后果。未成年人案件在具备适用简易程序的条件时，应尽量适用简易程序。迅速和简约是互相关联的，简约是迅速的前提，迅速是简约所要达到的目的和效果，两者相辅相成。但是需要注意的是"迅速"不能为了追求办案速度和效率而超越法定程序，"简化"也不意味着每一个未成年人犯罪的案件都适用简易程序。需要明确的是，贯彻此原则应依据法定的程序进行，不能为了追求速度和效率而剥夺或限制未成年人应该享有的诉讼权利。

迅速简约原则能够及时惩罚犯罪，实现刑罚对未成年人的教育和改造效应。现代国家适用刑罚的目的在于一般预防和特殊预防，为实现刑罚目的，要求犯罪行为的发生与法院对犯罪的否定性评价之间的时间距离尽量接近，以增强刑罚的可感性和实现刑罚的教育功能。❶ 意大利著名刑法学家贝卡利亚早在 1764 年就在其名著《论犯罪与刑罚》中对此作过具体的论述，一方面，就实现一般预防来说，"……刑罚的及时性是比较有益的，是因为：犯罪与刑罚之间的时间隔得越短，在人们心中，犯罪与刑罚这两个概念的联系就越突出，越持续，因而，人们就很自然地把犯罪看作起因，把刑罚看作不可缺少的必然结果。"另一方面，就实现特殊预防来说，"只有使犯罪和刑罚衔接紧凑，才能指望相联的刑罚概念使那些粗俗的头脑从诱惑他们的、有利可图的犯罪图景中立即猛醒过来"❷。

贯彻迅速简约原则，有利于保护未成年人的合法权益，实现诉讼的公正。贝卡利亚认为："惩罚犯罪的刑罚越是迅速和及时，就越是公正……说它比较公正是因为：它减轻了捉摸不定给犯人带来的无益而残酷的折

---

❶ 左卫民，周光权. 论刑事诉讼的迅速原则 [J]. 政治与法律，1992 (3).

❷ 贝卡利亚. 论犯罪与刑罚 [M]. 黄风，译. 北京：中国大百科全书出版社，1993：56 – 57.

磨，犯人越富有想象力，越感到自己软弱，就越感受到这种折磨。"❶ 迅速
简约的诉讼程序，可以减少对未成年犯罪嫌疑人（被告人）采取强制措施
的时间，减少诉讼活动对未成年人的伤害。办理未成年人案件迅速简约原
则也是联合国有关公约所确认的准则。《北京规则》第20条规定"每一案
件从一开始就应迅速处理，不应有任何不必要的拖延"。在未成年人案件
中，迅速办理原则是首要的问题，因为"随着时间的推移，少年理智和心
理上就越来越难以把法律程序和处置同违法行为联系起来"。在审判实践
中，应将简易程序作为首选的审理程序，尽量加以适用，只要是公诉机关
建议适用简易程序的，法院一般都应予采纳；对于符合条件而公诉机关没
有建议适用简易程序的，法院则应主动提出适用简易程序。适用简易程序
可避免控辩双方激烈对抗的情形，也可使法庭气氛达到严肃与缓和相济，
使审判形式同未成年人的心理承受能力相适应。我们认为，在借鉴"圆桌
审判"❷ 方式的基础上应坚持"三不简"原则，以具体落实对未成年被告
人的司法保护。"三不简"即诉权不简（在送达起诉状副本时，同时以送
达诉讼须知的形式将被告人的各种诉讼权利详细予以告知，为了保证未成
年被告人获得辩护，无论是委托辩护人还是指定辩护人，开庭审理时必须
到庭）；开庭时对被告人犯罪原因的调查不简（在法庭调查时，除查明被
告犯罪事实外，还应查明被告人家庭情况、既往经历、生活学习生活情
况）；法庭教育程序不简，即作为审理未成年人刑事案件重要组成部分的
法庭教育不但不应简化，而且在案件事实证据无争议的情况下，还可以将
主要精力集中在法庭教育上，使法庭教育的地位和作用凸现出来。

（五）全面调查原则

在未成年刑事案件中，全面调查原则，具体而言，是指在审判机关审
理未成年人刑事案件之前，由特定的调查主体（司法机关或者司法机关以

---

❶ 贝卡利亚. 论犯罪与刑罚 ［M］. 黄风，译. 北京：中国大百科全书出版社，1993：56.
❷ "圆桌审判"是根据未成年人的生理和心理特点设计的，庭内布置精心，墙壁、窗帘的颜
色均为比较柔和的色彩；审判区域内摆放椭圆形（或圆形）审判台，法官开庭审理案件与公诉人、
被告人及其法定代理人、辩护人同处一张圆桌，强调的是关爱与严肃并重的法庭气氛，审判中未
成年人可以坐着回答问题并进行最后陈述。

外的主体）在案件本身的情况之外，就未成年犯罪嫌疑人、被告人的家庭背景、生活环境、教育经历、个人性格、心理特征等与犯罪和案件处理有关的信息作全面、细致的调查，并在调查的基础上形成报告，在刑事诉讼中作为办理案件的参考情节的制度。

全面调查原则在国际相关规定以及许多国外的未成年人刑事立法和诉讼程序中都有规定。《北京规则》第 16 条第（一）项规定："所有案件除涉及轻微违法行为的案件外，在主管当局作出判决前的最后处理之前，应对少年生活的背景和环境或犯罪的条件进行适当的调查，以便主管当局对案件作出明智的判决。"《俄罗斯联邦刑事诉讼法典》第 421 条第 1 款规定："在对未成年人实施犯罪的刑事案件进行审前调查和法庭审理时，除本法典第 73 条规定的证明的情况外，还必须确定：（1）未成年人的年龄，出生的年、月、日；（2）未成年人的生活和教育条件，心理发育水平和其他个人身份的特点；（3）年长的人对未成年人的影响。"❶ 1970 年英国《治安法院（少年儿童）规则》第 10 条规定，法院必须考虑有关儿童或少年的平常行为、家庭环境、学校档案和病史的资料，以便对案件作出最符合于其利益的处理。前联邦德国《青少年刑法》第 43 条规定，在未成年人刑事诉讼程序开始之后，"应当尽快地对有助于判断被告人道德、思想和个人特点的被告人的生活和家庭情况、成长过程、至今为止的行为以及所有其他情况进行调查。如有可能，应当听取家长、法定代理人、学校、师傅或者培训领导人的意见。如果该犯担心听取他的师傅或者培训领导人的意见，会给他带来不合心愿的不利，尤其是可能使他失掉工作岗位，就可以不去听取他们的意见。"《日本少年法》第 9 条规定，家庭裁判所考虑对该少年应当审判时，应对案件进行调查，在调查时，务必调查少年、监护人或者有关人员的人格、经历、素质、环境，特别要有效地运用少年鉴别所提供的关于医学、心理学、教育学、社会学以及其他专门知识的鉴定结果。❷

---

❶ 黄道秀. 俄罗斯联邦刑事诉讼法典 [M]. 北京：中国政法大学出版社，2003：285.
❷ 温小洁. 我国未成年人刑事案件诉讼程序研究 [M]. 北京：中国人民公安大学出版社，2003：77.

关于未成年刑事案件审前社会调查的程序规定中,《北京规则》《俄罗斯联邦刑事诉讼法典》英国均规定为"必须",前联邦德国《青少年刑法》《日本少年法》均表述为"应当"。也就是说国外许多国家社会调查是少年司法的必经程序。❶ 未经社会调查不得对少年宣告刑罚,是世界上许多国家在少年刑事司法中共同遵守的重要原则,且这一原则亦由联合国《北京规则》第16条确认下来。应当说,该原则对保护少年的合法权益具有十分重要意义。因此,我国亦应当顺应世界潮流,借鉴这一在国际上普遍适用的原则,改变现行制度对审前社会调查程序适用的选择性规定,明确审前社会调查为少年刑事案件的必经程序。如果不解决这个问题,不管该制度设计得如何科学、合理,因其本身在适用上的可选择性,决定其难以在最大范围上适用,必定限制其作用的充分发挥,研究完善未成年人刑事案件审前调查制度的意义自然也大打折扣。❷

(六)分案处理原则

分案处理是指对未成年人案件与成年人案件实行诉讼程序分离、分别关押、分别执行。分案处理原则是贯穿于未成年人刑事诉讼程序的一条基本原则。从诉讼阶段上看,它涵盖了侦查、起诉、审判和执行四大阶段。从内容上看,包括分别羁押、分案起诉、分案审理和分别执行。具体而言,分别羁押是指对未成年人采取拘留、逮捕等强制措施时,应该将其与成年人分别羁押于不同住所。分案起诉是指国家检察机关在刑事案件的审查起诉阶段,将未成年人与成年人共同犯罪的案件,以独立案件提起公

---

❶ 根据我国《最高人民法院关于审理未成年人刑事案件的若干规定》,我国审前社会调查程序具有可选择性。所谓可选择性,是指审前社会调查是一种选择性程序,由有调查权的机关根据具体案件的需要决定是否进行社会调查。由于制度赋予审前社会调查程序的可选择性特点,导致实践中贯彻实施该制度的法院较少,特别是中西部地区的法院。根据对广东省2个基层法院、上海市2个基层法院、福建省1个基层法院、湖南省3个基层法院、江西省2个基层法院、重庆市9个基层法院、四川省2个基层法院、山东省2个基层法院、北京市2个基层法院、甘肃省1个基层法院,共计26个基层法院通过实地调查、电话咨询、委托调查等方式进行调查,经过系统的、规范的庭前社会调查的案件在整个少年刑事案件中所占比率非常低,进行过比较规范的社会调查的法院只有9个,且主要集中在北京与沿海地区。

❷ 曾康. 未成年人刑事审判程序研究 [D]. 重庆:西南政法大学,2007:56,59.

诉，法院分案受理的未成年人刑事诉讼制度中特有的诉讼制度。❶ 分案审理是指国家审判机关在刑事案件的审判阶段，将成年人与未成年人共同犯罪的案件分别审理，分别作判决的诉讼制度。分别执行是指未成年人在监狱或拘役所执行刑罚时，应该与成年犯分离，不得在同一场所执行。分别处理原则通过上述具体制度达到对未成年人的特殊保护，防止未成年人在诉讼程序中遭到成年人的感染。

分案处理原则在有关的国际刑事司法文件中均有所体现。1995 年《囚犯待遇最低限度标准规则》第 8 条第（一）项规定，青少年囚犯同成年囚犯隔离。《公民权利和政治权利国际公约》第 10 条第 2 款第（二）项规定：“被控告的少年应与成年人分隔开，并应尽速予以判决。”第 3 款规定：“少年罪犯应与成年人隔离开，并应给予适合其年龄及法律地位的待遇。”《北京规则》第 13 条第 4 款规定：“审前拘留的少年应与成年人分开看管，应拘留在一个单独的监所或一个也拘留成年人的监所的单独部分。”其他国家的刑事诉讼法也都有相关规定，如《意大利刑事诉讼法典》第 14 条第 1 款规定：“针对在行为时尚未成年的被告人的诉讼与针对成年被告人的诉讼不发生牵连关系。”《日本少年法》第 49 条规定：“少年被告案件即使同成年被告案件有牵连，只要不妨碍审理，就必须将其程序分开。”我国《未成年人保护法》第 41 条、《未成年人刑事案件规定》第 23 条、《刑事诉讼法》第 268 条对此均作出了明确规定。具体规定见后述的立法论章节。

---

❶ 周小萍，曾宁. 略论未成年人刑事诉讼中的分案起诉制度 [J]. 青少年犯罪问题，2000（5）.

第三章

我国未成年人司法的立法现状分析

　　我国政府历来重视未成年人犯罪问题。早在 1979 年 8 月中共中央就要求"各级党委都要把加强对青少年的培养教育，包括解决其中极少数人的违法犯罪问题，放到重要议事日程上来"。1980 年中央相关部门在北京召开"青少年保护法座谈会"，会议明确提出，要制定有关青少年的单项法规并逐步建构青少年尤其是未成年人保护法律体系。❶ 因此，从那时起，未成年人的立法保护工作就日益受到关注。❷

---

　　❶　参见 http://china. findlaw. cn/jingjifa/fuyoubaohufa/wcnrzs/qlfw/8721. html.

　　❷　从国际法方面看，我国政府已经分别签署了《经济、社会、文化权利公约》和《儿童权利公约》，上述两公约必然成为我国未成年人立法体系中的重要组成部分。从国内立法看，我国《宪法》明确规定，"国家培养青年、未成年人、儿童在品德、智力、体质等方面全面发展。""婚姻、家庭、母亲和儿童受国家的保护"。另外，《民法通则》《刑法》《刑事诉讼法》《民事诉讼法》《婚姻法》《监狱法》《继承法》《教育法》《义务教育法》《母婴保健法》等主要法律都明确规定了保护未成年人权利的内容，使未成年人在生命、健康、人格尊严、接受教育等各项权利方面都可以获得基本的法律保障。同时，我国还分别于 1991 年和 1999 年规定了《未成年人保护法》和《预防未成年人犯罪法》两部专门以保护未成年人权利为核心内容的法律，这标志着我国未成年人权利保护事业在立法方面取得重大进展。从司法方面看，近年来，最高人民法院、最高人民检察院在颁布的大量司法解释中都涉及保护未成年人权利的内容，这些司法解释成为检察机关和审判机关在司法领域保护未成年人权利的重要法律依据。同时，司法部以及卫生部、教育部、国家工商行政管理总局、劳动和社会保障部等制定的国务院有关法规和部门有关规章，明确规定了我国各级政府和社会各界在保护未成年人权利方面的具体职责。这些法规和规章已逐渐成为保护未成年人权利法律体系中的重要组成部分。各省、自治区、直辖市也制定了大量保护未成年人权利的地方法规。其中 31 个省级地方人大或政府都制定了未成年人保护条例或未成年人保护法的实施办法。这些地方立法有力地推动了当地的未成年人权利保护事业。

一、未成年人犯罪的刑事实体法规定

（一）未成年人犯罪刑事责任年龄的规定

《刑法》第 17 条规定："已满十六周岁的人犯罪应当负刑事责任。已满十四周岁不满十六周岁的人犯故意杀人、故意伤害致人重伤或者死亡、强奸、抢劫、贩卖毒品、放火、爆炸、投毒罪的，应当负刑事责任。已满十四周岁不满十八周岁的人犯罪，应当从轻或者减轻处罚。"据此，刑事犯罪责任年龄划分为四个阶段：其一，完全不负刑事责任年龄阶段，即不满 14 周岁，是完全不负刑事责任年龄阶段。不满 14 周岁的人尚处在幼年时期，还不具备辨认和控制自己行为的能力，即不具备刑事责任能力。因而法律规定，对不满 14 周岁的人所实施的危害社会的行为不追究责任。但是，对于不满 14 周岁不予刑事处罚的实施了危害社会行为的人，应责令家长或监护人加以管教，也可视需要对接近 14 周岁的人由政府收容教养。其二，相对负刑事责任年龄阶段：按照《刑法》第 17 第 2 款规定，已满 14 周岁不满 16 周岁，是相对负刑事责任年龄阶段。到这个年龄阶段的人已经具备了一定的辨认和控制自己行为的能力，因此，法律要求他们对自己实施的严重危害社会的行为，即"犯故意杀人、故意伤害致人重伤或者死亡、强奸、抢劫、贩卖毒品、放火、爆炸、投毒罪的"行为负刑事责任。对于不满 16 周岁不予刑事处罚的实施了危害社会行为的未成人，应责令家长或监护人加以管教，在必要的时候也可以由政府收容教养。《未成年保护法》和《预防未成年人犯罪法》均明确规定："未成年人因不满十六周岁不予刑事处罚的，责令他的父母或者其他监护人严加管教；在必要的时候，也可以由政府依法收容教养。"其三，完全负刑事责任年龄阶段：《刑法》第 17 第 1 款规定明文规定，已满 16 周岁的人已进入完全负刑事责任年龄阶段。由于已满 16 周岁的未成人的体力和智力已有相当的发展，具有了一定的社会知识，是非观念和法律观念的增长已经达到一定程序，一般已能够根据国家法律和道德规范的要求来约束自己，因而他们已经具备了基本的刑法意义上的辨认和控制能力。因此，我国《刑法》规定已满 16 周岁的人原则上可以构成刑法中的所有犯罪，要求他们对自己的实施的刑法所禁止的一切危害行为承担刑事责任。其四，减轻刑事责任年龄阶段：对于已满 14 周岁不满 18 周岁的人犯罪，应当从轻或者减轻处罚。这是考虑到未成年人虽然具备一定的辨别和控制自己行为的能力，但其成熟程度与成年人相比，仍有不小差距，容易受外界不良的影响。同时，未成年人的可塑性大，容易接受教育和改造。因此，对于未满 18 周岁的人，即便其行为构成了我国《刑法》规定的犯罪，在对其进行处罚时，也应当从轻或者减轻处罚。

（二）未成年人相对负刑事责任的犯罪范围

关于未成年人犯罪，我国刑法规定中争议最大的就是相对负刑事责任的犯罪范围。我国现行《刑法》第 17 条第 2 款明确规定："已满十四周岁不满十六周岁的人，犯故意杀人、故意伤害致人重伤或者死亡、强奸、抢劫、贩卖毒品、放火、爆炸、投放危险物质罪的，应当负刑事责任。"对此，学界及实务界一直有罪名说和行为说之间的争端。罪名说持限制论的观点，认为"已满 14 周岁不满 16 周岁的未成年人只有犯故意杀人罪、故意伤害罪（致人重伤或者死亡）、强奸罪、抢劫罪、贩卖毒品罪、放火罪、爆炸罪、投放危险物质罪这 8 种故意犯罪的，才应当负刑事责任。在司法实践中，既不应突破已满 14 周岁不满 16 周岁的年龄限定，也不应该超出此 8 种故意犯罪范围的限制而追究已满 14 周岁不满 16 周岁未成年人的刑事责任，这是罪刑法定原则的要求"。[1] 行为说则认为，应当将《刑法》第 17 条第 2 款的规定，理解为既指以故意杀人罪等 8 种罪名定罪处罚的犯罪，同时也包括以其他罪名定罪处罚但含有故意杀人等 8 种行为的犯罪。[2] 即只要在已满 14 周岁不满 16 周岁的未成年人犯其他罪时，出现此 8 种犯罪行为，就可以直接依他罪罪名认定。如果采"行为说"，限制刑事责任

---

[1] 高铭暄. 刑法专论 [M]. 北京：高等教育出版社，2002：207.

[2] 阮方民. 论刑法中相对负刑事责任年龄规定的适用 [J]. 人大报刊复印资料《刑事法学》，1999（1）.

能力人可以构成诸多成年人构成的犯罪，如有学者主张已满 14 周岁不满 16 周岁的未成年人并非只对《刑法》第 17 条第 2 款规定的 8 种犯罪承担责任，除了 8 种犯罪外，还应对决水罪，以危险方法危害公共安全罪，破坏交通工具罪，破坏交通设施罪，破坏电力设备罪，破坏易燃易爆设备罪，劫持航空器罪，劫持船只汽车罪，盗窃枪支、弹药、爆炸物、危险物质罪，抢劫枪支、弹药、爆炸物、危险物质罪，绑架罪、拐卖妇女罪（限于拐卖妇女过程中奸淫被拐卖妇女的），强迫卖淫罪（限于强奸后迫使卖淫的）承担刑事责任。❶

面对理论上的争议，2002 年 7 月 24 日全国人民代表大会常务委员会法制工作委员会《关于已满十四周岁不满十六周岁的人承担刑事责任范围问题的答复意见》中指出：我国《刑法》第 17 条第 2 款规定的"犯故意杀人、故意伤害致人重伤或者死亡、强奸、抢劫、贩卖毒品、放火、爆炸、投毒罪"这 8 种犯罪，"是指具体犯罪行为而不是具体罪名"。2003 年《最高人民检察院关于相对刑事责任年龄的人承担刑事责任范围有关问题的答复》也规定，"相对刑事责任年龄的人实施了刑法第 17 条第 2 款规定的行为，应当追究刑事责任的，其罪名应当根据所触犯的刑法分则具体条文认定"。很明显，上述法工委的答复和最高检的解释均采取了"行为说"，依此规定，相对刑事责任年龄的人可能触犯的罪名已经远远超出 8 种罪名。这一结论与《刑法》第 17 条第 2 款的立法旨趣是大相径庭的，也与国家所设定的对未成年人犯罪的刑事政策理念相违背的。"该解释不仅从根本上说有悖刑法第 17 条第 2 款的精神，而且，增加了司法实务中具体操作的困难。"❷ 随后，2005 年通过的《最高法解释》改变了立场，其第 5 条规定："已满十四周岁不满十六周岁的人实施刑法第十七条第二款规定以外的行为，如果同时触犯了刑法第十七条第二款规定的，应当依照刑法第十七条第二款的规定确定罪名，定罪处罚。"依据该解释，《刑法》第 17 条第 2 款的规定为 8 种行为，已满 14 周岁不满 16 周岁的未成年人应

---

❶ 韩轶. 未成年人犯罪立法之反思 [J]. 法学，2006 (1).

❷ 林亚刚. 论我国未成年人犯罪刑事立法的若干规定 [J]. 吉林大学社会科学学报，2005 (3).

对其实施的该八种行为承担刑事责任，但在罪名的认定上必须回归此 8 个罪名。有学者将此种观点称为"行为说＋罪名说限制方式"❶ 该解释第 10 条规定："已满十四周岁不满十六周岁的人盗窃、诈骗、抢夺他人财物，为窝藏赃物、抗拒抓捕、或者毁灭罪证，当场使用暴力，故意伤害致人重伤或者死亡，或者故意杀人的，应当分别以故意伤害罪或故意杀人罪定罪处罚。"此与"行为说＋罪名说限制方式"的定罪原则是相一致的。

我们认为，如果采"行为说"，限制刑事责任能力人可以构成诸多成年人构成的犯罪，未成年人与成年人成立罪名的范围将大为趋同。已满 14 周岁不满 16 周岁的未成年人其知识、智力、生理方面的发展，还未达到为刑法所禁止的一切危害行为负担刑事责任的程度，其认识能力和控制能力有别于成年人，对超出法律规定的 8 种犯罪的构成要件行为之外的行为，立法推定限制刑事责任能力人不具备刑事责任能力，因此，采"行为说"，有违刑事责任的基本理论和《刑法》第 17 条第 2 款限制未成年人承担刑事责任范围的立法目的。如果采罪名说，虽说严格限定了已满 14 周岁不满 16 周岁的未成年人承担刑事责任的范围，但违背了刑事责任能力的一般理论和刑法解释论原理。因为限制刑事责任能力人只对故意杀人罪等 8 种犯罪承担刑事责任，就意味着限制刑事责任能力人对这 8 种罪的构成要件的行为具有认识能力和控制能力，而当其他犯罪行为包含此 8 种犯罪行为的时候，限制刑事责任能力人虽不对其他犯罪行为整体具备刑事责任能力，但对此 8 种犯罪行为（即便这些行为只是他罪的量刑情节事实，如杀害被绑架人的情形）依然具备刑事责任能力，可以成立法律所规定的 8 种罪名。因而笔者认为"行为说＋罪名说限制方式"无论从对未成年人的保护还是从刑法理论的角度，都有其合理性。一方面，其以行为说为前提，认为《刑法》第 17 条第 2 款规定的 8 种情形是行为而不只是罪名，可以做到只要已满 14 周岁不满 16 周岁的未成年人实施了该 8 种严重危害社会的行为，就能使其承担刑事责任，体现了严的一面，也符合上述提到的责任能力的一般原理；另一方面，其又以罪名加以限制，要求在定罪上必须回

---

❶　徐岱. 未成年人犯罪的刑法处遇——刑事政策视域下的学理解释［J］. 吉林大学社会科学学报，2006（6）.

归到这 8 种罪名，这样就不至于在对未成年人实施的这 8 种行为进行评价的同时将这 8 种行为之外的行为也同时评价进去，从而体现了宽的一面。当前"行为说＋罪名说限制方式"已趋于通说，司法实践亦采该说。

（三）未成年人犯罪的刑罚及非刑罚处罚的适用

我国《刑法》第 33 条和第 34 条规定的刑罚主刑有 5 种，即管制、拘役、有期徒刑、无期徒刑、死刑；附加刑 4 种，即罚金、剥夺政治权利、没收财产、驱逐出境；同时第 49 条第（1）款规定："犯罪的时候不满十八周岁的人和审判的时候怀孕的妇女，不适用死刑。"因此，对于犯罪的时候不满 18 周岁的未成年人，不管其所犯罪行多么严重，一概不能适用死刑。行为人在满 18 周岁前后都犯有罪行的，不能主要根据未满 18 周岁时的严重罪行，对行为人判处死刑。因此，就未成年人而言，可以适用的刑罚排除了死刑。1997 年《刑法典》对其他主刑和附加刑并没有针对未成年人的特别规定，在实行中，管制、拘役、有期徒刑 3 个刑种适用于未成年人并无争议，学界的焦点主要集中在无期徒刑、没收财产刑和罚金刑、剥夺政治权利等刑种的适用上。

1. 无期徒刑

对于未成年人犯罪主体能否适用无期徒刑，一直存在着禁止适用和主张适用两种观点。主张禁止适用的学者多从无期徒刑的立法模式出发，认为根据我国现行《刑法》第 49 条规定，对未成年人犯罪不得适用死刑，因此，未成年人犯罪可适用的最高刑罚应当是无期徒刑。而《刑法》第 17 条第 3 款又规定，已满 14 周岁不满 18 周岁的人犯罪应当从轻或者减轻处罚。该款的规定属于法定情节，即对未成年人犯罪必须从轻或者减轻处罚。也就是说，如果未成年人所犯罪行的最高刑期为无期徒刑，由于无期徒刑是没有刑罚幅度的刑种，若从轻处罚，只能判处有期徒刑，若减轻处罚，则更不能判处无期徒刑，因此，对未成年人犯罪不能适用无期徒刑。❶再者，禁止论者认为对未成年人适用无期徒刑违背我国加入的联合国《儿

---

❶ 郑鲁宁. 对未成年人犯罪适用无期徒刑问题的探讨［J］. 华东政法学院学报，2001（4）.

童权利公约》，因为该公约第37条规定：对不满18周岁的人所犯罪行不得判处死刑或者无释放可能的无期徒刑。❶ 而主张适用者则针锋相对地提出两点理由，一是从刑法的立法精神及法条之间的逻辑关系来看，《刑法》第17条第3款所规定的从宽处罚应该是关于未成年人犯罪刑事责任的原则性条款，在整个刑法典中具有统领未成年人犯罪的刑事责任及刑罚的功能。《刑法》第49条关于未成年犯罪不得适用死刑就是这一原则的体现与适用。因此，对论罪当死的未成年人不适用死刑而适用无期徒刑本身就是对未成年人犯罪从轻或减轻处罚的结果。也就是说，无期徒刑的适用恰恰表明了从宽处罚原则的实现，若是再次否定无期徒刑，则是对未成年人犯罪的再次从宽。换句话说，如果对未成年人不适用死刑后再次从轻或减轻处罚，则事实上刑法对"未成年人"这一影响刑罚裁量的因素进行了两次评价，这是违反禁止重复评价原则的。因此，可以对未成年犯罪人适用无期徒刑。❷ 二是我国的无期徒刑制度不属于《儿童权利公约》里所规定的那种没有释放可能的无期徒刑。虽然未成年犯罪人被剥夺了终身自由，但我国《刑法》又规定了减刑、假释等宽恕制度，如果未成年犯罪人能够积极接受改造，悔过自新，从而得到减刑或假释处理，还是有机会重返社会，重新获得自由。因此，对未成年犯罪人可以适用无期徒刑。❸

《最高法解释》没有排除对未成年罪犯适用无期徒刑，第13条规定：未成年人犯罪只有罪行极其严重的，才可以适用无期徒刑。对已满14周岁不满16周岁的人犯罪一般不判处无期徒刑。笔者认为，从立法的实然状态而言，我国《刑法》并没有排除对未成年人适用无期徒刑，因为如果立法本意要排除对未成年人适用无期徒刑的话，没有理由在49条中只明示对未成年人罪犯排除死刑的适用。但从应然的角度分析，对未成年人适用无期徒刑不符合我国一贯坚持的对未成年人以"教育为主、惩罚为辅"的刑事

❶ 姚建龙. 长大成人：少年司法制度的建构［M］. 北京：中国人民公安大学出版社，2003：144.
❷ 彭辅顺. 论对未成年人犯罪适用无期徒刑［J］. 东北大学学报：社科版，2005（1）.
❸ 胡云腾，李兵. 未成年人刑事案件法律适用若干问题研究［M］//陈兴良，胡云腾. 中国刑法学年会论文集（2004年度）实务问题研究（下册），北京：中国人民公安大学出版社，2004：864.

政策，容易造成未成年人的消极心理，不利于未成年人的健康成长。考虑到未成年人的身心特点，虽然上述的《最高法解释》采用了严格限制的态度，仍然显示其重刑的趋势。在目前尚无法就"对未成年人禁止适用无期徒刑"取得一致意见的情况下，将上述解释进一步严格限制为如下表述，应该更为合理：对已满 14 周岁不满 16 周岁的人犯罪不判处无期徒刑，已满 16 周岁不满 18 周岁的人犯罪，只有罪行极其严重的，才可以适用无期徒刑。

2. 没收财产刑和罚金刑

2000 年 12 月 19 日《最高人民法院关于适用财产刑若干问题的规定》第 1 条指出："刑法规定'并处'没收财产或者罚金的犯罪，人民法院在对犯罪分子判处主刑的同时，必须依法判处相应的财产刑；刑法规定'可以并处'没收财产或者罚金的犯罪，人民法院应当根据案件具体情况及犯罪分子的财产状况，决定是否适用财产型。"第 2 条第 2 款规定："对未成年人犯罪应当从轻或者减轻判处罚金，但罚金的最低数额不能少于 500元。"《最高法解释》第 15 条规定：对未成年人罪犯实施刑法规定的"并处"没收财产或者罚金的犯罪，应当依法判处相应的财产刑；对未成年罪犯实施刑法规定的"可以并处"没收财产或者罚金的犯罪，一般不判处财产刑。对未成年罪犯判处罚金刑时，应当依法从轻或者减轻判处，并根据犯罪情节，综合考虑其缴纳罚金的能力，确定罚金数额。但罚金的最低数额不得少于 500 元。理论界对是否应当对未成年人罪犯适用财产刑存在争议，但观其理由，多是针对财产刑本身的利弊展开争论的。笔者认为，对未成年人是否应该适用财产刑，首先应该将财产刑与短期自由刑相对比之下去评论。财产刑自然有"以钱赎刑""变相株连""形式上法律面前人人平等，实质上是不平等的"等弊端，但财产刑是在对短期自由刑的反思和批判中兴起的，与短期自由刑"交叉感染""不易回归社会""标签效应"的弊端相比，财产刑还是利大于弊。若抛开与短期自由刑的对比单纯谈论财产刑的弊端，实无意义。其次从罪刑法定的角度看待财产刑的应用。我国《刑法》对财产刑的适用对象并没有明确区分成年人和未成年人，因而并没有排除对未成年人适用财产刑。上述《最高法解释》明确了对未成年罪犯能够适用财产刑，同时又只将其适用限定在刑法规定为"并处"的情形，排除"可以并处"对未成年罪犯的适用，并不违反罪刑法定原则，同时也体现了对未成年罪犯的特别处理。

3. 剥夺政治权利

《最高法解释》第 14 条规定："除刑法规定'应当'附加剥夺政治权利外，对未成年罪犯一般不判处附加剥夺政治权利。如果对未成年罪犯判处附加剥夺政治权利的，应当依法从轻判处。对实施被指控犯罪时未成年、审判时已成年的罪犯判处附加剥夺政治权利，适用前款的规定。"而我国《刑法》中关于"应当"剥夺政治权利的规定有两种情况：危害国家安全的犯罪分子应当附加剥夺政治权利；对于被判处死刑、无期徒刑的犯罪分子，应当剥夺政治权利。结合《刑法》第 17 条第 2 款关于已满 14 周岁不满 16 周岁的人负刑事责任范围的规定、第 49 条排除对未成年人适用死刑的规定以及《最高法解释》第 13 条对未成年人适用无期徒刑的限制规定，已满 14 周岁不满 16 周岁的人犯罪不适用剥夺政治权利，已满 16 周岁不满 18 周岁的人也只有犯危害国家安全罪和其他罪行极其严重被判处无期徒刑才适用剥夺政治权利。司法解释的规定体现了对未成年人严格限制适用剥夺政治权利的立场，符合实际情况和未成年人犯罪的刑事政策。但同时还要注意到上述司法解释中用了"一般"这一词语来表述，考虑到我国《刑法》第 54 条规定的剥夺政治权利的内容以及未成年人的特点，建议进一步限制对未成年人剥夺政治权利的适用，将上述解释表述为：除刑法规定"应当"附加剥夺政治权利外，对未成年罪犯不判处附加剥夺政治权利。

4. 非刑罚处罚方法

我国《刑法》第 37 条规定的非刑罚处罚方式包括三种：（1）赔偿经济损失或者责令赔偿损失。（2）训诫、责令具结悔过及赔礼道歉。（3）由主管部门予以行政处罚或者行政处分。就未成年人而言，主要是适用前两种非刑罚处理方法。宣告有罪但免予刑罚处罚，是未成年人刑事责任实现的重要方式，体现了现行刑法对未成年人适用刑罚的谦抑性理念。现有非刑罚处罚方法单一，应该寻求其他适用于未成年人犯罪的非刑罚处罚方法。

二、未成年人犯罪的程序法规定

目前关于处理未成年刑事案件的基本原则和处理程序的规定散见于1995 年 10 月 23 日施行的《公安机关办理未成年人违法犯罪案件的规定》、1998 年 9 月 8 日施行的《最高人民法院关于执行〈中华人民共和国刑事诉讼法〉若干问题的解释》、2006 年 12 月 29 日修订的《未成年人保护法》、1999 年 12 月 18 日施行的《未成年犯管教所管理规定》、2001 年 4 月 12 日施行的《最高人民法院关于审理未成年人刑事案件的若干规定》、2002 年 4 月 22 日施行的《人民检察院办理未成年人刑事案件的规定》等法律、法规及司法解释中。新《刑事诉讼法》第五编第一章专章规定了未成年人刑事案件诉讼程序。

（一）对"教育、感化、挽救"的方针和"教育为主、惩罚为辅"原则的立法司法规定

《未成年人保护法》第 54 条规定："对违法犯罪的未成年人，实行教育、感化、挽救的方针，坚持教育为主、惩罚为辅的原则，对违法犯罪的未成年人，应当依法从轻、减轻或者免除处罚。"《预防未成年人犯罪法》第 44 条也规定："对犯罪的未成年人追究刑事责任，实行教育、感化、挽救方针，坚持教育为主、惩罚为辅的原则。"新《刑事诉讼法》第 266 条第 1 款规定："对犯罪的未成年人实行教育、感化、挽救的方针，坚持教育为主、惩罚为辅的原则。"该原则要求未成年人刑事司法，建立教育为主、惩罚为辅的刑事司法制度，将教育贯穿于整个刑事司法活动中，尽可能充分利用教育手段，挽救失足未成年人，而将惩罚作为最后手段。

这一理念在我国"两高"的司法解释中得到充分体现。《最高法解释》第 11 条规定："对未成年人罪犯适用刑罚，应当充分考虑是否有利于未成年罪犯的教育和矫正。对未成年罪犯量刑应当……充分考虑未成年人实施犯罪行为的动机和目的、犯罪时的年龄、是否初次犯罪、犯罪后的悔罪表现、个人成长经历和一贯表现等因素。对符合管制、缓刑、单处罚金或者

免予刑事处罚。"《未成年人刑事案件规定》第 6 条规定："人民检察院办理未成年人刑事案件，应当考虑未成年人的生理和心理特点，根据其平时表现、家庭情况、犯罪原因、悔罪态度等，实施针对性教育。"

可见，在针对未成年犯罪人的教育和惩罚之间，教育是目的，惩罚是手段。对未成年罪犯从宽处理，彰显刑法对未成年人这一特殊群体的人文关怀，有助于更好地实现预防未成年人犯罪的目的，从而促进社会的可持续发展及和谐发展。❶

（二）对分案处理原则的立法、司法规定

分案处理是指对未成年人案件与成年人案件实行诉讼程序分离、分别关押、分别执行。关于诉讼程序分离，最高人民检察院于 2002 年 4 月颁布，2006 年修订的《人民检察院办理未成年人刑事案件的规定》第 23 条对此作出了明确规定："人民检察院审查未成年人与成年人共同犯罪案件，一般应当将未成年人与成年人分案起诉。"同时也明确了不宜分案处理的情形：（1）未成年人系犯罪集团的组织者或者其他共同犯罪中的主犯的；（2）案件重大、疑难、复杂，事诉讼部分审理的；（3）具有其他不宜分案处理情形的。2012 年《刑事诉讼法》第 269 条第 2 款规定："对被拘留、逮捕和执行刑罚的未成年人与成年人应当分别关押、分别管理、分别教育。"如此规定主要为了防止成年罪犯对未成年罪犯产生不良影响。

（三）对全面调查制度的立法、司法规定

全面调查原则是指公安司法机关在办理未成年人案件时，除了对案件本身事实查明之外，还应对未成年人心理、生理状态以及社会环境进行彻底地调查，必要时进行医疗检查和精神病学鉴定。通过调查，选择最适当的处理方法，以利于展开对未成年人的教育和挽救。

我国《未成年人保护法》第 55 条规定：公安机关、人民检察院、人民法院办理未成年人犯罪的案件和涉及未成年人权益保护案件，应当照顾未成年人的身心发展特点，并根据根据需要设立专门机构或指定专人办

---

❶ 冯卫国. 刑法总则定罪量刑情节通释［M］. 北京：人民法院出版社，2006：81.

理。《预防未成年人犯罪法》第 5 条规定：预防未成年人犯罪，应当结合未成年人不同年龄的生理、心理特点，加强青春期教育、心理矫治和预防犯罪对策的研究；第 44 条规定：司法机关办理未成年人犯罪案件，应当保障未成年人行使其诉讼权利，保障未成年人得到法律帮助，并根据未成年人的生理、心理特点和犯罪的情况，有针对性地进行法制教育。

1995 年施行的《公安机关办理未成年人违法犯罪案件的规定》第 10 条规定"对违法犯罪未成年人的讯问应当采取不同于成年人的方式。讯问前，除掌握案件情况和证据材料外，还应当了解其生活、学习环境、成长经历、性格特点、心理状态及社会交往情况……"

《未成年人刑事案件规定》第 6 条规定：人民检察院办理未成年人刑事案件，应当考虑未成年人的生理和心理特点，根据其平时表现、家庭情况、犯罪原因、悔罪态度等，实施针对性教育。第 16 条第（4）款规定："审查起诉未成年犯罪嫌疑人，应当听取其父母或者其他法定代理人、辩护人、未成年被害人及其法定代理人的意见。可以结合社会调查，通过学校、社区、家庭等有关组织和人员，了解未成年犯罪嫌疑人的成长经历、家庭环境、个性特点、社会活动等情况，为办案提供参考。"

1995 年《最高人民法院关于办理未成年人刑事案件适用法律的若干问题的解释》中指出："对未成年罪犯，在具体量刑时，不但要根据犯罪性质、犯罪情节，如犯罪手段、时间、地点、侵害对象、犯罪形态、后果等，而且还要充分考虑未成年人犯罪的动机和目的，犯罪时的年龄是否初犯、偶犯或者惯犯，在共同犯罪中的地位和作用，犯罪后有无悔改表现等情况……"1991 年最高人民法院在《关于办理少年刑事案件的若干规定（试行）》第 12 条规定：开庭审理前，审判人员应当认真阅卷，进行必要的调查和家访，了解少年被告人的出生日期、生活环境、成长过程、社会交往以及被指控犯罪前后的表现等情况，审查被指控的犯罪事实和动机。很明显最高人民法院在上述若干规定（试行）中所采取的是实质性审查的方法，这与 1996 年《刑事诉讼法》中所采取的实质性审查以及职权纠问式审判方式相协调。至 2001 年 4 月 12 日，最高人民法院颁布的《关于审理未成年人刑事案件的若干规定》第 21 条亦根据 1996 年的《刑事诉讼法》修订为"开庭审理前，控辩双方可以分别就未成年被告人的性格特点、家庭情况、社会交往、成长经历以及实施被指控的犯罪前后的表现等情况进行调查，并制作书面材料提交合议庭，必要时，人民法院也可以委托有关社会团体组织就上述情况进行调查或者自行进行调查。"此显然是与 1996 年的《刑事诉讼法》所确立的程序性审查以及控辩式审批模式相协调的。2012 年《刑事诉讼法》更是吸纳了上述立法中的具体内容，在第268 条中规定："公安机关、人民检察院、人民法院办理未成年人刑事案件，根据情况可以对未成年犯罪嫌疑人、被告人的成长经历、犯罪原因、监护教育等情况进行调查。"

从以上的诸规定中可以发现，现有的关于审前社会调查的规制散见于不同的法律、法规和司法解释中，虽然对全面调查的制度都做了强调性的规定，但调查开始的时间以及调查的方式还不明确、调查的结论没有法定的定性规定，调查的主体更是呈现多元化，可能包括侦查人员、审查起诉人员、辩护方、有关社会团体组织、人民法院等。而这些缺陷无疑都将影响到未成年人刑事案件审前社会调查制度的现实价值和作用。

（四）对未成年人身份保密与不公开审判制度的规定

侦查机关、公诉机关、审判机关办理未成年人犯罪案件，应当依法保护涉案未成年人的名誉，尊重其人格尊严，不得公开或者传播涉案未成年人的姓名、住所、照片、图像及可能推断出该未成年人的资料。1996 年的《刑事诉讼法》第 152 条以及 2012 年《刑事诉讼》第 274 条均规定："审判的时候被告人不满十八周岁的案件，不公开审理。但是，经未成年被告人及其法定代理人同意，未成年被告人所在学校和未成年人保护组织可以派代表到场。"除《刑事诉讼》以外，《预防未成年人犯罪法》（第 45 条）对未成年人刑事案件不公开审理也作了相应规定。《最高人民法院关于审理未成年人刑事案件的若干规定》第 11 条还对 16 周岁以上不满 18 周岁的未成年人犯罪案件，规定如果有必要公开审理，必须经过本院院长批准，并且应适当限制旁听人数和范围；未成年人刑事案件的诉讼案卷材料，除依法查阅、摘抄、复制以外，未经本院院长批准，不得查询和摘录，并不得公开和传播。同时，应当依法保护未成年被害人、证人以及其他与案件有关的未成年人的合法权益。

（五）对迅速简约原则的规定

迅速简约原则首先体现在简易程序的适用上。如最高人民法院在《最高法若干规定》第 35 条就规定："少年法庭应当根据刑事诉讼法第一百七十四条❶及《解释》的有关规定，确定未成年人刑事案件是否适用简易程序。"2002 年《未成年人刑事案件规定》第 23 条第 1 款也规定："人民检察院对于符合适用简易程序审理条件，有利于对未成年被告人教育的，应当向人民法院提出适用简易程序的建议。"人民检察院在办理未成年人犯罪案件时，对于同时符合下列条件的，应当快速办理，对犯罪嫌疑人已被拘留的，应当在 3 日内作出是否批准逮捕的决定；未被拘留的，应当在 5 日内作出是否批准逮捕的决定，并在 20 日内作出是否提起公诉的决定：(1) 案情简单，事实清楚，证据确实、充分；(2) 可能判处 3 年以下有期徒刑、拘役、管制或者单处罚金；(3) 未成年犯罪嫌疑人、被告人承认实施了被指控的犯罪；(4) 适用法律无争议。对于快速办理的未成年人犯罪案件，人民检察院应当同时向侦查机关提出快速移送审查起诉、向审判机关提出按照简易程序或者简化程序快速审判的建议。实际上，公检法三机关在办理未成年人犯罪案件中，均应做到快侦、快捕、快诉、快判，缩短办案期限，提高工作效率，减少羁押时间，减轻涉案未成年人心理压力，以达到在办案中体现"快速"，在"快速"中体现"保护"。❷

（六）设置专门机构、专门人员

1991 年最高人民法院、最高人民检察院、公安部、司法部《关于办理未成年人刑事案件建立互相配套工作体系的通知》中规定："对未成年人犯案件的侦查、预审工作，公安机关应确定专门办案人员或者侧重办理未成年人犯刑事案件的人员，有条件的地方，也可设立专门机构。""人民检察院应根据办理少年刑事案件的特点和需要，逐步建立专门机构。目前，

---

❶　此处《刑事诉讼法》指 1996 年《刑事诉讼法》，而非 2012 年修订的《刑事诉讼法》。

❷　《最高人民检察院关于依法快速办理轻微刑事案件的意见》第 3 条、第 4 条、第 6 条、第 8 条、第 9 条的规定。参见：柏利民. 未成年人犯罪案件特别诉讼程序研究 [J]. 云南大学学报：法学版，2008 (3).

设立专门机构条件不成熟的，应指定专门人员负责办理此类案件。"公安部《公安机关办理未成年人违法犯罪案件的规定》等法律也规定对于未成年人刑事案件的侦查应由专门的未成年人侦查机构或者指定专人进行。在审判阶段，2001年的《最高法若干规定》第6条规定：中级人民法院和基层人民法院可以建立未成年人刑事审判庭。条件尚不具备的地方，应当在刑事审判庭内设立未成年人刑事案件合议庭或者由专人负责办理未成年人刑事案件。高级人民法院可以在刑事审判庭内设立未成年人刑事案件合议庭。第8条规定：审判未成年人刑事案件合议庭的审判长，应当由熟悉未成年人特点、善于做未成年人思想教育工作的审判员担任，并且应当保持其工作的相对稳定性。审判未成年人刑事案件的人民陪审员，一般由熟悉未成年人特点、热心教育事业、挽救失足未成年人工作，并经过必要培训的共青团、妇联、工会、学校的干部、教师或者离退休人员、未成年人保护组织的工作人员担任。

（七）限制使用强制措施

《公安机关办理未成年人违法犯罪案件的规定》第15条第1款特别规定："办理未成年人违法犯罪案件，应当严格限制和尽量减少使用强制措施。"2012年的《刑事诉讼法》第269条第1款规定："对未成年犯罪嫌疑人、被告人应当严格限制适用逮捕措施。人民检察院审查批准逮捕和人民法院决定逮捕，应当讯问未成年犯罪嫌疑人、被告人，听取辩护律师的意见。"也就是说，对未成年犯罪嫌疑人、被告人需要采取强制措施的，一般适用非拘禁性强制措施，即"以不拘不捕为原则，以拘留逮捕为特例"，可拘可不拘的不拘，可捕可不捕的不捕。符合逮捕、羁押条件的，只有在其法定代理人或者其他监护人监护能力不足以防止其发生社会危害性时，人民检察院和人民法院才能批准或者决定逮捕和羁押。对被羁押的未成年人，应当与成年人分别关押，避免"交叉感染"对此，《预防未成年人犯罪法》第46条、《看守所条例》第14条、《监狱法》第39条均作了规定。❶

---

❶　柏利民. 未成年人犯罪案件特别诉讼程序研究［J］. 云南大学学报：法学版，2008（3）.

（八）未成年人的法律援助和司法救助制度

《未成年人保护法》第51条第2款规定："在司法活动中对需要法律援助或者司法救助的未成年人，法律援助机构或者人民法院应当给予帮助，依法为其提供法律援助或者司法救助。"1996年《刑事诉讼法》第34条第2款及《解释》第36条均规定被告人是未成年人而没有委托辩护人的，人民法院应当指定承担法律援助义务的律师为其提供辩护。《最高人民法院关于审理未成年人刑事案件的若干规定》第15条规定："人民法院应依法保证未成年被告人获得辩护。开庭审理时不满十八周岁的未成年被告人没有委托辩护人的，人民法院应当指定承担法律援助义务的律师为其提供辩护。"2012年《刑事诉讼法》将法律援助以及辩护的介入事件提前到侦查阶段，第267条规定："未成年犯罪嫌疑人、被告人没有委托辩护人的，人民法院、人民检察院、公安机关应当通知法律援助机构指派律师为其提供辩护。"

（九）亲情会见制度

2006年《未成年人刑事案件规定》第18条规定：移送审查起诉的案件具备以下条件的，检察人员可以安排在押的未成年犯罪嫌疑人与其法定代理人、近亲属等进行会见、通话：（1）案件事实已基本查清，主要证据确实、充分，安排会见、通话不会影响诉讼活动正常进行；（2）未成年犯罪嫌疑人有认罪、悔罪表现，或者虽尚未认罪、悔罪，但通过会见、通话有可能促使其转化，或者通过会见、通话有利于社会、家庭稳定；（3）未成年犯罪嫌疑人的法定代理人、近亲属对其犯罪原因、社会危害性以及后果有一定的认识，并能配合公安司法机关进行教育。

不可否认，上述对未成年人犯罪案件司法程序的规定和内容并不少，但仔细分析即可发现，1996年的《刑事诉讼法》关于未成年被追诉人权利特别保障的条款只有"法定代理人可以到场""不公开审判""指定辩护"三条，2012年《刑事诉讼法》在总结以往规定的合理基础上，将上述散见于司法解释、行政规定等之中而又对未成年人保护非常必要的部分原则制度纳入未成年人犯罪案件特别诉讼程序之中，提升到了基本法的层次，比如吸纳增加了"附条件不起诉"等上述论及的多项规定，但相关细节及可操作性上有待明确。基于未成年人诉讼权利保护的重要性和特殊性，仍然需要进一步完善相关立法。

综上所述，无论是实体法还是程序法，无论是国际法还是国内法，我国未成年人立法体系应该包括以下内容：相关国际公约；在中华人民共和国大陆范围内适用的法律、法规、规章和司法解释；地方立法等。这些法律法规从各个方面保障了未成年人的各项权利。但是，即便如此，还不能说我国的未成年司法制度就真正做到有法可依了，恰恰相反，在这方面，我们的立法还很不完善，目前在公检法系统中实行的大多数针对未成年人犯罪的制度或措施，其中大多没有明确的法律依据，导致这些制度缺乏稳定性。实践中大部分是公检法司等部门依据《未成年人保护法》和《预防未成年人犯罪法》的基本原则，结合实践经验制定相关解释，这些解释性的规定最终成了未成年人司法的依据。这样就导致了对于未成年人刑事司法制度在具体操作上缺乏法律的指引，各地方、各部门只能小心翼翼地"摸着石头过河"，必然影响未成年司法制度建设的速度和力度。

第四章

未成年人侦查制度研究

在刑事案件处理过程中，公安机关最先接触犯罪嫌疑人，以侦查工作启动刑事诉讼程序。公安机关在刑事侦查工作中享有较大权限，有权采取包括讯问犯罪嫌疑人在内的各种侦查措施，可以自己决定或经检察机关授权采取刑事拘留、逮捕等刑事强制措施，未成年犯罪嫌疑人也可能遭遇这些侦查措施和强制措施。未成年犯罪嫌疑人作为犯罪嫌疑人中的一个特殊群体，身心尚未发育完全，大多缺乏社会经验和自我保护能力，在侦查过程中较成年犯罪嫌疑人处于更加劣势的地位，这些侦查措施和强制措施极易使其心理发生偏移和扭曲，从而不利于其回归社会。因此，加强侦查阶段对未成年人权利的保护是一个迫切而现实的问题。

一、当前刑事诉讼程序中对未成年人权利保护的立法规定

我国为了保护未成年人的身心健康，保障未成年人的合法权益，促进未成年人在品德、智力、体质等方面全面发展，2012 年修订的《未成年人保护法》第 55 条规定：公安机关、人民检察院、人民法院办理未成年人犯罪案件和涉及未成年人权益保护案件，应当照顾未成年人身心发展特点，尊重他们的人格尊严，保障他们的合法权益，并根据需要设立专门机构或者指定专人办理；第 56 条规定：讯问、审判未成年犯罪嫌疑人、被告

人，询问未成年证人、被害人，应当依照刑事诉讼法的规定通知其法定代理人或者其他人员到场。第 57 条规定：对羁押、服刑的未成年人，应当与成年人分别关押。羁押、服刑的未成年人没有完成义务教育的，应当对其进行义务教育。第 58 条规定：对未成年人犯罪案件，新闻报道、影视节目、公开出版物、网络等不得披露该未成年人的姓名、住所、照片、图像以及可能推断出该未成年人的资料。这些规定，可以说是对未成年犯罪嫌疑人刑事侦查的原则性规定。

1996 年《刑事诉讼法》中关于未成年犯罪侦查措施的规定主要见第 14 条，该条规定：人民法院、人民检察院和公安机关应当保障诉讼参与人依法享有的诉讼权利。对于不满 18 岁的未成年人犯罪的案件，在讯问和审判时，可以通知犯罪嫌疑人、被告人的法定代理人到场。《公安机关办理未成年人违法犯罪案件的规定》第 11 条规定，讯问违法犯罪的未成年人时应当通知其家长或者监护人或者教师到场。2012 年《刑事诉讼法》对未成年人刑事案件诉讼给予了足够重视，在第五编新增加一章"未成年人刑事案件程序"，主要有以下几个方面的内容。

一是保障未成年人在侦查过程中享有辩护权。对于未成年犯罪嫌疑人、被告人没有委托辩护人的，人民法院、人民检察院、公安机关应当通知法律援助机构指派律师为其提供辩护。

二是慎重运用刑事强制措施。对于未成年犯罪嫌疑人、被告人，应当严格限制适用逮捕措施。人民检察院审查批准逮捕和人民法院决定逮捕，应当讯问未成年犯罪嫌疑人、被告人，听取辩护律师的意见。对被拘留、逮捕和执行刑罚的未成年人与成年人应当分别关押、分别管理、分别教育。

三是人民法院、人民检察院和公安机关办理未成年人犯罪案件，应当保障未成年人行使其诉讼权利，保障未成年人得到法律帮助，并由熟悉未成年人身心特点的审判人员、检察人员、侦查人员承办。讯问女性未成年犯罪嫌疑人，应当有女工作人员在场。

四是删去了 1996 年《刑事诉讼法》规定的在讯问和审判时"可以"通知犯罪嫌疑人、被告人的法定代理人到场的内容，规定在讯问和审判时"应当"通知犯罪嫌疑人、被告人的法定代理人到场。无法通知、法定代理人不能到场或者法定代理人是共犯的，也可以通知犯罪嫌疑人、被告人的其他成年近亲属，所在学校、单位或者居住地的村民委员会、居民委员会、未成年人保护组织的代表到场。到场的法定代理人可以代为行使犯罪嫌疑人、被告人的诉讼权利。而且，到场的法定代理人或者其他人员认为办案人员在讯问、审判中侵犯未成年人合法权益的，可以提出意见。讯问笔录、法庭笔录应当交给到场的法定代理人或者其他人员阅读或者向他宣读。

综合以上内容，特别是 2012 年《刑事诉讼法》的规定，将未成年犯罪独立设置特别程序，吸纳了以往相关规定的合理内容，可以说大大加强了对未成人犯罪嫌疑人在侦查过程中的法律保护。但是，在司法实践中公安机关办理未成年人犯罪案件仍然存在诸多问题，主要表现在以下几个方面。

一是司法实践上认识不足，在侦查工作中没有体现出"教育、感化、挽救"的方针。未成年刑事司法制度的本质是保护性、预防性，而并非惩罚性或镇压性的，如果按照对待成年犯罪嫌疑人的羁押、侦查方式办理未成年人刑事案件，往往会给未成年人造成很大的不良影响。在司法实践中，往往有一些未成年人因为不适应突如其来的侦查措施，心理压力过大而影响身心健康，甚至自暴自弃，自此永远踏上违法犯罪、脱离正常社会生活的不归之路。

二是很多案件未能由熟悉未成年人身心特点的侦查人员办理案件。有的未成年人本身罪行不大，或是激情所致偶尔为之，但未能由熟悉未成年人身心特点的侦查人员办案，往往加以言语刺激，先入为主，事先定性，或者由于条件限制对未成年人在采取限制人身自由的强制措施时，将未成年人与成年人混乱关押，使之形成交叉感染，重新犯罪率很高。

三是不遵守案件办理程序的情况较多。如强制措施的使用，从实践中看，公安机关在办理未成年人违法犯罪案件中使用刑事强制措施仍然是经常性的，这其中也有人员流动性大、司法资源不足等客观原因，但是存在原因主要还是公安机关在办理未成年人案件过程中仍然带着旧有的惩罚至上思想，把办案简单化，没有考虑未成年犯罪嫌疑人的特殊性。

四是 2012 年《刑事诉讼法》对讯问和审判未成年人时的在场人员作

出了全面、具体规定，这一规定相较于以往的规定有了很大进步，将"可以通知犯罪嫌疑人、被告人的法定代理人到场"修订为"应当通知犯罪嫌疑人、被告人的法定代理人到场"。但作为一种制度设计，没有规定未成年人对法定代理人和合适成年人的选择权，如果所谓的"合适成年人"对未成年人的利益漠不关心，甚或对未成年人的利益有威胁，或者未成年人对其并不信任，则制度的目标就难以实现，一定程度上鼓励了司法人员出于"方便控诉"的目的选择到场成年人。❶ 司法实践中，司法机关在讯问和取证过程中不通知未成年人的家长、监护人或者教师到场，或者是第一次讯问取得证据后才象征性地通知其家长或教师到场。在讯问过程中也有个别民警为了获取证据，采取暗示、引诱甚至威胁、刑讯等方式非法获取未成年人口供，这些情况是值得注意的。

二、未成年人犯罪案件侦查工作应遵循的基本原则

未成年人犯罪案件的侦查工作应该以前述的未成年人司法的基本原则为指导。但是，由于侦查阶段的特殊性使得这些原则的遵守又必须具有自身的特殊性。下面结合侦查阶段的特殊性论述在侦查阶段应该遵守的基本原则的具体内容。

（一）教育、感化、挽救的原则

侦查过程是公安机关利用各种专门手段获取证据的阶段，它是一个甄别犯罪的过程，同时还为下一步的起诉、审判进行准备。在这个甄别过程中，侦查人员对于未成年犯罪嫌疑人一定要贯彻教育、感化、挽救的原则，不使其因被纳入侦查视线而过早受到伤害、过早地贴上"罪犯"的标签。

首先，与成年人犯罪相比，从认知水平来看，违法犯罪青少年的认知能力常常是较低的，有时甚至愚昧无知。许多少年犯被押上审判席时，当

---

❶ 汪建成. 论未成年人犯罪诉讼程序的建立和完善［J］. 法学，2012（1）.

问起他为什么要触犯法网时，他迷惘地说："我不知道。"青少年犯罪的纠合性、偶发性、野蛮性、模仿性、恶作剧性已构成我国青少年犯罪的基本特征。❶由此可见，青少年对事物的认识常是表面的、低层次的，对外部事物缺乏批判性，对环境的变化缺乏适应性，对自己的行为缺乏内省力，对自己的行为性质和后果往往缺乏正确的认知。大量未成年人，就是在不了解自己的行为性质和行为后果的情况下犯罪的，而这种情况在老年人中则较为少见。❷ 因此，在侦查过程中，侦查人员不可将未成年人简单看成是"犯罪嫌疑人"，不可将自己简单看成是"打击违法犯罪者"，应当把自己当成教育家，循循善诱、不急不躁展开不同于成年犯罪嫌疑人侦查手段。

其次，从犯罪行为的方式、性质、特点分析，未成年人与成年人存在本质的区别。未成年人处于生理、心理的发育阶段，在思想上往往表现出幼稚单纯的特征，在社会生活的各方面都还很不成熟。在复杂的社会生活中，他们缺乏辨别是非的能力，自我控制能力差，有时受自身物质需要支配，有时是受突然的环境刺激，有时是一时的感情冲动。对他们的行为，侦查机关不能先入为主地以犯罪人的身份加以对待，在鉴别过程中要冷静、客观，多方面地分析行为发生时的时间、地点、起因等因素，一步步感化未成年人走出违法犯罪的误区，绝不可采取暗示、引诱甚至威胁、刑讯的方式非法获取未成年人口供。

最后，将教育、感化、挽救思想贯穿于整个刑事侦查过程。近年来，我国未成年人犯罪率总体上是呈上升趋势的，出现了犯罪手段成人化、犯罪年龄低龄化、犯罪暴力程度不断加剧等特点。针对这种情况，司法理论界和实务界有不少人提出应当降低刑事责任年龄，提出了对未成年人犯罪要"严厉打击、加重处罚"等"下猛药"的措施，甚至在刑事侦查程序中也出现了一些极端方法。事实上，这一思路是行不通的，这仍然是我国重刑思想的体现，对于未成年人犯罪"下猛药"的措施只能治标不能治本。刑事侦查过程中对待未成年犯罪嫌疑人，应当少用甚至不用刑事强制措施等激烈的手段，要针对未成年犯罪人可塑性强、易于教育和改造的特点，

---

❶ 韩彦平. 走出迷惘——青少年犯罪的思索［M］. 石家庄：河北教育出版社，1992：7.

❷ 张保平，徐永新. 犯罪心理学［M］. 北京：警官教育出版社，1999：246－247.

将教育、感化、挽救思想贯穿于整个刑事侦查过程，比如传讯时应当采取隐秘的方式，讯问时应在法定代理人、老师的陪同下诱导，减少言语刺激，不使其产生紧张、焦虑、害怕、绝望的情绪，对未成年人施以一种亲属般的关怀，即使他们真的实施了危害社会的行为。

（二）全面调查的原则

由于未成年人身心发育尚未成熟，且犯罪后易于改造，因此对未成年人刑事案件的侦查应当与成年人刑事案件的侦查有所区别。❶ 我国《公安机关办理未成年人违法犯罪案件的规定》第 10 条规定了在对违法犯罪未成年人讯问前，除掌握案件情况和证据材料外，还应当了解其生活、学习环境、成长经历、性格特点、心理状态及社会交往等情况，有针对性地制作讯问提纲。2012 年《刑事诉讼法》第 268 条也规定，公安机关、人民检察院、人民法院办理未成年人刑事案件，根据情况可以对未成年犯罪嫌疑人、被告人的成长经历、犯罪原因、监护教育等情况进行调查。

全面调查原则要求办案人员一方面要重视案件事实，重点获取未成年人有罪或无罪、罪轻或罪重的相关证据，同时还应当进一步深入犯罪嫌疑人原所在学校、生活社区或者其他居住区进行调查研究，着重查清楚以下问题：未成年犯罪嫌疑人所处的家庭环境及其受教育的经历；未成年犯罪嫌疑人走上违法犯罪道路的主客观因素，特别是其心理的形成、发展、演变；该未成年人平时的性格特点如何，形成原因是什么，家庭结构是否完整等；犯罪之前的一贯表现；发生现场的客观状况及其对该未成年人心理上的影响，是否属于激情犯罪，该未成年人归案之后的认罪态度和悔罪表现等。通过全面调查，查清未成年人犯罪的主客观原因、导致其实施犯罪行为的直接诱因，以及影响其选择行为方式的条件因素，对预防未成年人犯罪，净化社会环境，找准感化点，有的放矢地改造、管教未成年犯罪人，具有重要的意义。❷

---

❶ 龙宗志，杨建广. 刑事诉讼法［M］. 北京：高等教育出版社，2003：400.
❷ 甘雨沛，何鹏. 外国刑法学［M］. 北京，北京大学出版社，1984：467.

（三） 特别保护的原则

未成年犯罪人与成年犯罪人有很大的不同，相对来说未成年人社会经验不足，他们对法律内容理解很少，自身的保护意识和防御能力更加不强。因此，他在刑事诉讼中的弱势地位显得更加突出，这也决定了其在刑事诉讼中需要更多的关照和保护，未成年人在诉讼中也应当享有不同于成年人的诉讼权利。如果不考虑未成年人的特点，采用对成年人的处理方式，就可能在他们尚未成熟的心灵上形成阴影，直接影响诉讼的效果和以后的改造工作。❶ 确立对未成年犯罪人的特别保护原则是当今许多国家立法的通例，联合国有关文件也确立了此项要求，《利雅得准则》规定："政府应颁布实施一些特定的法律和程序，促进和保护青少年的权利和幸福。"我国已经生效的《儿童权利公约》第 40 条要求，对被指控触犯刑法的儿童提供以下的程序保障：无罪推定、被告知指控罪名、获得独立公正的主管当局或司法机构复查判决、获得免费翻译、尊重隐私等。我国《未成年人保护法》以及相关的解释也都确立了"教育、感化和挽救"的方针和"教育为主、惩罚为辅"的原则。

为了体现对未成年人特别保护，在刑事侦查工作中，就要严格执行各项法律规定，尊重未成年人的诉讼权利，特别是侦查人员不能利用优势地位威逼、哄诱未成年人自证其罪，更不许实施刑讯逼供摧残未成年人身心健康。即使是对于有一定证据证实实施了罪行严重、犯罪性质恶劣的未成年人，或者是反复实施违法犯罪的未成年人，也不能借口维护社会治安和保护公共安全来侵犯他们的诉讼权利，在侦查措施的采取上要有区别，坚持具体案件具体处理，能缓和的就缓和，尽最大努力教育、挽救未成年人回归正常的成长道路。

（四） 分案处理、迅速简易、个别化审理原则

所谓分案处理，是指未成年人案件与成年人案件程序分离，分别关

---

❶ 姚建龙. 少年司法制度概念论 [J]. 当代青年研究，2002 (5).

押、分别执行。❶ 在刑事侦查中体现分别处理原则，就是要体现那些针对成年人的侦查措施不能简单地施用于未成年犯罪嫌疑人身上，而是要有选择地采取适合未成年人的方式获取证据。在案件侦查中如果需要对未成年的犯罪嫌疑人、被告人采取刑事拘留、逮捕等强制措施的，也要谨慎地将未成年人与成年人分开关押、分开看管，防止交叉感染现象。在有的案件中存在未成年人与成年人共同犯罪的现象，或者与成年人有牵连关系，侦查机关应当对未成年人适用不同于成年犯罪嫌疑人的诉讼程序，由专门办理未成年人案件的机构或人员办理。

在侦查过程中，应当确立迅速简易原则，才能最大限度地实现刑罚对未成年人的教育和改造效应。"迅速"是指在侦查工作进行的每一个阶段都争取缩短时间，应当尽可能地不拖延耽搁案件办理，争取尽快完成诉讼；"简易"则要求诉讼程序、诉讼手续要体现从简进行，应当缩短未成年人在诉讼程序中停留的时间，尽可能地消除未成年人由于诉讼所带来的紧张、抵触、恐惧等负面影响。《北京规则》第 20 条规定："每一案件从一开始就应迅速处理，不应有任何不必要的拖延。"未成年人在刑事诉讼中更担心自己的处境，担心刑事污点会对未来成长产生影响，他们大多数系初犯，对法律知识也知之甚少，一旦遭到传唤或采取强制措施就很容易精神紧张，有的会产生思想障碍、抵触心理，十分在意外界是否用"有色眼镜"来看待他们，一有风吹草动就会形成自暴自弃的思想，有的甚至会产生仇视社会的情绪从而采取诸如自杀等激烈的对抗手段。大量的司法实践已经证明，未成年人在诉讼阶段停留时间越长，矫正起来困难就越大。因此，公安机关必须迅速及时地进行侦查工作，让未成年犯罪嫌疑人早日摆脱精神上的枷锁，重新回归社会。❷ 需要注意的是，"迅速"并不能超越法定必经的程序，"简化"也并不是意味着适用简易程序，而要在遵守法定程序规定的前提下尽量迅速简化。贯彻此原则应依据法定必经的程序进行，尤其是不能以迅速简化为借口随意剥夺或者限制未成年人应当享有的辩护、法定代理人到场等诉讼权利。

---

❶ 樊崇义. 刑事诉讼法学［M］. 北京：中国政法大学出版社，2002：352.
❷ 马桂平. 中外少年司法矫正制度比较［J］. 郑州大学学报，2004（4）.

个别化审理，就是侦查人员应当针对每个未成年犯罪嫌疑人的不同情况、不同心理特征和成长经历选择有针对性的侦查措施，以尽最大可能教育、感化、挽救未成年人回归社会。

（五）办案人员专业化原则

未成年人犯罪案件需要办案人员具有更多的耐心、更多的爱心，在侦查中用教育、说服的方法规劝未成年人改正错误回归社会，在手段上要循循善诱、张弛有度。这就需要办案人员具有相当高的政治业务素质，既能坚持原则探寻案件事实，又要灵活妥善运用侦查措施，才能适应未成年人犯罪的侦查工作。2012年《刑事诉讼法》规定，公安机关办理未成年人犯罪案件，应当保障未成年人行使其诉讼权利，保障未成年人得到法律帮助，并由熟悉未成年人身心特点的侦查人员进行。讯问女性未成年犯罪嫌疑人，应当有女工作人员在场。

近年来，我国公安民警的整体素质有了大幅度的提高，办案水平不断加强，但总体上来讲仍然没有达到理想的水平，在工作中屡有刑讯逼供、办案粗暴简单的行为出现，对刑事侦查工作产生了不良的社会影响，令人十分痛心。公安机关应当针对未成年人犯罪案件设立专门的侦查部门，充实素质较高、熟悉未成年人身心特点的民警，实现办案人员专业化，并保证充足的财力物力。另外，还要对这些民警进行专门的培训，使其掌握一些社会学、心理学、犯罪学和行为科学的知识，多多接触了解未成年人的生活、学习、心理特点，做好未成年人犯罪的侦查工作。

（六）保护涉案未成年人隐私的原则

未成年犯罪嫌疑人回归社会的一个重要障碍，是他们过早地被纳入了侦查视线，贴上了犯罪标签，或者说是"有问题"的标签，社会、教育机构和周围的同龄少年很大可能会以一种不正常的眼光注视着他们，排斥他们的回归，从而使他们一步步远离正常的生活环境，自暴自弃，陷入违法犯罪的深渊。所以，公安机关应当注意未成年人在案件侦查中只是"犯罪嫌疑人"而不是"犯罪人"，要保护涉案未成年人的隐私，不得擅自公开或者传播涉案未成年犯罪嫌疑人的姓名、住所、照片、所在学校，以及其他可能让人推断出涉案未成年人身份的资料信息。要严格禁止在侦查阶段对未成年人犯罪案件进行新闻报道，不得在影视节目、公开出版物、网络上披露该未成年人的姓名、住所、照片、图像、所在学校以及可能推断出该未成年人身份的资料。

三、未成年人犯罪案件侦查的具体措施

我们认为，侦查工作应确立以下的具体制度，以达到对未成年人特殊保护之目的。

（一）严格审查，谨慎立案

在针对未成年人犯罪案件立案时应严格审查，谨慎立案。一是要保证立案的准确性。一般情况下在立案前应当获取了一定量的客观证据，制作详细的立案报告书，写明发案时间、地点、现有的证据材料、法律依据和意见，还应当尽量写清未成年犯罪嫌疑人的基本情况，尤其是未成年人的生活居住环境、成长背景、教育背景和心理性格特征等有关情况，决定采取何种合适的侦查手段等。二是应由公安机关法制部门严格审查把关，认真审核。如果案件情况未明、案件客观证据不足、案件有重大矛盾不宜立案的可以先不立案，先由侦查部门进行初查，收集外围材料证明确有必要才可立案侦查。三是应当迅速决定，不得拖延耽搁。对于没有证据证明有案件发生，不需要追究刑事责任的，迅速作出不立案的决定，对于被扭送、检举、控告或者投案自首的违法犯罪未成年人，必须立即审查，迅速立案，加快诉讼过程，体现迅速简易的原则。

（二）采用较为灵活和适当的传唤方式

传唤未成年犯罪嫌疑人，侦查人员应当尽量不采用直接传唤的方法，不可以大张旗鼓到未成年人学校、住处、社区，而应当采取合适方式先行通报其法定代理人或学校，耐心解释，说明情况，取得其理解和同意，并了解该未成年人的性格特征，在其法定代理人和老师的陪同下，或通过其

法定代理人将未成年犯罪嫌疑人传唤。在选择传唤地点时也应当加以注意，可以在未成年人较为熟悉的地方，如果案件性质较为严重，必须将其带回到侦查机关的，也要合适、隐秘地进行。传唤时侦查人员注意用语谨慎、缓和，不致引起未成年人过度恐惧、紧张，多作解释，多宣传法律，有关法律手续可以由其法定代理人或老师代阅，暂不告知未成年人本人。传唤过程中原则上不应对未成年犯罪嫌疑人使用戒具，确有必要使用戒具的以避免和防止危害结果的发生为限度，现实危险消失后立即停止使用。

（三）注意讯问过程

讯问是侦查过程中十分重要的一个环节，公安侦查机关在未成年人案件的讯问中应兼顾查明事实和依法办案，宜采取与成年犯罪者不同的讯问措施，贯彻教育、感化、挽救的原则，为未成年犯罪嫌疑人的改造和回归社会创造条件。具体说来，在讯问中要注意以下几点。

1. 根据每个未成年犯罪嫌疑人的特点，制订审讯计划

在审讯这一场心理战中，青少年犯罪人处于被动防御地位，斗争的结果关系到其实际命运。审讯中青少年犯罪人有时会产生强烈的抵触心理，怕丢人、怕报复挨打、怕连累家人。有时会与讯问人员对立争执而暴发对抗情绪，可能因自尊心强而发生极端事件。所以在审问中研究青少年犯罪后的心理是很有必要的。应当事先制订审讯计划，研究每一个未成年犯罪嫌疑人的心理，对其生活习惯、生活环境、家庭情况、性格特征了然于心，做到知己知彼，必要时还要联系与未成年人较为亲密的家属、老师参与，为讯问的成功做好准备。

2. 多采取教育说服的手段，以免激起未成年犯罪嫌疑人的抵触心理

首先，不要急于对未成年人的行为进行定性，应进行法制教育、政策教育和人生观教育，给未成年人以充分的时间自由叙述，循循善诱，使其对整个案件的来龙去脉有较为清楚的认识。其次，以理服人、以情动人。如果未成年人已经认为自己有罪或有错，侦查人员就要进一步专注于案件过程的具体化，从中发掘充足证据。如果未成年犯罪嫌疑人有不良意念时就要批评教育，以理服人、以情动人，使其知晓行为的对错，而不是以权压人。最后，要注意辨清未成年人的精神状态，侦查人员的用语应当准确易懂，语气应当温和，辨明未成年犯罪嫌疑人是否有情绪紧张、低落或记忆力不佳而导致不能说清事件的情况，采取提示、诱导等方法使其记忆力活跃起来，通过帮助教育树立未成年犯罪嫌疑人对讯问人员的敬重感、信任感，缩短感情距离，使其如实供述案件发生的来龙去脉。

3. 重证据，以理服人

司法实践中确有未成年人反复实施同种犯罪行为的情况，有的作案心狠手毒、手段残忍的情况，有的多次受到公安机关处理。讯问中该类未成年犯罪嫌疑人大多拒不交代行为事实，心理防御体系严密顽固，还有反讯问伎俩。侦查人员对此一是不能先入为主事先定性，轻易作有罪认定，带着急躁易怒的情绪办案。二是不轻信口供，不能认为其有反讯问的伎俩就采取刑讯逼供等不合法手段，要善于向未成年人解释坦白交代和揭发犯罪对减轻刑事责任的意义，摆事实讲道理，用证据证实犯罪嫌疑人有罪或无罪，以防止冤假错案的发生。

4. 严禁采取刑讯、威逼的手段违法获取口供

有的未成年犯罪嫌疑人由于从事犯罪时间长，反侦查心理很强，甚至在铁的事实面前也死不认账。对此，讯问人员不能采取刑讯的手段违法获取口供，也不能搞疲劳审讯等变相的刑讯逼供，在证据充足的情况下，即使不能获取口供也能证实犯罪。反之，如果证据不足，要下决心承认该未成年人未曾实施犯罪行为。

（四）扩大侦查范围

当前我国犯罪率较高，公安侦查机关承担的工作任务较重，有时没有充分考虑到未成年人这一群体的特殊性，往往采取与对成年人同样的处理方法，难以对未成年犯罪嫌疑人的背景情况进行全面调查，公安侦查机关对绝大多数未成年犯罪嫌疑人提请批捕但不提供背景资料，使得批捕阶段对未成年嫌疑人社会危险性的审查难以实现，这是未成年犯罪嫌疑人逮捕

率较高的重要原因。❶ 同时，不调查背景资料也不能为下一步恢复性司法的展开准备条件。因此，公安侦查机关除与成年人刑事案件一样要查明案情、收集证据和查获犯罪人外，还必须对下列情况进行调查：

（1）未成年人的出生和成长经历、受教育程度、身体发育情况、智力状况，未成年人的个性、个人嗜好、精神状况等情况；

（2）未成年人生活条件、家庭环境、社会交往情况等；

（3）未成年人作案时的客观情况，有无受到其他成年犯罪成员的支配、指使、胁迫，有无受生活困难所迫，是否是在受到不法侵害情况下实施等情况；

（4）未成年人作案后和被公安机关立案传讯后的表现，有无悔罪心理等。

通过对以上几个方面的调查，侦查人员在查清案件事实解决未成年人定罪量刑的基础上，全面了解未成年人的人格形成过程、犯罪的原因等，为确定正确的感化、挽救方案打下基础。

（五）慎重适用强制措施

一旦对未成年人适用强制措施，就给他们贴上了"有问题"的标签，为他们回归社会设置了障碍。因此，对未成年人强制措施的适用条件和程序应比成年人更加严格，尽量不用或者少用，尽可能交付其父母、监护人、社会组织进行看管教育，以免对其造成不必要的心理压力。联合国《儿童权利公约》第37条（b）规定："不得非法或任意剥夺任何儿童的自由。对儿童的逮捕、拘留或监禁应符合法律规定并作为最后手段，期限应为最短的适当时间。"

关于对未成年犯罪嫌疑人适用强制措施的问题，我国1996年《刑事诉讼法》对此未作出限制性的规定，有关的司法解释和规章作出了一定的补充。如2006年《未成年人刑事案件规定》第12条规定："人民检察院审查批准逮捕未成年犯罪嫌疑人，应当根据未成年犯罪嫌疑人涉嫌犯罪的事实、主观恶性、有无监护与社会帮教条件等，综合衡量其社会危险性，

---

❶ 许宁. 降低未成年犯罪嫌疑人逮捕率的思考 [J]. 青少年犯罪问题, 2007 (2).

确定是否有逮捕必要，慎用逮捕措施，可捕可不捕的不捕。"公安部关于《公安机关办理未成年人违法犯罪案件的规定》第 15 条也规定："办理未成年人违法犯罪案件时，应当严格限制和尽量减少使用强制措施。严禁对违法犯罪的未成年人使用收容审查。"2012 年《刑事诉讼法》第 269 条第 1 款规定："对未成年犯罪嫌疑人、被告人应当严格限制适用逮捕措施。人民检察院审查批准逮捕和人民法院决定逮捕，应当讯问未成年犯罪嫌疑人、被告人，听取辩护律师的意见。"

对于确实罪行严重，有现实危险的未成年犯罪嫌疑人，确需采取羁押措施的应与成年人分押分管，远离成年犯的不良影响和腐蚀污染，防止交叉感染，并根据其生理和心理特点在生活和学习等方面给予照顾。现行《刑事诉讼法》第 269 条第 2 款明确规定："对被拘留、逮捕和执行刑罚的未成年人与成年人应当分别关押、分别管理、分别教育。"

虽然我国修订的刑事诉讼法及有关司法解释、规章对未成年犯罪嫌疑适用强制措施作了进一步规定，但从内容上来看还较为宏观，在哪些情况下可以对未成年人实施哪种强制措施，哪些情况下绝对禁止对未成年人采取强制措施，都没有明文规定，需要司法实践中进行总结的积累。

（六）保障合适成年人参加讯问程序

合适成年人参加讯问是未成年人刑事诉讼中具有重要意义的一个制度。在刑事讯问过程中，未成年人面对强大的国家机关是处在弱势一面的，他们容易受到不适当刑讯制度的侵害。有合适的成年人在场，可以及时保护未成年人不受非法讯问的侵害，帮助行使诉讼权利，对违法侦查提起申诉、控告。澳大利亚国家儿童青年法律中心前主任罗伯特先生指出，未成年人对压力的敏感性、对成年人建议的可信性、口头表达能力的缺乏以及在专业或敌意的讯问下容易作出错误陈述的特点，决定了他们在被警察讯问时需要得到专门的帮助。[1] 从查明案件事实，准确定罪量刑并帮助未成年人改造的角度来说，选择未成年人最亲近或者对其最了解的成年人在场，可以消除其紧张心理，有效说服教育，解决矛盾冲突。

---

[1]　徐美君. 侦查讯问程序正当性研究［M］. 北京：中国人民公安大学出版社，2003：254.

合适成年人参加讯问制度在我国法律法规中有明确规定，公安部在《公安机关办理未成年人违法犯罪的案件的规定》第 11 条中规定："讯问违法犯罪的未成年人时，根据调查案件的需要，除有碍侦查或者无法通知的情形外，应当通知其家长或者监护人或者教师到场。"现行《刑事诉讼法》第 270 条规定："对于未成年人刑事案件，在讯问和审判的时候，应当通知未成年犯罪嫌疑人、被告人的法定代理人到场。无法通知、法定代理人不能到场或者法定代理人是共犯的，也可以通知未成年犯罪嫌疑人、被告人的其他成年亲属，所在学校、单位、居住地基层组织或者未成年人保护组织的代表到场，并将有关情况记录在案。到场的法定代理人可以代为行使未成年犯罪嫌疑人、被告人的诉讼权利。"

这些法律规定对保障我国未成年犯罪嫌疑人的权利起到了重要作用，在司法实践中需要认真贯彻执行，尤其是当前社会环境下，人口流动性加大，流窜作案大量增加，在外来未成年人作案的情况下，有些办案机关由于办案期限的限制对此一制度未能充分重视，有的只是第一次对未成年犯罪嫌疑人讯问时通知其法定代理人到场，而在后续的讯问中未能通知。这些情况都需要在基层办案机关引起重视，以有效保障未成年人的诉讼权利。

（七）做好未成年犯罪嫌疑人法律服务工作

未成年犯罪嫌疑人需要具有法律专业知识和技能的律师为其提供法律帮助，这可以消除或减少未成年人对侦查活动的恐惧心理和抵触情绪，有助于查清案件事实，监督公安机关的侦查活动，防止刑讯逼供等违法办案现象的发生。

我国刑事诉讼法对未成年人刑事诉讼法律援助的规定有一个渐进的过程，1996 年《刑事诉讼法》第 34 条第 2 款规定："被告人是盲、聋、哑或者未成年人而没有委托辩护人的，人民法院应当指定承担法律援助义务的律师为其提供辩护。"这里规定的指定辩护仅在审判阶段存在。《北京规则》第 15 条规定，在整个诉讼程序中，少年应有权有一名法律顾问代表，或在提供义务法律援助的国家申请这种法律援助。2012 年《刑事诉讼法》将律师介入刑事诉讼程序提供辩护的时间提前到了侦查阶段，第 267 条规定："未成年犯罪嫌疑人、被告人没有委托辩护人的，人民法院、人民检察院、公安机关应当通知法律援助机构指派律师为其提供辩护。"这一规定对保障未成年人法律服务工作有很大促进作用，需要在司法实践中大力落实推进。

当然，在刑事侦查过程中，对未成年犯罪嫌疑人的权益保障并不仅仅限于上述几个方面，如未成年人与成年人分别监管制度、有利于未成年被告人的年龄推定制度等，都亟待改革和完善。

四、未成年犯罪嫌疑人审前羁押制度改革研究

随着未成年人犯罪年龄趋于低龄化，犯罪类型、犯罪手段日益多样化，这使他们进入司法程序的数量也越来越多。未成年人群体是社会中的一个特殊群体，对他们要尽可能采取一些不同于成年人的刑事处理，但现行的未成年犯罪嫌疑人审前羁押制度却没有能体现出未成年人与成年人的区别，逮捕措施适用普遍，与成年人混押现象较为严重，对未成年人适用取保候审还不太重视，因此，有必要对我国未成年犯罪嫌疑人审前羁押制度中存在的问题作以探讨。

（一）当前未成年犯罪嫌疑人审前羁押制度的现状和发展方向

身心尚未发育成熟的未成年人，其认知水平、社会经验、调整能力有限，因此极易走上违法犯罪道路，必须对未成年人采取教育、挽救的方针，我国一直将"保护未成年犯罪嫌疑人，能不捕尽量不捕"作为一项重要的刑事政策，但司法实践中未成年犯罪嫌疑人的逮捕率却一直居高不下。逮捕率较高的原因主要有以下几点。

一是认识不足。在司法实践中，许多办案人对逮捕条件的认识和把握存在偏差，有"严打"的思维，只要犯罪嫌疑人符合了逮捕条件，为了保证刑事诉讼的进行，就采取逮捕的措施，而没有认识到未成年犯罪嫌疑人与成年犯罪嫌疑人的不同之处，这就导致了一定数量的不当逮捕的适用。

二是客观限制，由于法律对取保候审、监视居住的规定不完善、操作

性不强，我国刑事司法效率又不高，造成取保候审难以对嫌疑人进行监控约束，确实有犯罪嫌疑人在取保候审期间脱离司法控制，造成刑事诉讼难以进行，而监视居住又成本过高难以实现。因此，司法实践中对涉嫌犯罪的未成年人除个别适用取保候审外，绝大多数都被采取了逮捕的强制措施。

三是忽视对未成年人人格的调查。由于侦查阶段传讯、刑事拘留都有严格的时间限制，侦查时间较短，加上认识不足、司法资源紧张等因素，公安机关普遍重视对未成年人犯罪事实的证据收集而忽视对未成年人的人格调查，对他们为何采取犯罪行为的原因调查不够，在提请批捕时不提供背景资料。所以，当案件进入检察机关时，批捕阶段对未成年嫌疑人社会危险性的审查又难以实现，很难对未成年犯罪嫌疑人的个人情况进行全面了解，因此可能对一些无逮捕必要的未成年人也批准逮捕。

四是对外来未成年犯罪嫌疑人的逮捕适用举步维艰，是未成年犯罪嫌疑人逮捕率较高的现实原因。当前，中国社会正处在一个前所未有的体制转型时期，也即正由传统社会向现代社会过渡，贫富差距加大等问题使得失业人口、流动人口逐渐增多，成为深刻的社会问题，一些低收入阶层极易走上犯罪的道路。未成年人犯罪也不例外，他们大部分来自经济落后地区，家庭经济困难，因为找不到工作没有经济来源而走上犯罪道路，也有一部分是随经商或打工的父母来到大城市地区，无法进入城市正常的教育系统。在城市中往往形成一个个"城中村"，这里生活水平低，文化设施严重不足，治安混乱，未成年人在这种环境中成长，极易受到不良习气的感染而走上违法犯罪道路。由于他们往往在居住地无监护条件、无固定住所、无经济来源，适用取保候审等难以监控，很难保证诉讼正常进行。这就使外省市未成年犯罪嫌疑人无法与本地未成年犯罪嫌疑人一样适用取保候审，而普遍被适用逮捕措施。

逮捕是五种强制措施中最具强制性和严厉性的一种，羁押可能给未成年人带来巨大的精神压力和心理创伤，给他们贴上"有问题少年"的标签，当他们再回到社会中或学校时，极易被其他人排斥、拒纳，影响到未成年人的自我评价、社会评价，影响其学业和就业，容易使其产生自暴自弃的消极情绪。同时，在羁押过程中，也很可能受到共同羁押的罪行严重的成年犯的不良影响，造成交叉感染，使他们在违法犯罪的泥沼中越陷越深，不利于未成年嫌疑人的改造与成长，不利于他们回归社会走上正常的人生道路。所以，必须限制逮捕措施的适用，而增加取保候审强制措施的适用。取保候审有利于保证未成年人在比较宽松的环境中面对刑事诉讼活动，不致留下过多的阴影，也有利于其思想的改造。同时，未成年人的活动能力有限，社会危害性也比较小，采用取保候审基本上足以防止其继续犯罪，足以防止其进行各种妨碍诉讼的活动。

对未成年人尽量不用或少用羁押或监禁，扩大未成年人取保候审的适用率，也是国际准则所要求的。我国已经签署的《儿童权利公约》第 40条规定："国家各方承认每一个被声称、指控或认定违反了刑法的儿童应受到与促进儿童尊严和价值观相一致的处理，这种处理能增强儿童对他人的人权和基本自由的尊重，并考虑到儿童的年龄以及人们对促进儿童重新融入社会中承担建设性作用的希望。"具体到强制措施中，该公约第 37（b）条规定："不得非法或擅自剥夺任何儿童的自由。逮捕、居留或监禁儿童应按法律进行，并应仅作最后的手段，在尽可能短的时间内使用。"按照这些条约的精神，为了保证刑事诉讼的顺利进行，审前的羁押并非不能适用于未成年人；但是，这种羁押应当是一种"万不得已"的最后手段，也就是说在大多数情况下应当适用非羁押型的强制措施。另外，《北京规则》其中第 19 条第 1 款规定：把少年投入监禁机关始终应是万不得已的处置办法，其期限应是尽可能最短的必要时间。可见，在审前程序中慎用逮捕措施，尽量减少对未成年犯罪嫌疑人的羁押，已经成为世界各国的共识，成为公民的一项基本权利。

（二）降低未成年犯罪嫌疑人逮捕率的措施

1. 谨慎使用逮捕措施

作为一种严厉的剥夺人身自由的措施，逮捕在刑事侦查工作中处于重要地位，近年来，犯罪人年龄不断下降，有的未成年人从事严重危害公共安全、人身安全的暴力犯罪，各级司法机关必须以法律的手段予以严厉打击，不能有丝毫放松，而逮捕措施更是在侦查工作中不可或缺的手段。但在运用逮捕措施中，要分清严重犯罪和轻微犯罪的界限，谨慎使用，不可草率。在实践中，有的地方就规定了一定的程序，用以限制逮捕措施的使用，取得了好的效果，如未成年人案件逮捕前"三见面"：一是承办人要与未成年犯罪嫌疑人见面，通过提审了解其个人情况、家庭情况，查明其犯罪动机、主观恶性、犯罪目的，同时进行法制宣传教育，促使其认罪悔过；二是承办人与家长见面，了解未成年人的成长过程，家庭情况，生活、学习、社会活动情况及父母管教方法；三是承办人与学校老师或领导见面，了解未成年嫌疑人在校表现，思想、学习变化情况，学校管理教育状况等。❶ 有的地方检察机关，重视建立对未成年犯罪嫌疑人的人格调查制度，不仅对犯罪事实进行调查，还要调查未成年人的生活教育环境，如父母和监护人情况，教师、同学或单位的有关情况；心理性格特征；促成犯罪的动机、原因；犯罪后的思想状况等，并收集相应的证据材料加以证明。还探索建立对未成年犯罪嫌疑人审查逮捕的听证制度，在确保对其心理不会造成不良影响的情况下，充分吸收其法定代理人、学校、单位、居住地公安派出所及居民委员会、村民委员会的意见，根据情况实行社会影响面较小的听证形式。❷ 这些经验无疑对"慎捕"起到了很好的作用。

2012 年《人民检察院刑事诉讼规则（试行）》第 488 条规定："对于罪行较轻，具备有效监护条件或者社会帮教措施，没有社会危险性或者社会危险性较小，不逮捕不致妨碍诉讼正常进行的未成年犯罪嫌疑人，应当不批准逮捕。对于罪行比较严重，但主观恶性不大，有悔罪表现，具备有效监护条件或者社会帮教措施，具有下列情形之一，不逮捕不致妨碍诉讼正常进行的未成年犯罪嫌疑人，可以不批准逮捕：（一）初次犯罪、过失犯罪的；（二）犯罪预备、中止、未遂的；（三）有自首或者立功表现的；（四）犯罪后如实交代罪行，真诚悔罪，积极退赃，尽力减少和赔偿损失，被害人谅解的；（五）不属于共同犯罪的主犯或者集团犯罪中的首要分子的；（六）属于已满十四周岁不满十六周岁的未成年人或者系在校学生的；（七）其他可以不批准逮捕的情形。"

---

❶ 林志标. 福建龙海：未成年人案件捕前三见面［N］. 检察日报，2007 - 08 - 18.
❷ 刘晓阳. 未成年人案件审查逮捕方式改革三点建议［N］. 检察日报，2007 - 07 - 02.

2. 少用逮捕措施

要本着教育、感化、挽救的方针，坚持"教育为主，惩罚为辅"的原则，对符合不捕条件的未成年犯罪嫌疑人实行审前非监禁。依据最高人民检察院发布的 2006 年《未成年人刑事案件规定》，对于罪行较轻，具备有效监护条件或者社会帮教措施，没有社会危害性或者社会危害性较小，不会妨害诉讼正常进行的未成年犯罪嫌疑人，一般不予批准逮捕。对于罪行比较严重，但主观恶性不大，有悔罪表现，具备有效监护条件或者社会帮教措施，不具有社会危害性，不会妨害诉讼正常进行，并具下列情形之一的未成年犯罪嫌疑人，也可以依法不予批准逮捕：初次犯罪、过失犯罪的；犯罪预备、中止、未遂的；有自首或者立功表现的；犯罪后能够如实交代罪行，认识自己行为的危害性、违法性，积极退赃，尽力减少和赔偿损失，得到被害人谅解的；不是共同犯罪的主犯或者集团犯罪中的首要分子的；属于已满 14 周岁不满 16 周岁的未成年人或者系在校学生的；其他没有逮捕必要的情形。2006 年《未成年人刑事案件规定》还指出，犯罪情节轻微，并具有下列情形的未成年人，一般应当作出不起诉决定：被胁迫参与犯罪的；犯罪预备、中止的；在共同犯罪中起次要或者辅助作用的；又聋又哑的人或者盲人的；因防卫过当或者紧急避险过当构成犯罪的；有自首或者重大立功表现的；其他依照刑法规定不需要判处刑罚或者免除刑罚的情形。对于未成年人实施的轻伤害案件、初次犯罪、过失犯罪、犯罪未遂的案件以及被诱骗或者被教唆实施的犯罪案件等，情节轻微，犯罪嫌疑人确有悔罪表现，当事人双方自愿就民事赔偿达成协议并切实履行，可依刑法或刑诉法的有关规定作出不起诉决定，并可根据案件不同情况，予以训诫或者责令具结悔过、赔礼道歉。

另外，根据 2012 年的《刑事诉讼法》第 269 条的规定，人民检察院审查批准逮捕和人民法院决定逮捕，应当讯问未成年犯罪嫌疑人、被告人，听取辩护律师的意见。

3. 完善取保候审措施

未成年人犯罪案件，因为未成年人犯罪多为偶发性，主观恶性小，很少预谋，且未成年犯罪嫌疑人有监护人管束，发生逃跑、毁灭证据、重新犯罪等情形较少。因此，可将取保候审适用于绝大多数未成年人犯罪案件。但被取保候审的未成年犯罪嫌疑人很可能拒不按司法机关的指令前去接受讯问、审判，或者毁灭、转移、隐匿证据。所以要进一步探索出能客观、准确评估对犯罪嫌疑人、被告人个体取保候审风险程度的科学评估方法，制定出影响风险评估的因素，对屡教不改继续违法犯罪者及时抓获归案。

另外，还要进一步重视取保候审的保障机制的建设。在英国，其保释制度有一整套完备的保障机制，由警察、教育监管和医疗部门参加的组织，对地方政府负责，工作机构的经费由这些组成部门支付，也有中央部门拨款。而我国根本没有系统的取保候审保障机制，在市场化的浪潮下，我国原来存在的强有力的基层组织进一步分化，各自从事自己的业务工作，而无暇顾及"多余的"对犯罪人监控、教育的工作。所以，中央财政和地方财政也要投入一定的资金，配备专门的人员，建立健全我国未成年人取保候审的社区支持机制，组建起由公安派出所民警、街道综合治理工作人员、居委会成员和社会志愿者构成的专门负责社区中未成年人取保候审工作的支持小组，负责对本社区被取保人的帮助、监督和考察工作，定期向公安机关报告被取保人的表现情况等，防止被取保人脱管失控、重新犯罪或外逃。要在社区开展丰富多彩的文化精神生活和健康的休闲活动，加强居民之间的情感交流，促进人际沟通、融洽人际关系，增强社区凝聚力与向心力，防范未成年犯罪嫌疑人违反取保候审的规定，提供良好的心理教化，从而促进未成年人取保候审的支持工作，使他们将来能更容易地重返社会。对于城市中流浪的未成年犯罪嫌疑人，最好能成立一个集福利、教育为一体的管束机构，对不必要实施逮捕的未成年犯罪嫌疑人实行收治、教育。

总之，未成年犯罪嫌疑人审前羁押制度的改革是一项复杂的系统工作，需要转变观念，需要立法保障，更需要增加资金和社会各个部门的联动。从某种意义上说，未成年人走上犯罪道路意味着家庭、教育的失败，所以未成年犯罪嫌疑人审前羁押制度的改革是和福利制度改革、教育制度改革密切相关的。

第五章

未成年人起诉制度研究

起诉程序在矫正失足未成年人工作中占有重要地位：检察机关对罪行严重的未成年犯罪嫌疑人及时批准逮捕并向人民法院提起公诉；对符合刑事诉讼法规定的可以附条件不起诉；对罪行较轻者可以采取延缓起诉的措施。同时，检察机关对不予起诉的失足未成年人要协同有关部门采取其他办法落实帮教措施，帮助回归社会。

一、贯彻宽严相济原则是实现未成年人司法权利保护与社会治安保护的统一

起诉程序上承公安机关侦查工作下接审判机关定罪量刑，位置十分重要，如何发挥检察机关工作人员的主观能动性，采取合理起诉措施，既打击刑事犯罪维护社会治安稳定，又保护未成年人的权利，实现两者的统一和协调，是我国未成年人司法制度改革的关键任务。

纵观西方未成年人司法制度百余年的实践，一直受到保护未成年人利益和保护社会利益矛盾之困扰。一方面，从保护社会安全的角度，西方学者提出了"恨罪人"的概念；但另一方面，从犯罪原因考虑，要健康培养少年，尽量避免刑罚的角度，又提出了"爱罪人"的观点，两者不容易达

到平衡。❶ 1899 年，美国伊利诺伊州制定了世界上第一部《少年法庭法》，同年在芝加哥库克郡建立了世界上第一个少年法院，这个少年法院的建立宣布了少年司法制度的诞生。随后，少年法院运动在全美国展开，到 20 世纪前期以"少年最大利益原则"为标志的少年司法模式在全美国建立起来，这种少年司法模式确定的保护而非惩罚的思想正是未成年人司法体制的价值所在，无论是审理机关还是审理方式、审理对象、处理方法等，未成年人司法制度都应与普通刑事司法制度有原则性的区别。

但是，在摒弃成年人司法程序的同时，少年司法模式又有不可克服的缺点。在美国少年法院产生后，法院过多使用不同的处理方法，会引起处罚不公。另外的一个反对意见是针对未成年人法院的审讯和司法官员处决的任意性，在某些情况下这可能导致权力的滥用从而引发公众的不满。而未成年人法院的工作人员不像成年人法院的工作人员那样责任明确并受到监督，其处决缺乏必要的法律程序，很难得到司法和公众的检查。❷ 并且，少年法院将大量的身份罪错行为纳入管辖范围，数量太多的少年被送进拥挤并高度警戒的专门机构里，这与未成年人司法建立之初的"保护性"指导思想大相径庭，未成年人违法犯罪在少年法院的治理下没有能够大大减少。民众对少年法庭、对未成年人司法制度的实际效能产生了疑问，认为不能对未成年人过于"仁慈"与"宽大"，要求严厉打击暴力型少年犯罪，少年司法又重新走向严罚，美国未成年人司法制度就逐渐向成年人模式靠拢，"责任与惩罚"已在未成年人法规的特殊目的中出现，为公众提供保护与安全对违法犯罪少年严厉惩治，采取与犯罪程度相一致的制裁措施以保全社会。"法官自由裁量权，应根据正义、公正和保护公共利益的原则作出处分决定"，"至于未成年人的利益，如果它曾经作为处分的唯一出发点的话，那么现在也不显得那么重要了，法官的任务是考虑社会公共利益的安全，社会的需要才是至关重要的。"❸

在我国如何把保护未成年人利益和保护社会利益有机统一起来，也是

---

❶ 康树华，向泽选. 青少年法学新论［M］. 北京：高等教育出版社，1996：82－83.

❷ 刘强. 美国犯罪未成年人的矫正制度概要［M］. 北京：中国人民公安大学出版，2005：7－8.

❸ 烟台大学法学所. 中美学者论青少年犯罪［M］. 北京：群众出版社，1989：161.

关系到未成年人司法制度前途和命运的重要课题。一方面，近年来我国未成年人违法犯罪率呈现出逐年上升趋势，司法机关处理的未成年人犯罪案件不断攀升。在这些未成年人所犯罪行中，暴力性质的抢劫、强奸、故意伤害案件、侵犯财产权等数量较大，甚至还有故意杀人案件，对社会治安造成极大影响。因此，加大对未成年犯罪控制力度，保护社会公民不受其违法犯罪行为侵害，是我国刑事政策的重要内容。另一方面，未成年人犯罪受到生理因素以及社会、家庭、教育等因素的重大影响，而刑事司法制度受到传统报应观念影响，用刑罚方法制裁未成年犯罪人，严厉的惩治不仅未能有效遏制未成年人犯罪的严重化趋势，反而使司法制度变成了冷冰冰的国家机器，给偶然犯错的未成年人贴上"罪犯"的标签，堵塞了他们的社会回归之路，使其进一步滑向违法犯罪的深渊。所以，在处理未成年人犯罪过程中，如果一味强调以严厉法律手段惩罚犯罪以遏制犯罪是失之于严。如果一味坚持轻缓刑事政策，凡是未成年人一概从轻处理不予起诉是失之于宽，坚持教育为主并不等于排除惩罚手段，对于严重的违法犯罪行为，同样要依法给予处罚，包括刑事制裁。❶ 我国刑事司法制度在对待未成年人犯罪案件上一定要把握好"度"的问题，既不宽纵又不严苛，惩罚与教育相结合。

我国检察机关作为起诉机关其职能特点十分明显。首先，公安机关难以享有微罪处分的权利，检察机关审查起诉任务较重。在西方一些国家，警察对于其负责侦查的案件享有的处分权，部分轻微犯罪案件在检察官的指示下警察可以不将移送起诉而直接予以处分进行分流。微罪处分制度有利于分流部分刑事案件，目前我国公安机关由于各种原因实难承担此任，对所有构成刑事犯罪的案件都要移送检察机关起诉处理，检察机关在刑事诉讼过程中的责任很重。其次，西方国家刑事犯罪包括范围较广，违警罪也包含在刑事犯罪里面，我国则将违警罪作为行政违法案件进行行政处罚，而对社会危害性较严重的案件都要移送检察机关起诉，检察机关应谨慎决定是否对犯罪行为人提起公诉。最后，我国市场经济体系下完善的社

---

❶　姚建龙. 长大成人：少年司法制度的建构［M］. 北京：中国人民公安大学出版社，2003：51.

会福利体系还没有形成，国家、社会和家庭对未成年人的抚养、教育存在许多缺陷，单亲家庭、留守儿童、教育不足、犯罪亚文化、媒体传播失范等因素极易影响未成年人走上违法犯罪道路，这些社会责任不能由未成年人承担。检察机关必须注重使用不起诉、暂缓起诉的分流措施处理案件，并对未成年犯罪人的改造进行跟踪，完善监督、教育机制，使他们走上正确的人生道路。

因此，在我国特殊国情和司法制度下，一方面检察机关对于主观恶性小、偶犯、初犯、从犯、胁从犯的，或者有明显的认罪态度，并积极赔偿损失取得受害人谅解的，要采取不起诉、暂缓起诉的手段，将未成年人放在社会环境中教育、感化、挽救，有助于他们改正错误回归社会。另外，在我国福利制度还不健全的情况下，检察机关还要做好后续工作，积极联络矫正机构、社区服务等其他社会机构，对违法未成年人进行跟踪回访，保证教育、感化、挽救政策落到实处，用好起诉裁量权。另一方面，检察机关在起诉工作中要注意保护社会安全，不能言必称"建立少年司法"、言必称"从轻"，极少数严重刑事犯罪者必须用刑罚惩罚，这对于社会安全、被害人情绪恢复以及未成年犯罪人的教育、改造都是必要的。

二、未成年人犯罪起诉程序的具体规定

（一）起诉审查的一般内容

审查起诉，是指检察机关对公安机关侦查终结移送起诉的案件，以及人民检察院自行侦查终结的案件进行审查，依法决定是否对嫌疑人提起公诉、不起诉的诉讼活动。

根据我国刑事诉讼法及相关司法解释的规定，人民检察院在审查未成年人案件时应当查明以下情况：（1）未成年人犯罪事实、情节是否清楚，公安机关提供的证据是否确实充分，犯罪性质和罪名的认定是否正确；（2）移送的案件中还有无遗漏罪行和其他应当追究刑事责任的人。应当查明在共同犯罪中，未成年犯罪嫌疑人的地位、作用，有无成年人在背后指

挥、教唆、胁迫未成年人犯罪，有无其他客观因素影响未成年人主观罪过；（3）是否属于不应追究刑事责任的情形，现行《刑事诉讼法》第15条规定了不予追究的6种情形，凡是有这6种情形之一的都属于不应追究刑事责任的，查明符合这些情形就应当作出不起诉的决定；（4）有无附带民事诉讼；（5）查明侦查活动是否合法。查明侦查机关是否有刑讯逼供行为，是否采取威胁、引诱、欺骗等手段非法获取口供，是否有非法搜查、不准许监护人讯问时在场等侵犯未成年人合法权益的行为。

上述审查范围，其内容也是普通刑事案件在审查起诉过程中必须要审查的，从未成年人刑事案件的特殊性出发，检察机关还要从以下几个方面予以特别注意。

（二）注意未成年人犯罪事实的特殊性

未成年人犯罪一般呈现出不同于成年人犯罪的特点，其行为大多无目的性、无精心预谋、随意性强。从司法实践角度看，最常见未成年人犯罪类型为盗窃、抢夺、抢劫等财产型犯罪，相当一部分案件经常发生在同学之间、亲属之间，且数额较小，暴力、胁迫手段程度轻微，很多案件不宜以刑事犯罪处理，这在我国法律及相关司法解释中都有反映。如《最高法解释》第7条规定，已满14周岁不满16周岁的人使用轻微暴力或者威胁，强行索要其他未成年人随身携带的生活、学习用品或者钱财数量不大，且未造成被害人轻微伤以上或者不敢正常到校学习、生活等危害后果的，不认为是犯罪。第9条规定，已满16周岁不满18周岁的人盗窃自己家庭或者近亲属财物，或者盗窃其他亲属财物但其他亲属要求不予追究的，可不按犯罪处理。

未成年人犯罪行为的这些特点，决定了检察起诉机关在起诉工作中要把情节轻微不属于犯罪的违法情形和严重危害社会的犯罪行为区别开来，不能只从外观形式上看其是否符合某种犯罪的基本特征，还必须综合考察整个案件的有关情节，从主客观两个方面全面考察认定未成年人行为事实特征，谨慎决定是否采取起诉措施。

（三）刑事责任年龄的特殊审查

我国刑法将刑事责任年龄分为绝对不负刑事责任年龄、相对负刑事责任年龄和完全负刑事责任年龄三个阶段，这对未成年犯罪嫌疑人的行为定性和责任承担具有极为重要的意义。检察机关在审查未成年人犯罪案件时，应当高度重视查清犯罪嫌疑人的年龄，为决定是否提起公诉打下紧实的基础。

《最高法解释》规定，《刑法》第 17 条规定的"周岁"，按照公历的年、月、日计算，从周岁生日的第二天起算。对于没有充分证据证明被告人实施被指控的犯罪时已经达到法定刑事责任年龄且确实无法查明的，应当推定其没有达到相应法定刑事责任年龄。相关证据足以证明被告人实施被指控的犯罪时已经达到法定刑事责任年龄，但是无法准确查明被告人具体出生日期的，应当认定其达到相应法定刑事责任年龄。另外，如果已满 14 周岁未满 16 周岁的未成年人与成年人共同犯罪，应查明未成年人是否被胁迫犯罪，凡是具有《刑法》总则规定的法定免除处罚情节的，检察机关要相应作出不起诉的处理。

（四）"寓教于审"，支持公诉

出庭支持公诉，指控和证实犯罪并提请法庭对被告人依法作出判决是检察机关的重要职能，但刑事公诉对未成年人的审判不能以成年人的方式进行。在法庭上，气氛庄重、严肃，令人紧张不安，会加重未成年被告人的心理障碍，不利于未成年被告人的改造和回归。公诉人不但要担任刑事案件"追诉角色"，还要担任"教育角色"，使被告人在认罪的同时从思想根源上找到原因，树立正确的人生观、价值观。

当前，未成年人案件特殊庭审模式在我国引起了多方的关注，2006 年《未成年人刑事案件规定》，其中便专门规定了检察机关出庭支持公诉的具体操作模式。根据这一规定，在法庭审理过程中，公诉人的讯问、询问、辩论等活动，应当注意未成年人的身心特点。对于未成年被告人情绪严重不稳定，不宜继续接受审判的，公诉人可以建议法庭休庭。公诉人在依法指控犯罪的同时，要剖析未成年被告人犯罪的原因、社会危害性，适时进行法制教育及人生观教育，促使其深刻反省，吸取教训。

（五）全面审查问题

全面审查是未成年犯罪案件起诉中的重要一环，在日本刑法中，少年家庭法院对受理的案件，在审判之前必须先进行调查（调查先行主义）。该调查由家庭法院的调查官进行。调查必须根据医学、心理学、教育学及其他专业知识，特别是应重视少年鉴别所的鉴定结果，针对少年、监护人或有关人员的品行、经历、素质、环境等进行。❶ 2006 年《未成年人刑事案件规定》第 16 条也规定：审查起诉未成年犯罪嫌疑人，应当听取其父母或者其他法定代理人、辩护人、未成年被害人及其法定代理人的意见。可以结合社会调查，通过学校、社区、家庭等有关组织和人员，了解未成年犯罪嫌疑人的成长经历、家庭环境、个性特点、社会活动等情况，为办案提供参考。

通过对未成年人犯罪前后一系列问题的调查，司法人员既查明案件事实，也能够全面了解未成年人的成长环境，利于对症下药，取得最佳的矫治效果。检察机关可以要求公安机关提交调查报告或自行进行调查，从实践看各地的具体操作模式尚未有完全一致的做法，我们认为应当在司法机关的主导下，进一步发挥和借助社会、民间力量，吸纳犯罪学、心理学、教育学界的专业人士参与进来，共同做好调查工作。

（六）关注被害人利益

随着我国改革开放的不断深入，犯罪呈现出低龄化和成人化的特点，未成年犯罪往往事先结伙、周密策划、充分准备，越来越多地实施抢劫、强奸、故意伤害等暴力犯罪，甚至还有故意杀人案件。特别是在学校周边地区，一些未成年人屡屡作案，严重侵扰正常的教学秩序，受到广大师生的愤恨。所以，在加强对未成年人司法保护的同时，也应避免过分强调轻、缓、宽的刑事政策，片面强调重保护、轻惩罚甚至不惩罚。在起诉活动中，检察机关对那些主观恶性强、社会危害性较大的要坚决采取起诉措

---

❶ 濑川晃. 少年犯罪的现状与对策［M］//西原春夫. 日本刑事法的重要问题, 金光旭, 冯军, 张凌, 等, 译. 北京: 法律出版社, 2000: 192.

施，需要作出附条件不起诉决定的，要听取公安机关、被害人的意见，关注被害人权益的保护，平息社会矛盾。

三、不起诉制度

（一）不起诉制度概述

不起诉，是指人民检察院对公安机关侦查终结移送起诉的案件和自己侦查终结的案件进行审查后，认为犯罪嫌疑人的行为不构成犯罪或依法不应追究刑事责任，或者其犯罪情节轻微，依照刑法规定不需要判处刑罚或者免除刑罚，作出不将犯罪嫌疑人诉交人民法院审判的处理决定。

对于侦查机关侦查终结的案件，检察机关在审查后有权依法作出不起诉决定，这是符合现代刑事诉讼法发展方向的制度。从不起诉的条件来看，一般把不起诉制度分为法定不起诉、存疑不起诉和相对不起诉，法定不起诉和存疑不起诉中检察机关没有自由裁量权，只有在相对不起诉中检察机关才可以进行起诉与不起诉的自由裁量。当今世界各国检察机关不起诉权范围大小和行使方式有不同之处。《德国刑事诉讼法》第 153 条规定了轻微案件不予起诉追究（无需法院同意）、暂时不予起诉以及在有免予刑罚条件时经法院同意的不予起诉。《日本刑事诉讼法》第 248 条规定：根据犯罪人的性格、年龄、境遇和犯罪的轻重及情节和犯罪后的情况，认为没有必要追诉时，可以不提起公诉。

1996 年我国《刑事诉讼法》对其中的审查起诉制度作了重大修改，其中一项重要内容就是取消免予起诉，扩大不起诉的范围。我国现行《刑事诉讼法》第 173 条规定了不起诉，主要分为三种，即法定不起诉、酌量不起诉、证据不足不起诉，法定不起诉即犯罪嫌疑人没有犯罪事实或者有《刑事诉讼法》第 15 条规定依法不予追诉的情形之一的，人民检察院应当作出不起诉决定。酌量不起诉、证据不足不起诉即对于犯罪情节轻微，依照刑法规定不需要判处刑罚或者免除刑罚的，人民检察院可以作出不起诉决定。酌量不起诉也即相对不起诉，需要两个条件，一是其行为已经触犯了刑律，二是行为人犯罪情节轻微，不需要判处刑罚或者免除刑罚。

（二）对未成年犯罪人的不起诉措施

未成年人辨认和自我控制能力差，容易受到恶劣环境的伤害、感染、诱惑因冲动而发生犯罪行为，需要给予特别的关注和倾注更多的爱心。因此，对于未成年犯罪嫌疑人应当尽量适用不起诉措施，不使其过早地进入法庭审判，防止给他们贴上罪犯的"标签"，避免在监管场所感染其他不良习气，同时也能节省司法资源和投入，提高诉讼效率，使司法机关将主要精力放在应对其他严重危害社会安全的犯罪上。

有关国际准则提倡对未成年人适用不起诉措施，在《联合国关于检察官作用的准则》第 19 条规定："在检察官拥有决定是否对少年起诉的国家，应对犯罪的性质和严重程度、保护社会和少年的性格和出身经历给予特别考虑。在做决定时，检察官根据有关少年司法审判法和程序特别考虑可行的起诉之外的办法。检察官应尽量在十分必要时才对少年采取起诉行动。"《北京规则》提倡在处理少年犯时，应授权检察机关自行处置这种案件，酌情考虑尽可能不提交正式审判。充分调动社会各界的力量来对未成年人进行教育和挽救，采用照管、看护、社区服务等替代性处置措施。

在我国当前司法实践中，重刑观念占据主导地位，包括相对不起诉在内的不起诉处分的比率仍然是相当低的，没有充分体现出对未成年犯罪嫌疑人的特殊保护。并且，由于有关制度本身不合理、不科学，"导致酌定不起诉适用程序繁琐，酌定不起诉适用率受到限制。检察机关办案人员往往为了自身利益或者照顾与公安机关的关系，在适用不起诉时'瞻前顾后'，形成'可诉可不诉的就诉'的偏好和心理。"❶ 所以，应扩大未成年犯罪适用不起诉的范围。

由于法定不起诉和存疑不起诉中检察机关没有自由裁量权，对未成年人适用不起诉主要是相对不起诉，即由检察机关根据犯罪行为人的犯罪情节、悔罪表现等情况行使裁量权，决定不予移送审判以达到挽救的目的。

---

❶ 宋英辉. 酌定不起诉适用中面临的问题与对策——基于未成年人案件的实证研究［J］.现代法学，2007（1）.

相对不起诉的适用需要同时具备以下两个方面条件：

1. 犯罪情节轻微

判断犯罪情节是否轻微，主要审查犯罪事实的一些情况，根据有关规定，犯罪情节轻微是被不起诉人的行为事实上已经触犯刑法，但从犯罪动机、手段、危害后果、犯罪后的态度等情节综合分析较为轻微。根据2006年《未成年人刑事案件规定》第21条，对于未成年人实施的轻伤害案件、初次犯罪、过失犯罪、犯罪未遂的案件以及被诱骗或者被教唆实施的犯罪案件等，情节轻微，犯罪嫌疑人确有悔罪表现，当事人双方自愿就民事赔偿达成协议并切实履行，人民检察院可以作出不起诉的决定。

2. 依照刑法规定不需要判处刑罚或者免除刑罚

《刑法》规定可以免除刑罚的情况，主要有以下几种：（1）第10条，凡在中华人民共和国领域外犯罪，依照本法应当负刑事责任的，虽然经过外国审判，仍然可以依照本法追究，但是在外国已经受过刑罚处罚的，可以免除或者减轻处罚。（2）第19条，又聋又哑的人或者盲人犯罪，可以从轻、减轻或者免除处罚。（3）第20条第2款，正当防卫明显超过必要限度造成重大损害的，应当负刑事责任，但是应当减轻或者免除处罚。（4）第21条第2款，紧急避险超过必要限度造成不应有的损害的，应当负刑事责任，但是应当减轻或者免除处罚。（5）第22条第2款，对于预备犯，可以比照既遂犯从轻、减轻处罚或者免除处罚。（6）第24条第2款，对于中止犯，没有造成损害的，应当免除处罚；造成损害的，应当减轻处罚。（7）第27条第2款，对于从犯，应当从轻、减轻处罚或者免除处罚。（8）第28条，对于被胁迫参加犯罪的，应当按照他的犯罪情节减轻处罚或者免除处罚。（9）第67条，犯罪以后自动投案，如实供述自己的罪行的，是自首。其中，犯罪较轻的，可以免除处罚。

以上法定量刑情节，对于只具有从轻、减轻情节的不能不起诉，对于具有免除刑罚的情形检察机关才能适用不起诉的措施。行使裁量权时，要以仔细审查案件事实材料为基础，考察行为人是否是初次犯罪、过失犯罪、犯罪未遂的案件以及被诱骗或者被教唆实施的犯罪案件等，是否有认罪悔罪表现，在案件中能否主动坦白、如实交代罪行。另外还应当听取其父母或者其他法定代理人、辩护人、未成年被害人及其法定代理人的意见，结合社会调查，通过学校、社区、家庭等有关组织和人员，了解未成年犯罪嫌疑人的成长经历、家庭环境、个性特点、社会活动等情况，为办案提供参考。适用不起诉，还要考察该未成年人有无家庭监护条件，有无社会管理教育条件，以使其不致再危害社会。同时也需要检察机关多方为未成年人联系就学就业，创造家庭监护条件，不致使他们在继续在社会流浪，而在犯罪的道路上越走越远。

（三）配套措施建设

1. 在检察机关建立专门的检察机构

检察机关审查批捕、起诉、出庭支持公诉工作任务较重，并要参与对未成年人犯的庭审教育。因此，建立专门负责未成年人事务的检察机构就十分必要。我国现行《未成年人保护法》第55条规定："公安机关、人民检察院、人民法院办理未成年人犯罪案件和涉及未成年人权益保护案件，应当照顾未成年人身心发展特点，尊重他们的人格尊严，保障他们的合法权益，并根据需要设立专门机构或者指定专人办理。"2006年《未成年人刑事案件规定》第5条规定："人民检察院一般应当设立专门工作机构或者专门工作小组办理未成年人刑事案件，不具备条件的应当指定专人办理。未成年人刑事案件一般应当由熟悉未成年人身心发展特点，善于做未成年人思想教育工作的检察人员承办。"所以，我国检察机关应当做到未成年人案件由专门人员来负责办理，在条件允许的地方应探索设立未成年人检察机构，参与办理未成年人案件的检察干警除了具有司法业务能力外，还要熟悉心理学、犯罪学、教育学等方面的知识，热心于青少年教育工作。

2. 做好帮教的延伸工作

由于我国福利制度的不完善，许多未成年人在回归社会后面临教育、生活、就业等诸多困难。检察机关在作出不起诉的同时，还应协助有关单位对未成年人进行帮助、教育，充分发挥自身优势，多方联系解决困难。检察机关结合未成年犯罪人的成长经历、家庭环境、个性特点等特征，还要定期不定期地对未成年人进行回访和考察，多方联系有关部门帮助他们解决实际困难，加强对未成年罪犯的政治、法律、文化教育和专业技能的培训，使他们在复学、就业等方面不走弯路。

3. 不起诉决定宣布的不公开制度

根据 2006 年《未成年人刑事案件规定》第 22 条规定，不起诉决定书应当向被不起诉的未成年人及其法定代理人公开宣布，并阐明不起诉的理由和法律依据。不起诉决定书应当送达被不起诉的未成年人及其法定代理人，并告知其依法享有的权利。因此，结合未成年人案件不公开审理的精神，检察机关决定对未成年人不予起诉可以不向社会公开宣布，而是向被不起诉未成年人及其法定代理人宣布，使未成年犯罪人的案件不在社会上流散，以保护未成年人的声誉。

4. 不起诉条件的促成

检察机关在办案中要引导未成年犯罪行为者认罪、悔罪，给被害人提供补偿，多方创造条件，尽量适用不起诉措施。首先，办案中多考虑未成年人的生理和心理特点，根据其平时表现、家庭情况、犯罪原因等实施针对性教育、感化，引导其正确对待自己的罪行。其次，应沟通未成年犯罪嫌疑人的法定代理人、近亲属对其犯罪原因、社会危害性以及后果有一定的认识，配合司法机关进行教育。未成年犯罪嫌疑人如果在押，有认罪、悔罪表现，或者虽尚未认罪、悔罪但通过会见、通话有可能促使其转化的，都可以安排其与法定代理人、近亲属会见、通话。最后，应与律师沟通加强教育、感化，未成年犯罪嫌疑人及其法定代理人因经济困难等原因没有聘请律师的，人民检察院应当告知其可以申请法律援助。总之，检察机关要多想办法，促使未成年犯罪嫌疑人悔罪，向被害人表达善意，平息社会矛盾，争取适用不起诉措施，挽救未成年人回归社会。

四、暂缓起诉制度

（一）暂缓起诉制度概述

目前，适度扩大检察官的自由裁量权，已成为刑事诉讼发展的趋势所在，暂缓起诉制度是适应这一发展趋势的产物。❶ 暂缓起诉，在德国称为附条件不起诉，在日本称为起诉犹豫，是指检察机关审查案件时，根据犯罪性质、犯罪情节、犯罪后的表现以及犯罪人年龄、处境等情况，对罪该起诉但又具有可宽宥的特殊情节的被告人作出暂时不起诉的处分，同时规定一定期限的考验期，视其改过表现再决定是否提起公诉，或令被告人承担一定的义务。

"暂缓起诉之所以源于日本和德国，其产生的直接动因来自刑事犯罪增多导致的对诉讼的要求。"❷ 19 世纪后半期，刑事犯罪率不断升高，犯罪日趋复杂化，在起诉法定主义原则下检察机关对所有犯罪都必须起诉，导致刑事积案越来越多，犯罪形势的严峻与司法资源不足的矛盾也日趋突出。为缓解司法的压力，赋予检察机关自由裁量权就成为一种必要。1923 年，日本对刑事诉讼法进行全面修改，起诉犹豫正式得到法律的承认。德国从 20 世纪 60 年代开始，逐渐接受起诉便宜原则，德国检察官享有广泛的自由裁量权，可以对轻罪实行暂缓起诉。❸《德国刑事诉讼法》第 153 条 a 规定，经负责开始审理程序的法院和被指控人同意，检察院可以对轻罪暂时不予提起公诉，同时要求被告人：（1）作出一定给付，弥补行为造成的损害；（2）向某公益设施或者国库交纳一笔款额；（3）作出其他公益给付；（4）承担一定数额的赡养义务。❹ 该条同时还规定了履行上述责任和要求的期限。《日本刑事诉讼法》第 248 条规定，根据犯人的性格、年龄及境遇、犯罪的轻重及情节和犯罪后的情况，没有必要追诉时，可以不提起公诉。❺

暂缓起诉与相对不起诉都是检察机关对于具备起诉条件的被告人所作的不予起诉处分，体现了检察机关在一定限度内的起诉裁量权，但两者又有明显的区别：（1）不起诉具有终结诉讼程序的效力。检察机关对于不需

❶ 张卫星，秦世飞. 暂缓起诉制度研究［M］//樊崇义，冯中华，刘建国. 刑事起诉与不起诉制度研究. 北京：中国人民公安大学出版社，2007：631.

❷ 毛建平，段明学. 暂缓起诉若干问题研究［J］. 人民检察，2004（6）.

❸ 孙喜峰. 对未成年人适用暂缓起诉制度的探讨［J］. 湖南社会科学，2007（1）.

❹ 李昌珂. 德国刑事诉讼法典［M］. 北京：中国政法大学出版社，1995：73.

❺ 宋英辉. 日本刑事诉讼法［M］. 北京：中国政法大学出版社，2000：58.

追究刑事责任的案件作出不起诉的决定，终结了已经启动的诉讼程序。而暂缓起诉属于诉讼中止的情形，诉讼是否还要继续进行取决于被告人在考验期内的具体表现如何，取决于被告人能否履行规定的义务，考验期满如果被告人没有遵守相关规定则检察机关可以予以起诉，可见在暂缓起诉中检察官享有更大的起诉裁量权；（2）两者的适用条件不同。相对不起诉适用的条件为是犯罪情节轻微而不需要判处刑罚，暂缓起诉中检察机关不仅考察行为危害程度，更多的要考虑到被告人主观恶性和改造的可能性；（3）暂缓起诉中检察机关对被告人进行监督考察，以确定将来是否提起公诉，不同于相对不起诉的终结诉讼程序的性质。

当前我国有些地区已经开始未成年人犯罪缓诉制度的试行，取得了较好的效果。暂缓起诉对于未成年人的教育、改造是符合有关国际公约精神的，如《北京规则》第5条从一般意义上对少年犯的处理作了规定："少年司法制度应强调少年的幸福，并应确保对少年犯作出的任何反应均应与罪犯和违法行为的情况相称。""相称原则"是指"不仅应当根据违法行为的严重程度而且也应根据本人的情况（如社会地位、家庭情况、罪行造成的危害或影响个人的情况的其他因素）应对作出相应的反应产生影响（如考虑到罪犯为赔偿受害人所作出的努力，或注意到其愿意重新做人过有益生活的表示）。"《北京规则》第11条规定："应酌情考虑在处理少年犯时尽可能不提交主管当局正式审判。应授权处理少年案件的警察、检察机关按照各法律系统为此目的规定的标准以及本规则所载的原则自行处置这种案件，无需依靠正式审判。"又《联合国关于检察官作用的准则》第19条规定："在检察官拥有决定应否对少年起诉的酌处职能的国家，应对犯罪的性质和严重程度、保护社会和少年的品格和出身经历给予特别考虑。在作出这种决定时，检察官应根据有关少年司法审判法和程序特别考虑可行的起诉之外的办法。检察官应尽量在十分必要时才对少年采取起诉行动。"

我国2012年《刑事诉讼法》在未成年人刑事案件诉讼程序中针对未成年人案件规定了附条件不起诉制度：对于未成年人涉嫌《刑法》分则第四章、第五章、第六章规定的犯罪，可能判处1年有期徒刑以下刑罚，符合起诉条件，但有悔罪表现的，人民检察院可以作出附条件不起诉的决定。与前述的酌定不起诉相比，针对未成年人的暂缓起诉制度有以下特点：

首先，未成年人的行为已经构成犯罪，并且符合起诉条件，可能被判处 1 年以下有期徒刑。

其次，检察机关决定对于符合上述条件的未成年犯罪嫌疑人是否起诉的主要决定因素是未成年犯罪嫌疑人的悔罪表现。

再次，检察机关决定不起诉的，对未成年犯罪嫌疑人规定有考验期、监督考察单位和在考验期内应当遵守的相应规定。

依照现行《刑事诉讼法》的规定，附条件不起诉的考验期为 6 个月以上 1 年以下，从人民检察院作出附条件不起诉的决定之日起计算。在附条件不起诉的考验期内，由人民检察院对被附条件不起诉的未成年犯罪嫌疑人进行监督考察。未成年犯罪嫌疑人的监护人，应当对未成年犯罪嫌疑人加强管教，配合人民检察院做好监督考察工作。被附条件不起诉的未成年犯罪嫌疑人，在考验期内应当遵守下列规定：

（1）遵守法律法规，服从监督；

（2）按照考察机关的规定报告自己的活动情况；

（3）离开所居住的市、县或者迁居，应当报经考察机关批准；

（4）按照考察机关的要求接受矫治和教育。

最后，规定了考验结果的处理。

附条件暂缓起诉的未成年犯罪嫌疑人，在考验期内有下列情形之一的，人民检察院应当撤销附条件不起诉的决定，提起公诉：

（1）实施新的犯罪或者发现决定附条件不起诉以前还有其他犯罪需要追诉的；

（2）违反治安管理规定或者考察机关有关附条件不起诉的监督管理规定，情节严重的。

附条件不起诉的未成年犯罪嫌疑人，在考验期内没有上述情形，考验期满的，人民检察院应当作出不起诉的决定。

（二）暂缓起诉制度的意义

总的来看，新修订的《刑事诉讼法》明确规定未成年人犯罪暂缓起诉制度对我国犯罪预防工作的意义将是深远的。以往刑事诉讼法只包含了起诉和不起诉两种处理机制，要么检察机关通过不起诉手段把未成年人"退回"社会，要么提起公诉使他们像成年人一样受到刑罚处罚，从此被贴上"犯罪标签"，在监狱中"交叉感染"。而暂缓起诉制度的实行，可以克服以上两种措施的不利，具有非常重要的作用：

1. 有利于改造未成年人，更好地贯彻"教育、挽救、感化"的工作方针

未成年人犯罪绝大多数是初犯、偶犯，很多情况下只是特殊场景下的一时冲动，行为人还不理解危害后果如何，一般在犯罪后都有悔罪心理。他们的人生道路还很漫长。检察机关采取暂缓起诉这一措施，可以针对社会危害性不大的初犯、偶犯未成年人，带着悔罪的心理留在学校、家庭、社区，接受法律规定的考察，保持较稳定的生活学习状况。对未成年犯罪人实行暂缓起诉制度的最终目的在于为未成年人提供良好的改过自新和复归社会的机会，预防和减少未成年人违法犯罪的发生，从这个意义上讲，实行暂缓起诉制度与维护社会公共利益本质上是统一的。❶

2. 有利于预防未成年人犯罪

实践证明，把未成年人投入监狱不仅不能预防他们重新犯罪，反而导致"交叉感染"，采用暂缓起诉措施既可以施加给失足的未成年人一定威慑，又可以让他们在学习和生活中反省和改过自新，在学校、社区、司法机关的监督中回归社会。在缓诉考验期内，检察机关根据法律规定积极地带动社区、学校、家庭共同参与教育工作和管理，促使未成年人遵守法律服从监督，有效避免放纵犯罪的可能。如果未成年人在规定的期限内遵守法律并按照考察机关的要求接受矫治和教育，就不必经过审判程序的煎熬，可以尽早地从诉讼程序中解脱出来。

3. 有利于降低诉讼成本，节约司法资源

司法资源总是有限的，司法机关应当投入较少的诉讼成本最大限度地实现刑事诉讼目的。暂缓起诉通过检察机关对起诉自由裁量权的运用，在审判前阶段以灵活的方式消解未成年人那些社会危害性较小的犯罪行为，

---

❶ 张利兆. 检察视野下的未成年人维权［M］. 北京：中国检察出版社，2004：25.

有效分流部分轻微刑事案件，可以节约审判、羁押等司法资源，提高刑事诉讼效益。

4. 有利于吸收家庭、学校、单位及有关社会团体等部门共同对未成年人实行改造

在附条件不起诉的情况下，人民检察院对被附条件不起诉的未成年犯罪嫌疑人进行监督考察。未成年犯罪嫌疑人的监护人，应当对未成年犯罪嫌疑人加强管教，配合人民检察院做好监督考察工作。检察机关有责任采取回访、监督措施，在一定期限的考验期内，调动司法机关、社区、家庭和学校各方面的力量，相互弥补不足，发挥最大的合力预防犯罪，促使其进行自我改造，将会收到良好的社会效果和法律效果。

5. 具有发展和完善我国公诉制度的意义

不起诉是检察机关充分利用职权落实教育、挽救方针的重要体现，但目前我国检察机关囿于司法权限、司法资源等的不足，对起诉裁量权的使用是较为有限的。根据相关统计表明，我国不起诉率是比较低的，1997 年不起诉人数占审查起诉案件总人数的 42%，1998 年则是 2.5%。其后若干年来一直都在 2%~3% 之间徘徊。❶ 在我国公诉制度中，检察机关对于法定不起诉和存疑不起诉是没有自由裁量权的，只在相对不起诉中检察机关拥有诉与不诉的自由裁量权，这实际上给检察机关多出了一个选择的机会，使检察机关得以对有悔罪表现的犯罪嫌疑人进行深入考察，是在起诉和不起诉之间增加了一个缓冲，因此用好这种自由裁量权具有发展和完善我国公诉制度的意义。

（三）配套措施

虽然我国法律针对未成年人犯罪规定了暂缓起诉制度，但其内容规定有一定不足，如与相对不起诉的逻辑关系仍未清晰，所附"条件"规定含糊不明、个别条文设计存在明显缺点等。❷ 特别是适用案件范围过窄，限

---

❶ 陈光中. 中德不起诉制度比较研究 [M]. 北京：中国检察出版社，2002：168.

❷ 郭斐飞. 附条件不起诉制度的完善 [J]. 中国刑事法杂志，2012（2）.

于《刑法》第四章、第五章、第六章规定的"侵犯公民人身权利、民主权利罪""侵犯财产罪""妨害社会管理秩序罪"三类犯罪。排除了其他犯罪适用附条件不起诉的可能性，难以适应实践的客观需要。且限定在 1 年有期徒刑以下刑罚的犯罪，未免过于严格。❶ 这将会大大压缩附条件不起诉的适用空间，在实践中也很难操作，可能判处 1 年有期徒刑以下刑罚的罪名极少，有学者建议对附条件不起诉的刑罚条件放宽到可能判处 3 年以下有期徒刑。❷ 又由于我国社会情况、福利制度、司法现状都与德日等其他国家和地区不同，相应的配套制度尚需健全，我们认为在暂缓起诉制度的司法实践中应当加强以下几个方面的建设。

（1）严格未成年人犯罪办案检察官的遴选，加强未成年人犯罪办案检察官队伍的专业化。不同于酌量不起诉所规定的"犯罪情节轻微，依照刑法规定不需要判处刑罚或免除处罚"，暂缓起诉针对的是可能"判处一年有期徒刑以下刑罚的"犯罪，因此它相当程度地扩大了检察官的自由裁量权，有观点认为这种制度在一定程度上侵犯了审判权，是一种"法外施恩"，容易导致检察人员办案过程中的随意性，产生腐败现象。因此，为了不使暂缓起诉的制度流于形式甚至成为放纵犯罪的一个口子，检察机关应当遴选出一批精通法律知识、司法业务能力强、热心于青少年工作，同时还具有心理学、犯罪学、教育学等多方面知识的检察官，组成专门办理未成年案件的机构，确保缓诉制度落到实处。

（2）要完善暂缓起诉的审批程序。作出不起诉决定要遵循严格的程序，承办案件的检察官应当仔细审阅案卷、提审犯罪嫌疑人，对未成年被告人的成长经历、犯罪原因、监护教育情况进行详细调查，要复核案件主要证据，严格履行有关审批手续。并多方听取相关人员的意见，谨慎作出决定。在考验期中间，检察机关应当制订考察计划，建立考察档案，定期或不定期回访、考察和进行帮教，督促未成年被告人遵守法律法规服从监督。

（3）接受对暂缓起诉决定的监督。根据相关法律法规，人民检察院在

---

❶ 邓思清. 建立我国的附条件不起诉制度［J］. 国家检察官学院学报，2012（1）.

❷ 汪建成. 论未成年人犯罪诉讼程序的建立和完善［J］. 法学，2012：134.

作出附条件不起诉的决定以前，应当听取公安机关、被害人的意见。公安机关要求复议、提请复核或者被害人申诉的，检察机关应当听取意见并保证其向上一级人民检察院提请复核的权利。如果未成年犯罪嫌疑人及其法定代理人对人民检察院决定附条件不起诉有异议的，人民检察院应当作出起诉的决定。另外，在暂缓起诉的听证制度、未成年人隐私保护、帮教体制等方面也要加强建设，充分接受监督，树立起检察机关公正执法、依法办案的良好形象。

第六章

未成年人审判制度研究

　　未成年被告人在审判程序中享有保障公正、合理审判所要求的基本诉讼权利。《北京规则》第7条规定："在诉讼的各个阶段，应保证基本程序方面的保障措施，诸如假定无罪指控罪状通知本人的权利，保持沉默的权利，请律师的权利，要求父亲或母亲或监护人在场的权利，与证人对质的权利和向上级机关上诉的权利。"我国未成年人程序基本上与世界上大多数国家相一致，也采用了其他国家在未成年人刑事程序上的通行做法。例如，通常在未成年人案件审理中实行不公开审理，如果未成年被告人没有聘请辩护律师，法庭有义务指派律师为其辩护、规定审理过程中有适当成年人参与制度等。但是，这些规定在其本身以及适用过程中都存在着不合理和不正当的地方，在未成年人的刑事程序中，未成年被追诉人的权利往往没有得到实质保障，反而被不正当地削弱。

一、法定代理人制度

（一）规定法定代理人制度的积极意义

　　未成年人刑事案件有个显著的特点，就是允许法定代理人参加。未成年人案件之所以特别强调法定代理人的参加，主要是基于以下的考虑。

第一，由于未成年人身心发育尚未成熟，心理状况不稳定，在诉讼过程中很可能会出现害怕、气愤、孤单等心理问题，法定代理人的身份及与被告人的关系决定了其参加诉讼能够消除未成年被告人的紧张心理，稳定情绪。在《北京规则》中将父母或者监护人参加的权利解释为"应被视为是对少年一般的心理和感情上的援助"。因此，"如果父母或监护人的出席起了反作用，例如，如果他们对少年表现出的仇恨的态度，那么这种关怀就会受挫，因此必须规定有排除他们参加的可能性"❶。

第二，未成年人的法定代理人一般是未成年被告人的父母，最关心诉讼进行情况，他们具有强烈的参加诉讼的愿望，并且通过参与法庭审理，又可以对未成年人走上违法犯罪道路的情形予以全面地了解，反省自己，也有利于其自我教育。

第三，基于未成年人的身心发育特点，其不具有完全的诉讼行为能力，因此在审判程序中很可能不能准确地理解司法程序、措施的含义，也不能很好地理解自己言语及行为的结果，也可能不能准确、适当地表达自己的真实意思，影响其供述的真实性、准确性，导致案件的疏漏。此外，在强大的司法机关面前，未成年人的自我保护能力较弱，更不知道如何正确行使自己应有的诉讼权利，法定代理人作为成年人，具有一定的社会经验，他们的参加可以帮助未成年被告人行使其享有的诉讼权利，从而充分维护未成年被告人的合法权益。

第四，对于未成年人刑事案件我国一贯重视对未成年被告人的教育、挽救和感化，而法定代理人作为未成年被告人最为亲近或其最为了解的人，其参加更有助于用最容易为被告人所接受的教育方式对被告人进行教育。

（二）法定代理人制度的现实规定

我国1996年《刑事诉讼法》第14条第2款规定"对于不满十八周岁的未成年人犯罪的案件，在讯问和审判时，可以通知犯罪嫌疑人、被告人

---

❶　温小洁. 我国未成年人刑事案件诉讼程序研究［M］. 北京：中国人民公安大学出版社，2003：117.

的法定代理人到场"；公安部于 1998 年发布的《公安机关办理刑事案件程序规定》第 182 条规定："讯问未成年的犯罪嫌疑人，应当通知其家长、监护人或者教师到场。"2001 年《最高法若干规定》第 19 条规定："开庭审理前，应当通知未成年被告人的法定代理人出庭。法定代理人无法出庭或者确实不适宜出庭的，应另行通知其他监护人或者其他成年近亲属出庭。经通知，其他监护人或者成年近亲属不到庭的，人民法院应当记录在卷。"2006 年《未成年人刑事案件规定》第 10 条第 4 款规定："讯问未成年犯罪嫌疑人，应当通知其法定代理人到场，告知法定代理人依法享有的诉讼权利和应当履行的义务。"现行《刑事诉讼法》第 270 条第 1 款规定："对于未成年人刑事案件，在讯问和审判的时候，应当通知未成年犯罪嫌疑人、被告人的法定代理人到场。无法通知、法定代理人不能到场或者法定代理人是共犯的，也可以通知未成年犯罪嫌疑人、被告人的其他成年亲属，所在学校、单位、居住地基层组织或者未成年人保护组织的代表到场，并将有关情况记录在案。到场的法定代理人可以代为行使未成年犯罪嫌疑人、被告人的诉讼权利。"与现行《刑事诉讼法》相配套，2013 年《公安机关办理刑事案件程序规定》第 312 条、《人民检察院刑事诉讼规则（施行）》第 490 条、《最高人民法院关于适用〈中华人民共和国刑事诉讼法〉的解释》第 466 条都有相类似的规定。

目前，国际以及国外关于未成年刑事案件的诉讼程序中也大量存在关于法定代理人制度的规定。例如《北京规则》第 15 条第 2 款规定："父母或监护人应有权参加诉讼，主管当局可以要求他们为了少年的利益参加诉讼，但是如果有理由认为，为了保护少年的利益必须排除他们参加诉讼，则主管当局可以拒绝他们参加。"世界上许多国家在少年司法中对此有着普遍的规定，如《俄罗斯联邦刑事诉讼法》第 398 条、第 399 条，1914 年《澳大利亚犯罪法案》第 29 条、《奥地利少年法院法》第 37 条、第 39 条、《德意志联邦共和国少年法院法》第 67 条，《日本少年事件处理法》第 2 条、第 10 条等规定。在对未成年案件审判时法定代理人出庭作出肯定的同时，各国立法例还都相应的规定了在法定代理人无法出庭时采取的替代性措施。

应当说我国现行的《刑事诉讼法》以及均于 2013 年 1 月 1 日起施行

的公安机关、检察院、人民法院的配套刑事诉讼程序规定及解释所规定的内容与《北京规则》的精神是相一致的。根据其规定，法定代理人必然要在未成年刑事案件审判中出庭，只有在其无法出庭或者确实不宜出庭的，才由其监护人或者成年近亲属出庭。

（三）法定代理人制度的缺陷和完善

通过上述我国关于未成年人刑事案件法定代理人制度的现有规定可以看出，目前这一制度存在以下几个方面的缺陷。

第一，缺乏对法定代理人制度的保障措施。

与其他任何制度一样，完善的适当成年人参与审判制度及其有效的实施离不开保障制度。2001 年《最高法若干规定》第 19 条规定："开庭审理前，应当通知未成年被告人的法定代理人出庭。法定代理人无法出庭或者确实不适宜出庭的，应另行通知其他监护人或者其他成年近亲属出庭。经通知，其他监护人或者成年近亲属不到庭的，人民法院应当记录在卷。"现行《刑事诉讼法》第 270 条第 1 款规定："对于未成年人刑事案件，在讯问和审判的时候，应当通知未成年犯罪嫌疑人、被告人的法定代理人到场。无法通知、法定代理人不能到场或者法定代理人是共犯的，也可以通知未成年犯罪嫌疑人、被告人的其他成年亲属，所在学校、单位、居住地基层组织或者未成年人保护组织的代表到场，并将有关情况记录在案。到场的法定代理人可以代为行使未成年犯罪嫌疑人、被告人的诉讼权利。"这里存在两方面保障措施的缺失。

首先，没有任何制度或规范规定审判机关未通知法定代理人出庭的法律后果。根据上述规定，审判机关至少应当在履行两次"应当通知"的义务后，才能够"记录在案"。"应当通知"没有制度上的保障，导致在事实上是否通知法定代理人出庭仍然是审判人员所掌握的一项权力，使法定代理人参与审判制度的权利属性异化，导致其难以发挥保护未成年被告人权益的基本功能。为了保障审判机关能切实做到在开庭前履行其通知义务，笔者建议应该针对未成年人刑事案件的审判制定强制性规定，即没有法定代理人或者其他监护人在场的，不得进行审判，同时规定审判机关应当在开庭 3 日以前，向法定代理人或者其他合适的监护人发送到场通知书，在开庭阶段，审判长应当向适当成年人告知权利义务，并于庭审结束后，要求法定代理人在庭审笔录上签名。当然要做到这一点就不能将到庭的对象仅仅局限到法定代理人这个范围内，而不可避免地要扩大到其他监护人，这在《最高法若干规定》中也有涉及。同时也要求审查起诉机关在移送的起诉卷宗中必须对未成年人的监护人基本情况有所报告，并且对审判人员违反以上规定的，要制定相应的惩罚措施。

其次，没有任何制度或规范规定法定代理人收到通知而拒不出庭或者在参与审判的过程中故意或由于重大疏忽损害未成年被告人利益行为的惩罚制度。法定代理是由监护制度衍生而来的，监护并不仅仅是一种权利，更是一项职责。担任法定代理人正是对监护责任的履行，这种责任是权利义务的统一。因此，法定代理人不可基于自身意志和利益考虑而推却或不适当地行使，否则即为失责，须承担相应责任，法律对此应作出规制。

世界上许多国家（地区）均有强制适当成年人参与庭审的制度，例如《德意志联邦共和国少年法院法》第 50 条第 2 款规定，审判长有权命令传唤未成年被告人的监护人和法定代理人到庭；[1] 我国台湾地区"少年事件处理法"第 22 条规定，少年被告人的法定代理人或现在的保护人，经合法传唤，无正当理由不到场的，少年法院法官应当依职权或依少年调查官的请求发同行书，强制其到场；[2]《香港少年犯条例》第 9 条规定，凡有儿童或少年犯被控犯任何罪，其父母或监护人法庭接到要求其出庭的传票而不出庭的，法庭可采取逮捕等强迫手段使其父母或监护人出庭，犹如他们是法律程序中的证人而被规定出庭一样。[3] 但是，笔者认为对法定代理人适用强制到庭的做法并不合适，因为"法定代理人出庭是对未成年人一般的心理和感情上的援助，而法定代理人拒绝出庭，其行为已经证明了对未成年人权利的漠视甚至'仇视的态度'，这时如果强制出庭，效果可能适得其反。法定代理人并不是只要出现在法庭上就可以收到预期的良好效果，而是要积极参加到诉讼过程中去，在充分发挥主观能动性的基础上，

---

[1] 孙云晓，张美英. 当代未成年人法律译丛：德国卷 [M]. 北京：中国检察出版社，2005：187.

[2] 陆志谦，胡家福. 当代中国未成年人违法犯罪问题研究 [M]. 北京：中国人民公安大学出版社，2005：327 – 328.

[3] 赵秉志. 香港刑事诉讼程序法 [M]. 北京：北京大学出版社，1996：29.

才能成为庭审中的一个有益因素。如果是被强制到庭的，其态度必然是抵触和消极的，在庭审中的这种表现极易激化未成年被告人的逆反和对抗心理，反而会破坏和影响庭审的正常进行以及法庭教育的效果。"❶ 因此，对2001 年《最高法若干规定》第 19 条中的"应当通知"不能理解为所有案件均要法定代理人出庭，而应将其与本条中"确实不适宜出庭"的规定结合起来。相比而言，为了保证法定代理人的出庭，明确规定法定代理人经通知没有正当理由不出庭，或者经传唤而不出庭的法律后果的做法更具有合理性。例如原联邦德国《刑事诉讼法》第 51 条规定了家长或其他法定代理人依法传唤而不到庭的，可以命令他支付由于不出庭而支出的费用，并处以罚款。在他不缴纳罚款时，可以处以 6 个星期以下的拘留，并且再一次不到庭时还可以再一次罚款。❷ 这种对不出庭处以罚款或剥夺一定时间的人身自由的规定值得我们借鉴。当然，法定代理人参加诉讼，既是出于更好地保障未成年被告人的合法权益，同时也是为了有利于诉讼的顺利进行。因此，到庭的法定代理人应当遵守法庭审理秩序，不能妨碍或干扰未成年人的正常回答和陈述，如出现干扰状况，或者其他法定代理人不宜出庭的状况时，审判长可以制止或令其退庭，或者视其情节严重情况，也可以适用上述罚款或者剥夺一定时间人身自由的做法，同时法庭应当通知其他监护人或未成年人信任的近亲属出庭。

二、不公开审理制度

不公开审理制度，是指人民法院审理未成年人犯罪案件或者有未成年人的案件时，审理过程不向社会公开。这是人民法院审理未成年人犯罪案件和成年人犯罪案件的重大区别之一，也是世界各国在审理未成年人案件时采用的一项具有普遍性的制度。

---

❶ 张栋. 未成年被告人法定代理人出庭的若干问题 ［N］. 检察日报，2008－06－27.

❷ 温小洁. 我国未成年人刑事案件诉讼程序研究 ［M］. 北京：中国人民公安大学出版社，2003：120.

（一）不公开审判制度的相关立法

《联合国公民权利与政治权利国际公约》第 14 条规定："由于民主社会中的道德的、公共秩序的或国家的理由，或诉讼当事人的私生活的利益有此需要时，或在特殊情况下法庭认为公开审判会损害司法利益因而严格需要的限度下，可以不使记者和公众出席全部和部分审判；但对刑事案件或法律诉讼的任何判决应公开宣布，除非少年的利益另有要求或者诉讼系有关儿童监护权的婚姻争端。"❶ 联合国《儿童权利公约》第 40 条第 2 款（b）项（七）规定，缔约国应当确保任何"儿童的隐私在诉讼的所有阶段均得到充分尊重"❷。《北京规则》第 8 条规定，有关司法机构"应在各个阶段尊重少年犯享有隐私的权利，以避免由于不适当的宣传或加以点名而对其造成伤害。原则上不应公布可能会导致使人认出某一少年犯的资料"，第 21 条规定："对少年犯的档案应当严格保密，不得让第三方利用。应仅限于处理手头上的案件直接有关的人员或者其他经正式授权的人员才可以接触这些档案。少年犯的档案不得在其后的成人诉讼中加以引用。"❸

我国立法也多次重申，对未成年人犯罪案件实行不公开审理。1996 年《刑事诉讼法》第 152 条第 2 款规定："十四岁以上不满十六岁的未成年人犯罪的案件，一律不公开审理。十六岁以上不满十六岁的未成年人犯罪的案件，一般也不公开审理。"在理论上前者称为绝对不公开审理，后者称为相对不公开审理。2001 年《最高法若干规定》第 11 条进一步规定："如果有必要公开审理的，必须经过本院院长批准，并且应适当限制旁听人数和范围。"另外，我国《未成年人保护法》和《预防未成年人犯罪法》均有类似的规定。现行《刑事诉讼法》第 274 条规定："审判的时候被告人不满十八周岁的案件，不公开审理。但是，经未成年被告人及其法定代理

---

❶ 程味秋，等. 联合国人权公约和刑事司法文献汇编［M］. 北京：中国法制出版社，2000：91 – 92.

❷ 程味秋，等. 联合国人权公约和刑事司法文献汇编［M］. 北京：中国法制出版社，2000：173.

❸ 程味秋，等. 联合国人权公约和刑事司法文献汇编［M］. 北京：中国法制出版社，2000：221，232.

人同意，未成年被告人所在学校和未成年人保护组织可以派代表到场。"届时，根据新法优于旧法的原则，与此规定相违背的相关规定将自动失效。

（二）对不公开审理的理论争议

主张对未成年人审判不应当公开主要出于两方面的考虑：一方面是有利于审理的顺利进行。未成年人的身心发育尚不健全，情绪容易波动，公开审理所造成的思想压力使他们在法庭上难以准确表达意愿，从而影响审判的质量；另一方面从未成年人今后的长远发展考虑，未成年人的年龄尚小，自尊心强，当众曝光所带来的羞辱感必将让他们丧失对于未来生活的信心，不利于对未成年人的教育和改造。[1] 然而，国际社会对未成年人案件是否应当不公开审判的争论并没有停止，反对未成年人案件不公开审判者认为，公开审判创造了社会监督的基本条件，"以便使或许是社会唯一制约手段的舆论能够约束强力和欲望"[2]。而对公众不公开的程序，一方面，存在着不为人知的侵犯人权的危险；另一方面，则存在徇私枉法的危险。因此，对于少年及其家庭生活产生深刻影响的裁决同样必须接受公众的审查和监督。[3]

应该说，审判公开原则根植于现代民主政治对审判公正和公众能够监督审判的要求，创造了社会监督的必要条件，可以确保被告人获得公正的审理，防止司法专横。从这个角度来说，反对者所声称的不公开审判的危险性，无论是从理论上讲，还是从现实中看，都是存在的，因此，从制度上防范这种危险的发生是必要的。基于这样一个基本的判断与认识，世界上许多国家在设计未成年人犯罪案件不公开审判制度时，一方面，考虑了不公开审判程度的有限性问题，即不公开审判不能等于秘密性审判，必须有适当范围的人员、机构参与或了解，保证必要范围内的透明；另一方面，也注意到了在不公开审判的情况下对审判权运行的必要监督

---

[1] 温小洁. 我国未成年人刑事案件诉讼程序研究［M］. 北京：中国人民公安大学出版社，2003：110.

[2] 贝卡利亚. 论犯罪与刑罚［M］. 黄风，译. 北京：中国大百科全书出版社，1993：20.

[3] 曾康. 未成年人刑事审判程序研究［D］. 西南政法大学，2007：102.

与制约。

我国关于未成年人不公开审理的制度设计中同样注意到了上述问题，如设置了法定代理人或者其他适当监护人参与审判制度、指定辩护人制度等，客观上都在一定程度上对审判权等公权力运行起到监督、制约的作用。同时笔者认为，从不公开审理制度设置的初衷来看，其出发点是为了保护未成年被告人的权益，因此应该将是否适用公开审理或者不公开审理的决定权赋予未成年被告人及其监护人，在法律上规定为未成年被告人及其监护人的诉讼权利。如我国台湾地区的"少年事件处理法"第 73 条规定："审判不得公开之。少年、少年之法定代理人或现在保护少年之人请求公开审判者，法院不得拒绝。"❶ 申请公开审判制度的实质，是将案件是否公开审判的决定权交由与案件具有直接利害关系的被告方行使，由被告方根据案件的审理情况和维护被告人利益的实际需要，决定是否公开审判或者由不公开审判转换为公开审判。因此，从法理上讲，申请公开审判制度是正当的、合理的。

（三）审判不公开的对象和内容

各国关于不公开审判的立法规定，关于不公开审判的对象主要包括对公众不公开和对新闻媒体不公开。

关于对公众不公开，通常做法有三种：一是有条件的不公开，如《俄罗斯联邦刑事诉讼法典》第 18 条规定："对于未满十六岁的犯罪案件，依照法院说明理由的裁定和审判员的决定，也可以进行不公开审理。"二是无条件的不公开，不仅不公开的案件没有限制，而且审理和判决均不公开。如原联邦德国《青少年刑法》第 48 条规定："进行审判的法庭不得公开进行审理和宣判。"三是前两种结合。我国 1996 年《刑事诉讼法》《未成年人保护法》及 2001 年《最高法若干规定》中均对审判不公开原则作了明确的规定："十四岁以上不满十六岁未成年人犯罪的案件，一律不公开审理，十六岁以上不满十八岁未成年人犯罪的案件，一般也不公开审

---

❶ 陆志谦，等. 当代中国未成年人违法犯罪问题研究 [M]. 北京：中国人民公安大学出版社，2005：337.

理。"2001 年《最高法若干规定》第 11 条进一步规定："如果有必要公开审理的，必须经过本院院长批准，并且应限制旁听人数和范围。"❶
2012 年《刑事诉讼法》以及最高人民法院关于适用《中华人民共和国刑事诉讼法的解释》中则均明确规定"开庭审理时被告人不满十八周岁的案件，一律不公开审理"。

未成年人案件审理的不公开并不否定对于当事人及其他诉讼参与人的公开。正如上文提到的，为了避免对公众不公开的程序存在着不为人知的侵犯人权的危险和徇私枉法的危险，世界上许多国家在设计未成年人犯罪案件不公开审判制度时，都考虑了不公开审判程度的有限性问题，即不公开审判不能等于秘密性审判，必须有适当范围的人员、机构参与或了解，保证必要范围内的透明，许多国家的法律对参加审理的人员也作了有限制性的扩大。我国未成年人审判制度中的不公开审判并不限制未成年被告人的法定代理人，其他成年近亲属、教师参加审理。2001 年《最高法若干规定》第 19 条规定："开庭审理前，应当通知未成年被告人的法定代理人出庭，法定代理人无法出庭或不适宜出庭的，应另行通知其他监护人或成年近亲属出庭。"第 20 条规定："开庭审理前，审判未成年人刑事案件的审判长认为有必要的，可以安排法定代理人或者其他成年近亲属、教师等与未成年被告人会见。"第 30 条规定，"休庭时，可以允许法定代理人或者其他近亲属、教师等人员会见被告人。"第 33 条规定："……如果未成年被告人的法定代理人以外的其他成年近亲属或者教师、公诉人等参加有利于教育、感化未成年被告人的，合议庭可以邀请其参加宣判后的教育。"2012 年《刑事诉讼法》以及最高人民法院的相关解释均规定，在开庭审理的时候，经未成年被告人及其法定代理人同意，未成年被告人所在学校和未成年人保护组织可以派代表到场，到场代表的人数和范围，由法庭决定，到场代表经法庭同意，可以参与对未成年被告人的法庭教育工作。未成年人案件之所以强调不公开审理，是基于保护未成年人的考虑，避免以罪犯的身份出现在公众面前，从而有利于对其的教育和改造。而让诉讼参

---

❶ 温小洁. 我国未成年人刑事案件诉讼程序研究［M］. 北京：中国人民公安大学出版社，2003：111.

与人之外的其他人参与法庭审理，主要是考虑到他们与被告人所具有的特殊关系，他们参加庭审不仅有利于缓解未成年被告人的精神压力和紧张心理，而且还能够采用更可为未成年被告人所接受的方式对其进行教育，容易消除未成年人与法庭之间的隔阂。因此，上述规定与不公开审判的精神实质并无冲突。

未成年人案件审判不公开还包括对新闻媒体的不公开。《儿童权利公约》和《北京规则》都明确了尊重未成年人的隐私。各国少年法对于在少年法院审判中的少年，一般都明确规定，不得在报纸、杂志或其他印制品上刊登他的姓名、年龄、职业、住所、容貌等资料，也不得刊登可能推断出这个少年的纪事或照片。有的国家甚至还规定在调查报告书上也不得公布少年的照片、姓名、住址或学校等。例如，《印度中央少年法》第36条第1款规定："报纸、杂志或根据本法关于少年的调查报告书，都不得公布该少年的任何照片，或根据其他特别情况可以判断出该少年的姓名、住址或学校乃至该少年身份的情况。"我国《未成年人保护法》《预防未成年人犯罪法》均规定，对未成年人犯罪案件，在判决前，新闻报道、影视节目，不得公开披露该未成年人的姓名、住所、照片及可能推断出该未成年人的资料。

根据域外对未成年人刑事案件不公开审理制度的规定，审判不公开的内容主要包含以下几个方面：第一，审判程序不公开。这是不公开审判的最根本的意思所在，各国对不公开审理的规定不管限度宽严，但都包含审判程序不公开。当然这里的不公开是相对的，前文已有所涉及，这里不再赘述。第二，可能识别被告人的材料不公开。如1989年《英国儿童法》第97条（2）规定，任何人不得公布旨在或者可能识别以下事项的材料：（a）任何涉及治安法院可以依照本法行使其关于该儿童或者任何其他儿童的任何权力的诉讼程序的儿童；（b）涉及上述任何诉讼程序的儿童的住址或者所在学校。所谓"公布"，根据该法第97条（5）规定，包括（a）利用电台广播、电视或者有线电视广播材料；或者（b）促使相关材料被公布。材料包括任何图片或者陈述。❶ 第三，宣判不公开。如《德意志联邦共和国少年法院法》第48条第1项规定，对少年犯罪案件"法院的审理以及判决的宣布，均不予公开"❷。《公民权利和政治权利国际公约》第14条也规定，在少年的利益另有要求或者诉讼系有关儿童监护权的婚姻争端时，对刑事案件或法律诉讼的判决也可以不公开宣布。第四，犯罪档案的保密。《北京规则》第21条规定："对少年罪犯的档案应严格保密，不得让第三方利用。应仅限于与处置手头案件直接相关的人员或其他经正式授权的人员才可以接触这些档案。少年罪犯的档案不得在其后的成人诉案中加以引用。"根据我国《刑事诉讼法》、最高人民法院关于适用《中华人民共和国刑事诉讼法》的解释以及其他相关法律文件，我国在未成年人刑事案件的不公开审理上，对于审判程序和能识别被告人的材料的不公开方面均有所规定。至于宣判不公开，我国1996年《刑事诉讼法》第163条第1款规定："宣告判决，一律公开进行。"2001年《最高法若干规定》第31条以及《最高法解释》第487条第1款均规定："对未成年人刑事案件宣告判决应当公开进行，但不得采取召开大会等形式。"至于该规定的合理性，下文将详细予以论述。

（四）不公开审理制度的完善

第一，应当确立宣判不公开制度。如上所述，我国未成年人犯罪案件宣判应当公开，只是宣判的形式有所限制。从保证司法判决透明性与公众知情权的角度而言，应当说，立法上这样规定具有相当的合理性与必要性。但是，从最大程度保护未成年利益的角度来讲，未成年人案件的公开宣判制度明显存在两个方面缺陷，其一，严重削弱了不公开审理的意义。在我国，公开宣判要求公开宣读判决书，而刑事判决书不仅需要叙述犯罪事实与经过，还包含被告人的姓名、性别、年龄、住址等个人基本信息，公开宣判意味着不可避免的披露这些信息。同时，根据我国《未成年人保

---

❶ 孙云晓，张美英. 当代未成年人法律译丛：英国卷［M］. 北京：中国检察出版社，2005：137.

❷ 孙云晓，张美英. 当代未成年人法律译丛：德国卷［M］. 北京：中国检察出版社，2005：184.

护法》《预防未成年人犯罪法》等规定，在判决宣告后，法律并未禁止新闻报道、公开出版物等披露未成年犯罪人的姓名、住所、照片及可能推断出该未成年人的资料。（2012 年的《刑事诉讼法》以及最高人民法院相关的解释也只是强调"审理"未成年人刑事案件，不得向外界披露该未成年人的姓名、住所、照片以及可能推断出该未成年人身份的其他资料。）因此，公开宣判完全可能使得此前的不公开审理的意义大打折扣，甚至基本失去意义。其二，公开宣判不符合国际惯例。从我国立法关于未成年人案件公开宣判制度的规定来看，我们关注的主要是公权力运行的合法性与正当性，保护的主要是公众的知情权以及未构成犯罪的未成年人的利益，它立足的不是被告未成年人的这一特殊事实。这与国际社会未成年人案件不公开宣判完全是着眼于未成年人利益保护的指导思想有较大区别，也与联合国有关少年司法的国际性文件以及大多数国家的立法例不一致。因此，应当确立审理与宣判均不公开的制度。❶

第二，建立被告方申请公开审理制度。如前所述，不公开审判存在潜在的危险，而建立被告方申请公开审判的制度，赋予其申请公开审判的权利，是防范不公开审判潜在危险的一种有效的制度设计。在制度的具体内容上，笔者认为应当将申请公开审理的权利赋予被告人本人和其法定代理人。如果被告人本人与其法定代理人之间的意见不统一而且经充分协商仍不能达成一致的，应当以被告人自己的意见为依据。除非实行公开审理会损害其他方的利益，否则被告方的申请必须得到尊重。

第三，建立违反不公开审判制度的惩罚制度。没有制裁的制度是没有保障的制度，也是不可能真正得到切实贯彻的制度。我国现行法律的规定并未涉及违反不公开审判制度的制裁问题。从保障不公开审判制度的切实实施的角度讲，我们应当也必须建立合理的惩罚制度。可以参照前文中对违反法定代理人制度的惩罚措施，对违反不公开审判制度的行为，视其情节轻重，给予罚款或者剥夺一定期限的人身自由惩罚。

---

❶ 曾康. 未成年人刑事审判程序研究 [D]. 重庆：西南政法大学，2007：105 - 106.

三、指定辩护制度

（一）指定辩护制度的立法现状及其意义

指定辩护制度，是指司法机关为因经济困难或者其他原因而无力聘请辩护人的被告人，指定承担法律援助义务的辩护人进行辩护的一种制度。对未成年人从诉讼的开始就为其提供指定辩护是国际的通例，也是我国签订的国际条约所明确规定的一项义务。我国现行《刑事诉讼法》第 11 条规定："……被告人有权获得辩护，人民法院有义务保证被告人获得辩护。"第 14 条规定："人民法院、人民检察院和公安机关应当保障犯罪嫌疑人、被告人和其他诉讼参与人依法享有的辩护权和其他诉讼权利。"第 32 条规定："犯罪嫌疑人、被告人除自己行使辩护权以外，还可以委托一至二人作为辩护人。"这是对辩护权的一般规定。同时第 267 条规定，"未成年犯罪嫌疑人、被告人没有委托辩护人的，人民法院、人民检察院、公安机关应当通知法律援助机构指派律师为其提供辩护"，从而明确了未成年被告人获得指定辩护的权利，同时将获得辩护适用于侦查、审查起诉以及审判三个阶段。

在未成年人案件中设置指定辩记制度具有以下意义：第一，指定辩护制度适用于未成年人案件是未成年人享有的辩护人人权的应有之义。获得辩护权是犯罪嫌疑人和被告人所享有的最为重要的权利，因为同时也是保护犯罪嫌疑人、被告人行使其他诉讼权利的有效手段。对于诉讼能力尚不完全的未成年犯罪嫌疑人、被告人，只有在获得适格辩护人的情况下，才能够有效地行使其他诉讼权利，并有意义地参与诉讼。第二，指定辩护制度可以帮助司法机关及时正确处理未成年人案件。"辩护制度并非只是为了满足犯罪嫌疑人、被告人的要求和愿望而设定，辩护人为被告人辩护既是保护犯罪嫌疑人、被告人的合法权益，也是为了保证案件的质量，保证刑事诉讼法任务的实现，保障国家法律统一正确地实施。"❶ 由此可见，对于指定辩护，其实质即是一种权利，同时又是一种制度。当然在立法设置上，可能不同国家对二者属性的偏重不同，正如我国有学者已经注意到：在我国，辩护是一种制度，在国外，辩护是一种权利。在我国《宪法》中，辩护是放在"人民法院和人民检察院"小节中，而不是放在"公民基本权利"当中的，因此，辩护是一种工作制度，其目的往往被理解为"兼听则明"，即作为一种查明真相的方法。而在国外的宪法中，辩护都是被当作公民与生俱来的权利加以看待，保障辩护权就是对基本人权的尊重，显然，辩护权本身不仅是手段，同时也是目的。这种观念上的差别直接决定了辩护权在立法中的地位。❷ 从某种意义上说，我国整个辩护制度的立法虚设现象以及实践中的尴尬境遇，其最根本的缘由应该是这种观念上的偏差。

（二）指定辩护制度的性质

目前，在理论学界对指定辩护性质争论的焦点在于指定辩护是否为强制性规范。也就是说，在未成年人拒绝为其指定辩护人时，指定的义务机关是否准许。

对此有否定说和肯定说两种观点：❸ 否定指定辩护制度为强制性规范的观点认为：辩护权是未成年人享有的一种法定权利，既然是权利，权利的受益人就应该有权放弃。再者，迫使未成年人的父母为他们所不想获得的服务支付费用，是不公正的，而且，未成年人有权自行辩护。肯定指定辩护制度为强制规范的观点认为：未成年人没有能力作出明智的决定放弃辩护，在事实上，放弃辩护经常是出于外界的压力而作出的，如未成年人的父母亲认为放弃辩护包含了合作的态度，这样就可以获得较轻的处理，或者未成年人从司法官员那里获得暗示，行使辩护权会导致不利的后果。

---

❶ 温小洁. 我国未成年人刑事案件诉讼程序研究 [M]. 北京：中国人民公安大学出版社，2003：123.

❷ 江涌. 缺损与完善：未成年犯罪嫌疑人、被告人的律师辩护权探析 [J]. 青少年犯罪问题，2007（3）.

❸ 温小洁. 我国未成年人刑事案件诉讼程序研究 [M]. 北京：中国人民公安大学出版，2003：126.

另外，辩护人的参与可以帮助司法机关迅速处理少年案件，减轻法官的负担。对于未成年人来说，由于其年龄因素、智力发育程度的限制，常常很难理解控辩双方纷争的实质内容，甚至会因为理解上的差异而造成审理上的难度。因此，在这种情况下，辩护人的参加就显得非常有必要，不仅可以有效帮助未成年人行使自己的诉讼权利，而且在协助法庭查明案件事实、对少年被告人进行教育方面发挥其不可忽略的作用。

应该说，肯定指定辩护为强制规范的观点在性质上更倾向于上述的制度设置模式，其从程序上昭示了对未成年被告人权益的一种强制保护。而否定指定辩护为强制规范的观点则更倾向于权利模式，其将指定辩护看作赋予未成年被告人的权利，既然是权利则当然可以拒绝。然而客观地说，如果严格按照上述的肯定或否定说，均可能在实质上贻误了对未成年被告人辩护权的保护。因为前者可能出现的情况是：当被告人认为审判机关指定的辩护人不合格或者不适应做自己的辩护人时也必须接受；而后者可能出现的情况是：在被告人或其法定代理人考虑不成熟或者不了解事实及法律的情况下，随意地排除了获得辩护的机会。就我国而言，2012 年《最高人民法院关于适用〈中华人民共和国刑事诉讼法〉的解释》第 481 条第 1款规定："未成年被告人或者其法定代理人当庭拒绝辩护人辩护的，适用本解释第二百五十四条第一款、第二款的规定。"❶ 第 2 款规定："重新开庭后，未成年被告人或者其法定代理人再次当庭拒绝辩护人辩护的，不予准许。重新开庭时被告人已满十八周岁的，可以准许，但不得再另行委托辩护人或者要求另行指派律师，由其自行辩护。"也就是说，我国对指定辩护的立法设计在整体上仍然属于强制规范，但同时又在一定的范围内赋予被告人选择辩护人的机会，就此考虑，我国关于指定辩护的立法规定弥补了上述缺陷。因此，单纯就审判阶段对指定辩护的规定而言，笔者认为目前的法律设置既能充分保护被告人获取辩护权，也使司法操作更切实际。

---

❶　2012 年《最高人民法院关于适用〈中华人民共和国刑事诉讼法〉的解释》第 254 条第 1款规定：被告人当庭拒绝辩护人辩护，要求另行委托辩护人或者指派律师的，合议庭应当准许。被告人拒绝辩护人辩护后，没有辩护人的，应当宣布休庭；仍有辩护人的，庭审可以继续进行。第 2 款：有多名被告人的案件，部分被告人拒绝辩护后，没有辩护人的，根据案件情况，可以对该被告人另案处理，对其他被告人的庭审继续进行。

（三）指定辩护制度的现存问题及其完善

长期以来，我国指定辩护制度存在的问题，不在审判阶段指定辩护立法本身，而在于审前阶段和制度的落实。对于审前阶段指定辩护的立法问题，现行《刑事诉讼法》以及相应的最高人民法院的司法解释已经解决，尚未解决的实际问题在于指定辩护的质量。

我国未成年人刑事案件指定辩护有很多都没有落到实处，未成年被告人难以获得高素质律师的法律服务，辩护质量不尽如人意已是不争的事实。造成这种局面的原因很多，首先，是难以保证参与指定辩护的辩护人为律师。据笔者所调查到的情况，在一些基层法院，被指定参与未成年人刑事案件辩护的往往是一些法律援助中心的人员，而法律援助中心的人员大多没有律师执业资格。援助中心出具的委托函中也写着"委托本中心律师某某"的字样，但实际法院见到委托函后根本不审查其律师资格证及执业证，而这些人的业务水平是否能胜任未成年被告人的辩护，实在让人担心。其次，承担法律援助的律师在办案过程中往往不会投入太多的激情和精力，在很多情况下都是一种消极被动地应付，一般是法院指定律师之后，只要辩护律师能准时参加开庭就可以了，至于在开庭前是否会见被告人等却往往不再过问。甚至有指定辩护后，辩护律师根本没有出庭，只是交一份辩护书而已，辩护质量可想而知。由于指定辩护人与犯罪嫌疑人、被告人直接接触的时间和机会很有限，因而在庭审辩护过程中只能是就案论案，或者泛泛而谈，缺乏深层次的辩护意见，这也是影响辩护质量不容忽视的一个原因。

当然，上述原因只是表面现象，而根本原因一是辩护制度的立法规定，二是指定辩护的经济因素。就前者而言，长期以来律师在辩护过程中存在以下障碍：在场权严重残缺。除了审判阶段，辩护律师几乎没有什么在场权；会见通信难。由于立法没有明确规定辩护律师可以随时约见被羁押的当事人，各地、各部门均出台了自己的所谓"内部规定"，其内容总体上都是限制律师与被羁押疑犯会见通信的；阅卷权严重受到限制。在侦查阶段，律师无权阅卷，在起诉阶段，由于立法的模糊，律师只能查阅一些主要的法律文书，如起诉意见书、起诉书等，至于具体卷宗，检察机关一般不让律师查阅。只有到了审判阶段，律师才能阅读卷宗；对律师的调查取证权限制过严；程序性辩护手段的缺失。由于公共资源利用能力的不足，律师很难像侦查机关那样获得丰富的事实材料，而且缺少排除非法手段的抗辩手段。❶ 另外，我国《刑法》第 306 条还规定了"律师伪证罪"，像一把利剑悬在辩护律师头上。而根据法律，负责"律师伪证罪"侦查、起诉工作的是作为辩护律师对手的控方，即公安、检察机关。就后者而言，目前我国律师承担刑事法律援助基本上是义务性的，这实质上是将国家责任转嫁给了律师，由律师进行无偿劳动。正是由于上述原因，致使优秀律师的往往不办刑事案件，更不要说去主动地承担辩护援助义务，而从事刑事法律援助的律师主观上缺乏主动性，难以尽心尽力。可喜的是 2007 年《律师法》对律师在辩护过程中的权利做了新的界定，针对上述的障碍也有新的突破，现行《刑事诉讼法》也将辩护的介入阶段、会见、阅卷等规定作了突破性的规定，吸纳了律师法的相关规定。可以预见，未来我国刑事诉讼中的辩护质量，当然包括对未成年犯罪嫌疑人、被告人指定辩护的质量会有所提高。

同时，应该保障对未成年人提供法律援助的经费。法律援助是国家为保障公民权利平等实现而设置的一项制度保障措施，因此，法律援助责任的承担主体只能是国家。让律师自己承担国家职责是不合理的。国家支付给律师适当的援助费用，不仅是其责任的要求，也是调动律师的从业积极性的保障。对于法律援助基金的来源，应该纳入国家财政的统筹计划，专项拨款、专项管理、专项使用，只有这样才能从根本上解决法律援助的经费问题。

四、简易程序的适用和反思

（一）简易程序及其立法现状

简易程序相对于普通程序而言，是指在一审程序中，针对某些特定类

---

❶ 江涌. 缺损与完善：未成年犯罪嫌疑人、被告人的律师辩护权探析［J］. 青少年犯罪问题，2007（3）.

型的案件，刑事诉讼法在确立普通程序的基础上规定的一种比普通程序更为简便迅速的审判程序。简易程序在一定程度上是对普通程序的简化程序。与普通程序相比，它具有审判组织、审判准备、庭审内容、证人出庭作证简化及审理期限较短的特点。

现行《刑事诉讼法》第 208 条规定："基层人民法院管辖的案件，符合下列条件的，可以适用简易程序审判：（一）案件事实清楚、证据充分的；（二）被告人承认自己所犯罪行，对指控的犯罪事实没有异议的；（三）被告人对适用简易程序没有异议的。人民检察院在提起公诉的时候，可以建议人民法院适用简易程序。"第 210 条规定："适用简易程序审理案件，对可能判处三年有期徒刑以下刑罚的，可以组成合议庭进行审判，也可以由审判员一人独任审判；对可能判处的有期徒刑超过三年的，应当组成合议庭进行审判。"第 214 条规定："适用简易程序审理案件，人民法院应当在受理后二十日以内审结；对可能判处的有期徒刑超过三年的，可以延长至一个半月。"

关于未成年人犯罪，在审判阶段如何适用简易程序，现行《刑事诉讼法》没有专门作出规定，《未成年人保护法》《预防未成年人犯罪法》《最高人民法院关于适用〈中华人民共和国刑事诉讼法〉的解释》对此均未作出明确规定。

最高人民法院 2001 年《最高法若干规定》第 7 条规定：审判第一审未成年人刑事案件的合议庭，可以由审判员或者由审判员与人民陪审员组成。依照法律规定适用简易程序的案件除外。第 35 条规定：少年法庭应当根据《刑事诉讼法》❶ 第 174 条及（《最高人民法院关于执行〈中华人民共和国刑事诉讼法〉若干问题的解释》）的有关规定，确定未成年人刑事案件是否适用简易程序，及明确了未成年人刑事案件可以适用简易程序进行审判，相当于确立了与成年人刑事案件完全一样的适用条件。

（二）针对审理未成年人犯罪适用简易程序存在的争议

尽管2001年《最高法若干规定》确定了未成年人刑事案件可以适用

---

❶ 此处为 1996 年《刑事诉讼法》。

简易程序的原则和适用条件，但并不能阻止对其合理性的争议。当前，针对未成年人案件审判适用的程序，有两种观点。

一种观点认为未成年人刑事案件应适用简易程序，而且强调适用简易程序比普通程序更具优势。持该种观点的理由主要有以下几点：第一，未成年人由于受年龄和智力限制，其所犯罪名较为集中，犯罪行为较为简单，因此大部分案件事实清楚，证据充分，控辩双方均无争议，适用简易程序，可以节约诉讼资源；第二，适用简易程序的庭审不具有控辩双方激烈对抗的情形，气氛和缓，能减轻庭审对未成年被告人的心理压力和精神创伤，使其较好地接受审判；第三，简易程序不受普通程序在庭审中讯问被告人、询问证人及法庭辩论的限制，可以提高审判效率，符合诉讼经济原则，加快办案进度，防止对未成年被告人羁押过长，有利于其身心保护，与未成年人刑事诉讼程序的迅速、简化原则是相一致的；第四，可以将主要精力放在对被告人教育上，更好地贯彻"教育、感化、挽救"的方针和"教育为主，惩罚为辅"的原则；第五，程序的简化并没有减少未成年人的诉讼权利，简易程序并未对未成年人的诉讼权利给予限制。

第二种观点则认为，审理未成年人刑事案件，在坚持简化手续、迅速进行的前提下不得适用简易程序，应一律采用普通程序。其主要理由为："简易程序的立法目的在于追求准确快捷地办结案件，而少年案件的处理宗旨在于教育、感化、挽救失足未成年人，两者的出发点完全不同。"❶ 设置简易程序的目的在于追求诉讼效率，降低诉讼成本，而设置未成年人刑事诉讼程序的目的在于对未成年人的教育和挽救，是为了更好地保护未成年人的权利，而不是出于节约诉讼成本的需要。如果确实出于保护未成年人的需要，而不仅仅是出于节约诉讼成本的考虑，就不应该采用简易程序。

应该说，目前，第一种观点在世界其他国家以及我国都被认为是一种优势的程序选择。《北京规则》第 20 条规定："每一案件从一开始就应迅速处理，不应有任何不必要的拖延。"简易程序审理简便、快捷，审理期限较短这些特点都符合这一原则。从预防的角度来看，"惩罚犯罪的刑罚越是迅速和及时，就越是公正和有益……它减轻了捉摸不定给犯人带来的

---

❶ 傅佳唯. 简易程序不适用少年刑事案件 [J]. 青少年犯罪问题, 1997 (1).

无意而残酷的折磨……犯罪与刑罚之间的时间隔得越短，在人们心中，犯罪与刑罚这两个概念的联系就越突出，越持久，因而，人们就很自然地把犯罪看作起因，把刑罚看作不可缺少的必然结果"。● 国外也大量存在类似的规定，例如美国青少年犯教养法的补充规定第5036节规定了快速审判："如果被指控的少年犯在审讯前受到羁押的，从羁押开始之日起三十天之内没有提交审判，就应当根据被指控少年犯的申请或法院的法令，驳回告诉。除非司法部长说明逾期应归咎于少年或他的律师，或者逾期是为少年及其律师所赞同的，或者是在特殊情况下从公正合理考虑。完全属于法院案件日程表安排过密造成的延误，不能认为是从公正合理考虑。除特别情况外，按本节规定被驳回的告诉，不得再次提起。❷ 1999年英国《刑事起诉规则》（少年法院审判时限）规定：审判必须在第一次庭审后99天内开始（总体时限）；如果被告在18岁以下，第一次庭审必须在逮捕的36天内进行；判决必须在定罪后29天内进行（判决时限）。❸ 另外，从未成年被告人的身心特点来看，其智力发育、社会知识、认知理解能力等尚不健全，而且多数属于初犯或者偶犯。而根据修改后的刑事诉讼法，法庭开庭审理采取的是"控辩式"的庭审模式，控辩双方在法官的主持下，一事一控，有控有证，每证有质，每质有辩，这样的讯问、质证、辩论活动，使得法庭气氛更显庄重、严肃、威慑、激烈，必然会出现为了某一案件事实、情节、某一证据，控辩双方针锋相对，激烈辩论。这种激烈的对抗局面必然使未成年被告人本来就紧张的心理更加恐惧不安，造成其因紧张而思维混乱，答非所问，不能客观地陈述事实真相和表达其内心的真实意思，从而影响到审判的正常进行。上述第二种观点显然失之极端。

然而，虽然简易程序在审理未成年人刑事案件中具有不可替代的价值，但这并不能掩饰现存的简易程序在制度设置的缺陷。同时，目前未成年人犯罪本身的发展特点与我国当前宽严相济刑事政策之间的矛盾、审判

● 贝卡里亚. 论犯罪与刑罚 [M]. 北京：中国大百科全书出版社，1993：56－57.

❷ 康树华. 预防未成年人犯罪与法制教育全书：下卷 [M]. 北京：西苑出版社，1999：1482.

❸ 温小洁. 我国未成年人刑事案件诉讼程序研究 [M]. 北京：中国人民公安大学出版社，2003：104.

人员对未成年人刑事案件审理原则的错位认识，都使笔者对当前呈扩大趋势适用简易程序的做法持有异议。换一句话说，简易程序在适用于未成年人犯罪的审理上，既有其先天的不足，又有其后天适用上的缺陷，下文将对此详细论述。

（三）简易程序存在的弊端

1. 对未成年人犯罪适用简易程序存在着先天性的制度不足，无法保障未成年被告人的权利

主要体现在：

第一，实行实质审查，容易造成法官的先入为主，不能确保审判的客观性。《最高法若干规定》第 7 条规定，人民法院审判第一审刑事案件可以适用简易程序。根据我国现行《刑事诉讼法》第 208 条和《最高人民法院关于适用〈中华人民共和国刑事诉讼法〉的解释》第 289 条的规定，人民法院适用简易程序审理案件，实行庭前实体审查，法官可以根据案件情况决定省略或简化庭审程序。这些规定表明我国适用简易程序审理案件的审判方式是比较典型的职权主义审判，而这种实质性审查的方式难以避免法院在审判前就形成先入为主的认识，从而也无法保证审判的公正和实质化的审理效果。

第二，不恰当地适用简易程序，未成年被追诉人的权利非但没有得到实质保障，而且被"合法、合理"幌子下的不正当所削弱。未成年人刑事简易程序中，法庭调查阶段的举证、质证环节以及法庭辩论阶段的删减，这使未成年被告人失去了对公诉机关提出的据以对其定罪量刑的证据进行质证和发表意见的机会，同时也剥夺了未成年被告人向法庭申请新的证人到庭，调取新的物证，申请重新鉴定或者勘验的权利，也使未成年被告人失去了更多自我辩护和获得律师辩护的权利和机会。在名义上，适用简易程序可以减少由于长时间审判给未成年被告人带来的心理压力，其实，在适用简易程序的过程中，未成年被告人的一些生命攸关的诉讼权利也容易被"简易"掉。如果未成年被告人得不到高质量的审判，假如在案件中出现"刑讯逼供、威胁利诱等取证现象，或者仅仅是一些在诉讼中出现的技

术性失误（从认识论来说这是可能的，也是难以避免的），缺乏必要的程序保障造成的后果是难以想象的，这也是仅凭未成年被告人的力量难以防御、抵抗、避免和克服的。❶

　　简易程序是以限制甚至是剥夺被告人诉讼权利为代价，以求得合理配置司法资源、提高诉讼效益之目的的程序。简易程序的启动与否，直接关系着被告人自身的合法权益，赋予被告人程序选择权是法律程序正当性的结果。同时，即便对于成年人来讲，对简易程序的特点及适用法律后果的认识也需要一个过程，在刑事案件审理过程中，还有可能发现新的情况，从而使得案件不宜适用简易程序，在这种情况下，亦应赋予双方当事人（这里当然也包括未成年被告人）提出终止简易程序而转为普通程序重新审理案件的权利。❷

　　2. 司法实践中对未成年人犯罪适用简易程序，由于存在对刑事政策的错误理解，容易导致两种极化现象

　　第一，过分强调以教育、感化为主，而忽视了对未成年犯罪的惩罚。刑事政策是刑事立法和刑事司法的灵魂，是一定社会对犯罪反映的集中体现。当前我国正在贯彻实施宽严相济的刑事政策，无论在理论界还是在司法实务界都在对宽严相济政策进行广泛的研究和讨论。宽严相济的"宽"，"其确切含义应当是轻缓。刑法的轻缓，可以分为两种情形：一是该轻而轻，二是该重而轻。该轻而轻，是罪行均衡的应有之义，也合乎刑法公正的要求。对于那些较为轻微的犯罪，就应当处以较轻之刑。……该重而轻，是指所犯罪行较重，但行为人具有坦白、自首或者立功等法定或者酌定情节的，法律上予以宽宥，在本应判处较重之刑的情况下判处较轻之刑。"❸ 落实宽严相济的刑事政策自然要特别注意对未成年人犯罪的处理，"对偶犯、初犯、应当从轻发落，尤其是对于未成年人犯罪，应当坚持

---

❶ 宋远升. 论未成年人犯罪刑事程序的实质保护［J］. 青少年犯罪问题，2006（2）.

❷ 姚莉. 认罪后的诉讼程序——简易程序与辩诉交易的协调与适用［J］. 法学，2002（12）.

❸ 陈兴良，周光权. 刑法学的现代展开［M］. 北京：中国人民大学出版社，2006：428.

'教育、感化、挽救'的方针，最大限度地予以轻缓处理"❶。然而在司法实践中贯彻该刑事政策却存在一种思想上的错误倾向，以为宽严相济政策只是要强调"宽"，或者在实际执行中只体现了"宽"，特别是在对未成年人的使用上，更是在对"宽"的理解上有泛化的倾向。具体表现除了在适用刑罚上不该轻而轻外，还表现在程序上泛用简易程序。有些审判人员甚至以此来作为自己对宽严相济刑事政策的理解和贯彻适用。特别是我国《刑事诉讼法》对简易程序的适用采用的是"可能的宣告刑"而非法定刑标准，这就更容易使简易程序的适用上存在较大的随意性。然而，近年来，我国未成年人犯罪却呈现集团化、成人化和暴力化的倾向，团伙作案的案件逐年递增，而且有向"专业化""集约化"方向发展的趋势。有的犯罪团伙甚至拥有严密的组织系统、作案纪律以及防侦破措施，有些犯罪团伙组织化程度较高，有名称、有标志、有严格的帮规、等级分明、作案时分工明确策划周全，其作案数量多、危害程度深，作案范围往往不局限于某个地区而进行流窜性作案。有的已初步形成黑社会组织的雏形。据有关统计资料显示，当前未成年人犯罪中，二人以上共同犯罪的占 40% 以上。❷ 未成年人犯罪性质也变得更加恶劣，有不少未成年人参与了一些大案和要案。有的犯罪分子在光天化日之下，持枪抢劫、强奸、绑架、杀人，犯罪手段凶狠残暴，影响恶劣。同时，未成年人犯罪手段成人化、智能化。部分未成年人作案时手段隐蔽，有意破坏现场，具有明显的反侦察意识。不少青少年盗窃团伙实行盗窃、运输、销赃一条龙，利用现代化的交通和通讯工具，甚至采用高科技的电子设备等实施犯罪。在这种现实背景之下，贯彻宽严相济刑事政策更应该注意其合法性。要按照"有法可依、有法必依、执法必严、违法必究"法治原则，坚持罪行法定，"既要防止只讲严而忽视宽，又要防止只讲宽而忽视严。无论是从宽还是从严，

❶ 姜伟，卢宇蓉. 宽严相济刑事政策的辩证关系［J］. 人大复印资料《刑事法学》，2008（3）.

❷ 邵磊. 略谈我国未成年人犯罪的社会原因及司法对策［J］. 河北青年干部管理学院学报，2005（3）.

都要于法有据，要充分体现法制精神，不能掺杂人为因素。"❶ 具体到未成年人犯罪简易程序的选择适用上，同样必须按照《刑事诉讼法》和相关解释的相关要求来严格执行，而不能只是为了"教育、感化、挽救"而只讲"宽"，"未成年人犯罪的'教育为主'偏重的重心在于保护和预防，但是在做到'教育为主'的同时也不能忽视了'惩罚为辅'，二者的关系是相辅相成的。并且，这种主辅序列也并不是绝对的，因为'教育为主，惩罚为辅'的前提是对未成年人能够教育，即通过教育可以使未成年人知罪悔过，迁恶从善，不致再犯。"❷ 泛化简易程序的适用，必然忽视刑罚本身的惩罚功能。

第二，泛化简易程序而滥用教育手段。未成年人刑事简易程序中，法庭调查阶段的举证、质证环节以及法庭辩论阶段的删减，这样审判人员可以将主要精力放在对被告人教育上，更好地贯彻"教育、感化、挽救"的方针和"教育为主，惩罚为辅"的原则。然而司法实践中由此而造成另一种异化是在适用简易程序审理未成年人犯罪案件时，忽视未成年人是否构成犯罪的事实裁判，一味地对未成年被告人进行教育。严格地说，审判阶段的"教育、感化、挽救"应该是以未成年人构成犯罪为前提的，否则，不管教育者的出发点多么的友善和美好，也是不当的。因为如此一来，违法犯罪的不光彩"标签"将笼罩在未成年人的心头，甚至伴随他们生活左右。"有则改之、无则加勉"的道德准则如果用到法庭审判上来，不能不说是对未成年人人格的一种伤害。由此而言，谨慎适用简易程序并严格审判环节，重心放在查证犯罪事实上，未尝不是对未成年被告人实体权利以及人格的一种保护。

（四）对未成年人审判程序适用的思考

从以上的分析可以看出，在未成年人犯罪的审判程序上，如果完全适用普通程序，则漫长的诉讼期限以及严肃激烈的审理方式必然对未成年人

---

❶ 姜伟，卢宇蓉. 宽严相济刑事政策的辩证关系 [J]. 人大复印资料《刑事法学》，2008（3）.

❷ 陈伟. 悖论与反正：论未成年人的教育改造——兼评教育刑的否证性 [J]. 青少年犯罪问题，2007（1）.

的身心带来不必要的伤害。而如果泛化简易程序的适用，则又明显不利于保障未成年人的实质权利并可能有悖刑罚预防犯罪的目的。造成这种尴尬局面的根本原因源自我国长期以来对未成年人犯罪和成年人犯罪审判程序的不分，虽然现行《刑事诉讼法》专章设置了未成年人刑事案件诉讼程序，但就简易程序的适用来看，并没有做特别的规定。笔者就此提出以下方面的思考。

1. 建议制定针对未成年人刑事案件的专门简易规则，简化审判程序，快速审理未成年人犯罪案件

具体而言，第一，可以在诉讼文书、法庭调查、辩论等环节比照现有的普通程序进行简化，但简化并不等于省弃。庭审程序中五个阶段的具体内容可以有所简化或省略，但每个程序均不得省弃，如合议庭必须告知被告人应当享有的权利，公诉人必须宣读起诉书，必须保护未成年被告人的最后陈述权等。此种案件应严格按照刑事诉讼法及相关司法解释的规定，除现行的《刑事诉讼法》第208条对有关内容进行实质审以外，还要对案件进行程序性审查，如讯问犯罪嫌疑人，听取被害人及犯罪嫌疑人的意见，不得限制或变相限制未成年被告人的各项权利，只有这样，才能保证未成年被告人及其他诉讼参与人充分行使诉讼权利，以程序公正实现实体公正。第二，在规定专门适用于未成年人犯罪审判程序的同时，明确办理未成年人案件的专门机构，其职能应具有专一性，改变未成年人犯罪案件的审判隶属于成年人审判的现状，这样也有利于加强专门研究，探讨未成年人犯罪审判的客观规律，提高办案质量和办案效率。第三，选任专门从事未成年人犯罪审判的工作人员。未成年人犯罪案件专人专办，这是国外少年司法制度的一个重要特征。如《德国青少年刑法》第二章第36条明确规定，审查少年案件应当"任命少年刑事检察官"。第37条对办理少年案件的检察官的素质也有具体的要求："少年检察官应当是具有管教能力的、在少年教育方面有经验的人。"❶ 未成年人刑事审判对象的特殊性及未成年人刑事审判的目的和任务，要求在独立的未成年人司法机构内部，有

---

❶ 康树华. 预防未成年人犯罪与法制教育全书：下卷［M］. 北京：西苑出版社，1999：1693.

专门从事未成年人审判工作的人员，办理未成年人案件的审判人员应当同时具有心理学、犯罪学、教育学等专业知识背景，具有一定的办案经验，应当熟悉未成年人特点、善于做未成年人思想教育工作，并且应当保持其工作的相对稳定性。第四，赋予未成年人或其法定代理人选择审判程序的权利。我国立法在规定适用简易程序审理案件时，其本意是建立在被告人对审判人员的信任基础上，这时通过简易程序使被告人对案件证据调查权部分放弃，从而达到提高诉讼效率，节约诉讼成本的目的，也使对被告人的不利影响降到最低。在这种情况下，只有把简易程序主动权赋予被告人，才能确保其诉讼主体地位得到维护，从而体现程序正义。因而是否适用简易程序要由被告人自愿、自主地选择。在审判中，应尊重被告人的程序选择权，在对被告人及其法定代理人予以充分说明的基础上由其选择是否适用简易程序，如简易程序不利于被告人，他有权放弃适用简易程序而选择普通程序。

2. 尽量保证高素质法官的审理和高素质律师的辩护

"未成年被告人不仅与成年人一样有接受审理的权利，而且有接受高素质法官审理的权利；不仅有接受法律援助的权利，而且有接受高素质律师法律援助的权利。因此，必须在以下几个方面予以充分的关照和考虑。首先，法律应当强制规定未成年人案件应当由高素质的法官主持审理。如果要做到这一点，仅仅是哗众取宠设立少年法庭是没有什么用处的。未成年被告人需要的是实质的保护，而不是虚无的保护。其次，保障高水平的律师提供法律援助的权利。在刑事诉讼中，针对我国的现状，在某种程度上来说，律师对被告人的辩护保障可以说是最重要的保障，辩护律师是被告人最初和最后的保护神，对于未成年被告人更是如此，所以更要对这项权利予以特别注意。律师事务所在指定律师提供法律援助时，不能把未成年被告人当作'实习布'，也不能把未成年被告人的案件当作'练兵场'，应当把提供法律援助看作提升自己品牌和展现自己品行的舞台。"❶ 最后，2012 年《刑事诉讼法》改变了 1996 年《刑事诉讼法》中对于简易程序中

---

❶ 宋远升. 论未成年人犯罪刑事程序的实质保护 [J]. 青少年犯罪问题，2006（2）.

公诉方出庭的规定，即由"可以不出庭"变为"应当"出庭，这就要求公诉人在控诉犯罪时，要注意方法，尽量采用说理、教育的形式，让未成年被告人对自己的犯罪行为有所了解。《北京规则》第 14 条规定："诉讼程序应按照最有利于少年被告人的方式和在谅解的气氛下进行。"对于被告人的辩护人也应当注意未成年被告人的特殊性，在对起诉书指控的犯罪进行陈述和辩护时也要注意营造舒缓的气氛，从而有效地维护未成年被告人的合法权益。在庭审中，法官也应该改变讯问式为交谈式。2001 年《最高法若干规定》第 27 条也规定，"法庭审理过程中，审判人员应当根据少年被告人的智力发育程度和心理状态，注意缓和法庭气氛，做到因案审理，因人施教。"第 29 条规定："在庭审过程中，不得对少年被告人进行训斥、讽刺和威胁。如有发生，法庭应当立即制止。"这些现有的规定必须在司法实践中切实得到落实。在审理过程中，审判人员以及控诉人员都应当力求以亲切的态度、平和的语气与少年犯进行面对面地谈话，只有这样才能够引导他们实事求是地陈述案情，进行辩解，取得最好的审判效果。

五、暂缓判决制度研究

（一）暂缓判决制度的发展历史和概念

暂缓判决是对现代西方国家观护制度的借鉴。现代观护制度起源于英国，1869 年马萨诸塞州制定法律，规定由州政府设立救济委员会并任命专人负责调查法院审理的少年案件调查人员必须出庭，参与案件审理，对于法处刑犹豫不决的少年，调查人员负责对其指导与监督，这种审判方法奠定了观护制度的基础。10 年后，该州正式制定了观护法规，凡具有改恶从善的初犯、少年犯或其他罪犯，均适用观护法规。至 1945 年美国各州均已建立少年观护制度。现在美国所有第一审法院均设有观护人办事处。德国的少年法制度受到美国影响，1974 年颁布的《德意志联邦共和国少年刑法》第 27 条规定，审理少年刑事案件，根据侦察材料不能确有把握地断定少年的违反犯罪行为是否已造成非判不可的危害时，少年法庭的法官可以判定少年被告人有罪，但是判刑的决定在确定的考验期内暂不作出。考验期可为1年以上3年以下。在考验期内，少年被告人由任命的考验期监督人进行监督和观护。如果该少年被告人在考验期间表现不好，法官可以对其随时宣布刑罚判决，并且不许缓期执行。反之，如果该少年被告人在考验期间真诚悔改，表现良好，犯罪倾向已消失，法官则可撤销原判。❶

我国法律对暂缓判决并无明文规定。作为一项与未成年人违法犯罪相关的新的司法制度，暂缓判决进入公众视野是我国司法实践探索的结果。20世纪90年代初，暂缓判决制度开始在江苏、上海等省市一些少年法庭试行，并逐步为越来越多的地区所借鉴。目前，这一制度已为不少地方人民法院采用，如济南市历下区人民法院、北京市丰台区人民法院。2004江苏省徐州市云龙区法院、泰兴市法院进行试点。随着重庆市沙坪坝区法院在重庆市试点第一例暂缓判决后，南岸区法院、巴南区法院也相继进行了试点。❷ 上海市长宁区法院是我国最早试点试用暂缓判决的法院，自1993年首次适用以来，至今已有十多年的历史，也是我国试用暂缓判决案例最多的法院。实践中，上海市长宁区人民法院基于多年的审判实践经验，将暂缓判决定义为：少年法庭在刑事诉讼活动中，对已构成犯罪并符合一定条件的未成年被告人，暂不判处刑罚，而是由法院设置一定的考察期，让被告人回到社会上继续就业或就学，对其进行考察帮教，待考察期满后，再根据原犯罪事实和情节，结合被告人在考察期的表现予以判决的一种探索性的审判方法。❸ 从实质上说，暂缓判决也就是对于符合条件的未成年人刑事案件，使定罪和量刑相分离，先定罪但先不处以刑罚，而视被告人在考验期内的表现再决定最后的刑罚。

（二）暂缓判决的现实适用及评价

由于缺乏相应的法律规定，对于暂缓判决的适用对象没有一个绝对统

---

❶ 时奇文. 暂缓判决与未成年犯人权保护 [J]. 法制与社会，2008 (6).

❷ 重庆市沙坪坝区人民法院课题组. 审判实践中未成年人刑事处罚研究 [M] //刑事诉讼前沿研究：第六卷. 北京：中国检察出版社，2007：328.

❸ 陈建明. 未成年被告人暂缓判决的实践与思考 [J]. 青少年犯罪问题，2002 (2).

一的标准，但各地法院实践中采取的标准可以说大同小异。江苏泰兴市法院适用暂缓判决的条件是：所犯罪行较轻，可能判处 3 年以下有期徒刑、拘役、管制的；在共同犯罪中，是从犯、胁从犯、受教唆犯或偶犯，无前科劣迹的；具有自首、立功情节，认罪态度较好，有悔改表现的；家庭有管教能力，社区有帮教网络，并有帮教管束计划和措施的；被告人能如实供述自己的犯罪行为，并自愿接受矫治措施的。❶上海市长宁区少年人民法庭将暂缓判决的适用对象限于初犯、罪行较轻、恶习较浅、认罪态度较好且宣告刑在 3 年以下有期徒刑、拘役并有管教条件的少年被告人。同时用"排除法"列出不可以适用暂缓判决的对象：一是被告人或法定代理人认为不构成犯罪的；二是根据已查明的事实即可对少年被告人判处免予刑事处罚或者判处有期徒刑、拘役宣告缓刑的；三是主观恶习较深，有前科的；四是共同犯罪案件中有成年被告人，或者虽均为少年被告人，但其中部分少年被告人不符合暂缓判决条件的。❷另外，适用暂缓判决的少年被告人还必须具备良好的帮教条件，保证在判刑前的考察期内能对其进行帮教，以督促其真正改过自新。这就要求犯罪少年原来生活、学习的社区里具有较好的社会风气和较完备的帮教体系，对于犯罪少年的家庭中有行为不检点的成员或者家庭结构不完整的犯罪少年，以及生活在犯罪高发区的犯罪少年都不应该适用暂缓判决。

试行暂缓判决的少年法庭，试图通过缓判和定期考察的方式检验庭审的教育效果，准确判断少年被告人的悔罪程度，客观分析其思想和行为的变化趋势，使一审判决更加准确。在考察期的安排上，我国各地人民法院的规定各不相同，如上海市长宁区法院设置的考察期最短为 3 个月，最长为 1 年。济南市历下区法院规定的考察期最短不得少于 2 个月，最长不超过半年。重庆市沙坪坝区法院规定的考察期最短为 3 个月，最长不超过 6 个月。

考验期满，适用于被告人暂缓判决后的刑罚种类要结合考验期间的表现来决定：（1）对考察期表现突出的少年予以较大幅度的从轻或减轻处

---

❶ 时奇文. 暂缓判决与未成年犯人权保护 [J]. 法制与社会，2008（6）.

❷ 康树华. 青少年犯罪与治理 [M]. 北京：中国人民公安大学出版社，2000：394.

罚；（2）对确认不致再危害社会的少年果断地适用缓刑；（3）对犯罪情节较轻、暂缓判决考察期表现良好的少年适用免予刑事处分；（4）对极少数没有悔改表现的少年，按其原犯罪事实和情节予以判决。❶ 也就是说，其最后判决结果包括免予刑事处分、宣告适用缓刑或判处实刑。

客观地说，作为司法实践中的一种创新，暂缓判决受到的褒扬要多于质疑。对其的褒扬主要集中到以下方面：第一，暂缓判决制度拓展了对失足青少年教育、挽救的处置方式，为犯罪情节较轻、主观恶性不大、偶尔失足的未成年犯创造改过自新的条件。❷ 第二，暂缓判决是我国对《北京规则》第19条"尽量少用监禁"原则的体现，能够达到法律效果和社会效果的统一。因为对犯罪少年判处刑罚，并非是基于惩罚目的，而是为了使犯罪少年的犯罪心理得到矫治所采取的必要措施。但是收监执行刑罚对于少年犯的负面影响很大，对犯罪少年适用自由刑是很严厉的处罚方法。鉴于犯罪少年是特殊的犯罪主体，是属于保护和挽救的对象，所以对他们适用自由刑要慎之又慎。而暂缓判决则是通过社会力量的帮助，在足够长的时间内对犯罪少年进行教育改造，从而起到刑罚的同样效果。这也是《北京规则》规定的"双保护原则"的精神。第三，暂缓判决是"寓教于审"的进一步发展，是党和国家对犯罪少年实行"教育、感化、挽救"方针和"教育为主、惩罚为辅"原则在未成年人刑事案件诉讼过程中的具体化。❸ 暂缓判决制度既能起到惩罚犯罪人的作用，又能起到感化、挽救未成年人之功效。❹ 另外，暂缓判决还是司法理念创新与未成年犯人权保护的契合点，体现了保护人权的国际趋势，是对未成年犯人权保护的充分体

---

❶ 张竞模，陈建明. 刑事审判中少年司法保护的探索与实践［J］. 青少年犯罪问题，2004（5）.

❷ 重庆市沙坪坝区人民法院课题组. 审判实践中未成年人刑事处罚研究［M］//刑事诉讼前沿研究：第六卷. 北京：中国检察出版社，2007：328.

❸ 温小洁. 我国未成年人刑事案件诉讼程序研究［M］. 北京：中国人民公安大学出版社，2003：245—246. 张竞模，陈建明. 刑事审判中少年司法保护的探索与实践［J］. 青少年犯罪问题，2004（5）.

❹ 陈光中，汪海燕.《刑事诉讼法》再修改与未成年人诉讼权利的保障［J］. 中国司法，2007（1）.

现。❶ 对暂缓判决的质疑则主要归结为以下几个方面：❷ 第一，缺乏法律依据。考察期间的表现作为量刑依据，没有实体法的支撑。法院设置暂缓判决，自行收集证据，又自己采信这些证据，不符合诉讼法的规定。第二，从司法实践的角度看，暂缓判决如果把握不好度，就有矫枉过正之嫌，同时也损害被害人的利益。第三，暂缓判决破坏了法律适用的统一，有违司法的公正性与严肃性。同时由于考察期的设置，有损刑事司法的及时性。第四，实践中暂缓判决的试点，法院投入的精力太大。

（三）对暂缓判决的理性思考

尽管暂缓判决制度在我国越来越多的法院作为试点开始适用，也尽管暂缓判决受到了众多学者的交口称赞，但笔者对暂缓判决制度引入我国刑事司法中持否定态度，这一结论来自对暂缓判决制度的理性思考。

第一，暂缓判决与我国刑法中现有的缓刑制度近乎重复设置。

上文中主要论述对暂缓判决的适用对象，无一例外地限定为所犯罪行较轻，可能判处 3 年以下有期徒刑、拘役的未成年被告人，同时规定没有前科。有的法院还将可能判处管制的少年被告人列入对象之中。虽然除此之外尚规定有其他的相关适用或者排除条件，但这些条件都是对被告人主观人身危险性或者客观危害性的具体细化描述，而这些具体的细化情节最后都归结到罪刑的轻重上。因此，抛开这些具体的细节，可以简单地概括暂缓判决适用的对象为：构成犯罪，但罪行较轻，可能被判处 3 年以下有期徒刑、拘役、管制，且没有犯罪前科的未成年被告人。根据我国《刑法》第 72 条的规定：对于被判处拘役、3 年以下有期徒刑的犯罪分子，根据犯罪分子的犯罪情节和悔罪表现，适用缓刑确实不致再危害社会的，可以宣告缓刑。第 74 条规定：对于累犯，不适用缓刑。而根据《刑法》第 65 条的规定，我国对于一般累犯构成的时间间隔条件是"刑罚执行完毕或者赦免以后 5 年内再犯……之罪。"对于未成年人而言，从其"有资格"

---

❶ 时奇文. 暂缓判决与未成年犯人权保护［J］. 法制与社会，2008（6）.
❷ 重庆市沙坪坝区人民法院课题组. 审判实践中未成年人刑事处罚研究［M］. 刑事诉讼前沿研究：第六卷. 北京：中国检察出版社，2007：331.

构成犯罪的 14 周岁到成年的 18 周岁之间只有 4 年的时间，因此对其而言累犯和前科是没有区别。这里的问题是：首先，对于罪该判处管制的被告人适用暂缓判决合适吗？根据我国《刑法》规定，管制是对罪犯不予关押，仅限制其一定的人身自由，由公安机关和群众监督改造的刑罚方法，罪犯仍然留在原来的工作单位或居住地工作或劳动，保持正常的工作与生活。因此，对未成年人直接判处管制刑，不会改变他们的生活状态，还照旧可以上学、升学或工作，所以对可能被判管制刑的未成年被告人适用暂缓判决没有实际意义。实际上，有些试点如上海市长宁区少年人民法院在其适用对象中以排除了可能被判处管制刑的情形。简言之，暂缓判决的适用对象是被缓刑的对象所涵盖的。这就产生了第二个问题，即上述各试点在确定暂缓判决的适用对象时又规定：根据已查明的事实和法律的规定，对于可直接免予刑事处分或宣告缓刑的被告人，不宜作为暂缓判决的对象。"理由是对于可宣告缓刑，可以进入缓刑考验期，若暂缓判决，被告人得先进入暂缓判决的考察期，实际是多余的。"[1] 暂缓判决就陷入了一种尴尬的境地，即没有了适用对象。

从暂缓判决和缓刑的适用结果上来看，我国《刑法》第 76 条规定，被宣告缓刑的犯罪分子，在缓刑考验期限内，如果没有本法第 77 条规定的情形，缓刑考验期满，原判的刑罚就不再执行，并公开予以宣告。如果在缓刑考验期限内出现了第 77 条的情形，则撤销缓刑，执行原判决。经过考察期间后，被宣告缓刑者将面临的两种法律后果：一种是原判刑罚不再执行；另一种就是撤销缓刑，继续执行原判刑罚。而对于暂缓判决考验期满后的判决结果，上文中已有论及，主要包括免予刑事处分、宣告适用缓刑或判处实刑。也就是说，对于缓刑考验和暂缓判决考验，如果未成年被告人考察期间表现不好，其法律后果是一致的，都将被处以原刑罚。二者所不同的仅在于，如果在考察期间表现良好，适用暂缓判决的未成年被告人可能被免予刑事处分；而适用缓刑的未成年被告人则是不再执行原判刑罚。即对于暂缓判决表现良好的，其结果是既免其刑又免其罪，而对于缓刑表现良好的，则只免其刑，但仍然保持其有罪的记录。从这个意义上来

---

❶ 谌远知. 暂缓判决制度管窥［J］. 学术交流，2006（10）.

说，暂缓判决有它的积极性。但这一差别可以通过对现有的缓刑制度进行改造来弥补，或者在我国引入前科消灭制度，这样，适用暂缓判决和缓刑制度的法律后果将不存在差别，而缓刑作为刑法明确规定的一项制度，暂缓判决自然没有存在的必要性。

第二，暂缓判决制度的不确定性和非及时性，不利于保护未成年人权益。

虽然暂缓判决在适用的初衷上，是为了从根本上保护未成年被告人的特殊权益，更好地达到教育、挽救未成年被告人的目的，但事实上造成的结果：首先，未成年被告人在知道自己已经犯罪的情况下，在相当长的一段时间内不知道自己将要面对什么样的处罚。这实质上相当于对未成年被告人提前适用了一种不定期刑，被告人不仅不知道自己的刑期，甚至连自己是否会受到刑罚的制裁和适用的刑种都不能确定。不管这种制度在适用的初衷上是多么美好，但其不确定性必将使未成年被告人"丧失预测可能性，对是否受处罚感到不安，于是便不得不广泛地抑制自己的行为，出现刑罚以前的萎缩的效果"❶。其次，由于暂缓判决考察期间未成年被告人的表现将会作为量刑依据，而在当前没有实体法明确规定的情况下，法院自己设置暂缓判决，自己规定考验期内的行为标准，自行收集证据，又自己采信这些证据，无疑给法院留下了广泛的裁量自由，难免造成恣意的、有差别的执行法律，给司法腐败埋下伏笔，难以最终实现保护未成年人权益的目的。最后，在判决之前设置考验期，违背了刑罚的及时性原则，刑罚及时性所具有的公正性——"它减轻了捉摸不定给犯人带来的无意而残酷的折磨，犯人越富有想象力，越感到自己软弱，就越感受到这种折磨"❷——在最需要它的未成年犯罪主体这里丧失了。同时，这种非及时性也容易使未成年❸对犯罪行为和其引起的惩罚后果之间的关联产生错误的理解。因为"犯罪与刑罚之间的时间隔得越短，在人们心中，犯罪与刑罚这两个概念的联系就越突出、越持续，因而，人民就很自然地把犯罪看

---

❶　张明楷. 外国刑法纲要［M］. 北京：清华大学出版社，1999：27－28.

❷　贝卡里亚. 论犯罪与刑罚［M］. 北京：中国大百科全书出版社，1993：56.

❸　不仅仅是未成年被告人自己，也包括其他的未成年人。

作起因，把刑罚看作不可缺少的必然结果。"❶ 这种错误的理解在对未成年人适用免予刑事处分时将会更为明显，因为此时暂缓判决在整个过程中是以"犯罪行为—定罪—考验期的考验—免予刑事处分"的模式出现。在这一模式中只存在一个关于刑的结论，因而朴素的罪刑观念容易使身心发展以及知识储备均不足的未成年人产生这样的想法：犯了罪也不要紧，只要犯罪后好好表现就不至于招致刑的惩罚，即淡化了罪刑之间的关联；要么直接认为自己的行为本身尚未构成"真正的犯罪"，引不起足够的重视。这与在形式上非常相似的缓刑适用完全不同，缓刑的适用过程是以"犯罪行为—定罪—宣告刑—考验期的考验—不予执行原判的刑罚"的模式出现。这一模式中存在着关于刑的两个结论，即宣告刑和不予执行刑罚。这样自然将第一个刑，即宣告刑与前面的罪及犯罪行为紧密地联系在一起，从而能以这种紧密的罪行关系规制自己的行为，无论对特殊预防还是一般预防都具有重要意义。至于后一个刑的结论，即不予执行原判刑罚，则自然直接与考验期的行为相联，是自己在获取宣告刑后实际改造的结果。

第三，暂缓判决制度本身存在的矛盾。

首先，所谓暂缓判决，也就是对于符合条件的未成年人刑事案件，使定罪和量刑相分离，先定罪不判刑，视被告人在考验期内的表现再决定最后的刑罚。但在确定适用暂缓判决的适用对象时，一个最为重要的标准是所判刑罚为 3 年以下有期徒刑或者拘役，有的更是直接表述为宣告刑，如"暂缓判决的适用对象只能针对犯罪时不满 18 周岁的初犯或偶犯，宣告刑为 3 年以下有期徒刑或者拘役，并且对被告人有良好的管教条件的案件"❷。既是暂不判刑，又要以所判刑罚作为前提条件，不能不说是自相矛盾。其次，根据各试点法院的实践，对于暂缓判决考验期满后，对未成年被告人并非只是适用免予刑事处分或者按其原犯罪事实和情节予以判决，而是还存在着从轻或减轻判处实刑以及适用缓刑的情况，那么在后两种情

---

❶ 贝卡里亚. 论犯罪与刑罚 [M]. 北京：中国大百科全书出版社，1993：56 – 57.

❷ 陈光中，汪海燕. 《刑事诉讼法》再修改与未成年人诉讼权利的保障 [J]. 中国司法，2007（1）.

况中，暂缓判刑的考验期能否用来折抵所判的实刑或者缓刑的刑期呢？这些问题从表面上看是缺乏法律的明文规定，实质上则是暂缓判决本身所存在的矛盾。

（四）结论

基于上述的分析，笔者认为在我国刑事司法中引入暂缓判决实属制度重置。针对暂缓判决与缓刑制度相比所具有的对未成年被告人免罪的优点，可以通过对现有的缓刑制度进行改造来弥补。我国《刑法》第72条第1款规定的缓刑通常称为一般缓刑，对于一般缓刑，如果被判刑的犯罪分子在考验期内没有再犯新罪或者没有发现判决宣告前还有其他罪，也没有违反法律、行政法规及有关缓刑的监督管理规定，缓刑考验期满，原判刑罚就不再执行。即只免刑，但仍保留罪的记录。但同时我国《刑法》第449条还规定了战时缓刑，根据该条规定，在战时，对被判处3年以下有期徒刑没有现实危险宣告缓刑的犯罪军人，允许其戴罪立功，确有立功表现时，可以撤销原判刑罚，不以犯罪论处。也就是说在战时缓刑中，符合考验条件的，既免除刑罚又免除其有罪记录。因此，针对未成年犯罪的被告人，可以参考战时缓刑的制度，如果未成年被告人如果在缓刑考验期内没有再犯新罪或者没有发现判决宣告前还有其他罪，也没有违反法律、行政法规及有关缓刑的监督管理规定，缓刑考验期满，也适用既免除刑罚又免除其有罪记录的规定，这样就弥补了上述的不足。但严格的说，我国的前科制度不仅仅影响到未成年被告人的身心发展及回归社会，也同样影响到其他曾经有过犯罪记录的成年犯罪分子。因此，若要从根本上改变有罪记录，即前科对曾经犯罪的人回归社会的不良影响，应该建立我国的前科消灭制度。

第七章

未成年人前科消灭制度研究

前科消灭制度,在刑法理论上属于刑罚执行体系,是指对有前科的人,经过法定程序,宣告注销犯罪记录,恢复正常法律地位的一种制度。实践中,犯罪前科对一个人尤其是未成年人以后的学习、工作、生活会造成广泛持久的影响。许多未成年人因为年少时实施了违法犯罪行为,有的即便情节轻微、罪过不重,而且经教育改造也已痛改前非,但有犯罪前科的不良记录,致使其在求学、就业等方面受到歧视和排斥,难以回归社会,以至于许多人不得已又重新走上犯罪道路,对社会造成极大的危害。因此,对于未成年人犯罪前科制度的研究就显得十分重要。

一、未成年人前科消灭制度概说

(一) 前科的概念

前科也称为刑事污点,对于其定义学界有多种观点,其内涵和外延都没有完全统一,一般认为前科是因犯罪受过有罪宣告或被判处刑罚的事实。

前科的物质载体是司法机关掌握的档案材料,一般的档案材料是对一个人的个人情况以及学习、升学、工作、社会活动等经历进行的详细记录,起着凭证、依据和参考的作用。而前科是司法机关所存留档案材料中的记录，其内容是一个人过去的刑事犯罪行为，这意味着社会对过去的行为作出了否定性的评价。虽然这种否定性评价是基于行为人过去罪行作出的，但是其影响却可能终生伴随，从这个意义上讲，凡是能对一个人未来产生影响的犯罪事实档案都应属于前科的范畴，有学者认为下列情形应被视为前科："（1）人民检察院对公诉案件认为依照刑法规定不需要判处刑罚或者免除刑罚而对其不起诉的；（2）人民法院对被告人定罪判刑的；（3）人民法院对行为已构成犯罪但具有免除刑罚的情节而对其免予刑事处分的；（4）被判处拘役或 3 年以下有期徒刑宣告缓刑的；（5）执行期间予以假释的；（6）根据我国宪法和刑法规定予以特赦的。"❶

前科的载体保留在司法机关，它会对行为人产生几种不利后果，首先，有前科的人在一定条件下可能构成累犯。我国《刑法》第 65 条、第 66 条规定了累犯的构成条件，无论一般累犯还是特别累犯，都是从重处罚情节，并且不得适用缓刑和假释。其次，有前科的人可能构成法定再犯。《刑法》第 356 条规定因走私、贩卖、运输、制造、非法持有毒品罪被判过刑，又犯本节规定之罪的，从重处罚。再次，在新罪的审判过程中前科对法官的心理有一定影响，使法官倾向于作出有罪判决。前科在一定范围内又是酌定的从重情节。最后，在非刑法领域里，前科也会给当事人带来不利后果。《法官法》第 10 条规定曾因犯罪受过刑事处罚的不得担任法官，在检察官法、警察法也有"不得担任检察官""不得担任人民警察"的规定；在《教师法》第 14 条规定：受到剥夺政治权利或者故意犯罪受到有期徒刑以上刑事处罚的，不能取得教师资格；已经取得教师资格的，丧失教师资格。会计法和商业银行法中规定了行为人因特定犯罪行为不得取得会计从业资格证书、不得担任商业银行的高级主管人员；在公司法、医师法、证券法分别设置了因犯相关罪，被判处刑罚，执行期满后一定期间内不得担任公司董事、监事、经理，不予注册医师、不得担任证券交易所的负责人。

前科的存在对行为人有不利影响，但它对于国家机关正常运转具有重要的作用。首先，它是国家机关对过去进行的刑事司法活动的记录，见证

---

❶　赵惠. 论前科消灭制度［J］. 河北法学，2000（5）.

了以往的刑事政策和刑事法律的执行，也是今后制定刑事政策、执行刑事法律的依据。没有前科就没有司法活动的完整历史，它的凭证、依据和参考作用可以保证国家司法机关的正常活动，发现错误时可以采取纠正措施。其次，前科的存在也是维护社会治安的必要。前科是侦查破案工作中可靠的信息来源，有关机关可以根据前科材料中反映出来的一些人员、证据，采取并案侦查等相应的侦查措施，迅速抓获犯罪行为人以维护社会治安。特别是对危害国家安全的犯罪、危害公共安全的犯罪、恐怖活动犯罪、黑社会性质犯罪等严重侵犯公民人身权利的犯罪等，前科在侦查和司法过程中的作用尤其大。再次，前科材料的保留可以给社会公众以提醒，对已经有过犯罪行为的人保持警惕，防止他们从事相关的职业，监督他们不再重新犯罪，也可以督促他们改正错误。最后，对于犯罪者来说，前科中所记录的内容在相当长时间表明了社会的否定性评价，带来的一系列不利后果如不能进入公务员和司法机关、不得从事相关职业等，随时提醒犯罪行为人不能再违法犯罪。同时，这种严厉的后果会告诫社会上有违法犯罪企图的其他人应当遵纪守法，否则会留下一生的污点。

（二）前科消灭制度的概念及其意义

1. 前科消灭的概念和后果

前科材料的保留对国家机器的运行、刑事司法制度贯彻和侦查破案、维护社会治安有很大作用，也有利于给犯罪人施加压力，警钟长鸣。我国前科材料多保留在各级司法机关，同时在行政、民事方面，也都有对"有前科者"加强监控并建立终生犯罪档案的规定，如1994年国家工商行政管理局、民政部、公安部、劳动部、司法部、中共中央社会治安综合治理委员会六部门联合下发的《关于进一步加强对刑满释放、解除劳教人员安置和帮教工作的意见》中规定，劳改劳教单位"向刑满释放、解除劳教人员户口所在地公安机关、接收单位介绍情况，移交有关档案、材料"。我国《刑法》第100条规定："依法受过刑事处罚的人，在入伍、就业的时候，应当如实向有关单位报告自己曾受过刑事处罚，不得隐瞒。"在我国刑法理论界这一制度普遍称为"前科报告"制度。

但前科材料保留以及前科报告也有相当大的负面效应，刑事污点作为一种长时间的否定性评价，会给人的心理产生重大的影响，等于给行为人永远贴上了罪犯的"标签"，使其产生焦虑、担惊受怕甚至是自暴自弃的心理，在工作、学习、婚姻等各方面遭受挫折，不利于其回归社会。所以，便产生了消灭前科以完全除去犯罪行为人身上的"标签"，促使其顺利回归社会的理论。前科消灭制度最早见诸18世纪末的法国、德国刑法中"恢复权利"的规定，这一规定又演变为刑罚领域的"复权制度"和"前科消灭制度"，逐渐为大多数西方国家所接受发展，形成了较为成熟的前科制度体系。❶当今世界许多国家都在其刑法典中或以单行法的形式对这一制度进行了规定。

前科消灭，是指具有前科的人经过法定程序被宣告注销犯罪记录，恢复正常法律地位的一种制度。❷前科消灭，又可称为刑罚失效，或称为注销记录，或称为复权。前科消灭的结果：（1）前科消灭证书或者前科消灭的裁定书等法律文书一旦送达，当事人在司法机关的有罪记录即会被注销，相关人事档案的相应内容记载也被销毁，该前科归于消灭，行为人被视为未曾违法、犯罪，在法律上该行为人将被视同为没有犯过罪和受过刑罚处罚的公民，其因前科而受限或丧失的政治权利、民事权利也得到恢复；（2）前科消灭后，行为人如果重新犯罪，已经消灭的前科不能作为定罪的依据和从重处罚的量刑情节，行为人也不构成累犯和法定再犯；（3）行为人在法律上与其他公民没有区别，应该得到与其他公民同等的社会生活保障，不再遭受否定性的法律评价，在就业、学习、婚姻等各个领域，任何单位或者个人不得以当事人曾经犯罪有前科为由进行歧视和区别对待。

2. 未成年人前科消灭的意义

未成年人求知欲、模仿性、好奇心很强，容易受不良环境、残破家庭、亚文化等消极方面因素的影响而走上犯罪道路，但是他们可塑性又十分强，容易接受教育改造而重新回归正常的成长道路，设定前科消灭制度

---

❶ 沈兵，刘宇. 构建我国未成年人前科消灭制度［J］. 法治论丛，2007（5）.

❷ 于志刚. 刑罚消灭制度研究［M］. 北京：法律出版社，2002：695.

对他们的健康成长具有很重要的意义。

（1）建立未成年人前科消灭制度有利于撕掉未成年犯罪人身上的"犯罪标签"，帮助他们复归社会。

青少年时期是一个人由幼稚向成熟转化的过渡时期，他们在生理上表现出起伏不定的特征，由于文化知识和社会知识相对粗浅，辨别是非善恶及控制自己行为的能力较差，其个性、喜好常常会发生较大的变化。与此同时，中国社会也经历着前所未有的转型时期，在多方面因素影响下，未成年人有时会出现社会观、价值观含混不清的状况，行为单纯盲从，容易受到诱惑产生犯罪行为。在西方犯罪学中，也有把少年犯罪称为"越轨行为"和"疾病少年"的，以明确未成年人与成年犯罪人的不同。

随着其年龄的增长，未成年犯罪人的心理逐渐成熟，自尊心、独立意识、对是非善恶的辨别能力也在增强，逐渐形成自己独立的人格和尊严，对过去的盲从和过错产生深深的悔恨心理，渴望回归社会。但是，曾经被定罪量刑这一前科事实的存在，切断了未成年犯罪人回归社会的道路，断绝了行为人意图彻底悔过自新和回归正常社会生活的希望，使其被社会公众假定为永久的"反社会者"❶。一次次挫折失败的打击，很容易使他们"破罐子破摔"，自暴自弃，逐渐远离社会的监督、教育、管理，感受不到社会的关怀，最终走向颓废、没落，再也无法树立重新塑造人生的信心。❷如果确立了刑事前科消灭制度，能够在一定条件下消除一个未成年人的刑事污点，有利于撕掉"犯罪标签"，未成年人自己可以不再觉得低人一等，从而树立健康向上的心理态度，卸下沉重的包袱，洗心革面重新做人。

（2）建立未成年人前科消灭制度有利于建设我国现代刑事法律制度。

刑事污点消灭制度自国外发展到现在已经为世界上绝大多数国家和地区的刑法制度所采用。法国、英国、德国、瑞士、俄罗斯等许多国家都有前科消灭的相关法律规定，对前科消灭的条件和后果进行了明确规定。

《法国刑事诉讼法典》第 770 条规定："对未满 18 岁的未成年人作出

---

❶ 赵秉志，廖万里. 论未成年人犯罪前科应予消灭——个社会学角度的分析［J］. 法学论坛，2008（1）.

❷ 虞浔. 论我国刑事污点取消制度的建立［J］. 青少年犯罪问题，2011（6）.

的裁判决定，在此种决定作出起 3 年期限届满后，如未成年人已经得到再教育，即使其已经达到成年年龄，少年法庭得应其本人申请、检察机关申请或依职权，决定从犯罪记录中撤销与前项裁判相关的登记卡；经宣告撤销犯罪记录登记卡时，有关原决定的记述不得留存于少年犯罪记录中；与此裁判相关的犯罪记录卡应销毁。"英国颁布专门的《前科消灭法》，规定对未成年人犯罪"处罚记录之注销"的制度。❶

《德国青少年刑法》第四章专章规定"取消刑事污点"，从通过判决的方式取消刑事污点、程序、决定、刑罚或者尚未执行完毕的刑期免除后取消刑事污点、撤销等方面作了颇为详尽的规定。《瑞士联邦刑法典》第 96条第 4 款规定："被附条件执行刑罚的少年在考验期届满前经受住考验的，审判机关命令注销犯罪记录。"❷

《俄罗斯联邦刑法典》第 86 条第 1 款规定："因实施犯罪而被判刑的人，自法院的有罪判决生效之日起至前科消灭或撤销时止，被认为有前科。"俄罗斯联邦总检察院将该条释义为"前科是由于法院因犯罪人实施犯罪而对他判处法律规定的刑罚而造成的该人的法律地位"。从俄罗斯的立法以及苏联学者的论述来看，其所称的前科必需有被法院宣告有罪，并且被判处了刑罚两个要素才能构成。❸

在我国，自古以来刑罚标签根深蒂固，历代统治者在报复惩罚的前提下制定法律，将罪犯通过肉刑、变相肉刑、印记或前科等特殊标记、符号与其他人相区别，达到孤立、羞辱的目的。犯罪标签观念在中国刑罚史中据着根深蒂固的统治地位，正是这种历史，使刑罚标签至今还能够"深入人心"。❹ 我国现行《刑法》不仅未能规定前科消灭，反而在第 100 条规定"依法受过刑事处罚的人，在入伍、就业的时候，应当如实向有关单位报告自己曾经受过刑事处罚，不得隐瞒"，这种前科报告制度，表明了刑法

---

❶　张利兆. 中国检察视野中的未成年人维权［M］. 北京：中国检察出版社，2004：48.

❷　管晓静，张惠芳."未成年人前科消灭"的理论与实践探讨［J］. 山西警官高等专科学校学报，2004（4）.

❸　付强. 前科消灭的概念研究［J］. 当代法学，2011（2）.

❹　赵秉志. 刑罚总论探索［M］. 北京：法律出版社，2003：648 – 649.

对有前科者如实报告犯罪记录的极大重视。❶ 这些根深蒂固的刑罚标签观念，无疑严重阻碍犯罪人改过自新重新回归社会，尤其对未成年人来说更是他们重燃生活信心和希望的巨大包袱。

我国签署的 1984 年《联合国未成年人司法最低限度》第 21 条第 2 款规定"少年罪犯的档案不得在其后的成人诉讼案中加以引用"。同时，该条第 1 款规定："对少年罪犯的档案应严格保密，不能让第三方利用。对只有与案件直接有关的工作人员或其他经正式授权的人员才可能接触这些档案"。这些规定，进一步阐述了对未成年人的犯罪档案保密管理制度。遵守国际司法规则，履行国际司法义务，尽快建立完善我国未成年人前科消灭制度，与国际司法接轨，成为我国法律发展的必然，也是我国顺应世界刑事立法潮流，建设现代刑事法律制度的重要一环。

可喜的是，2011 年全国人大常委会通过的《刑法修正案八》在刑法第 100 条中增加一款作为第 2 款："犯罪的时候不满十八周岁被判处五年有期徒刑以下刑罚的人，免除前款规定的报告义务。"经过修正的现行《刑事诉讼法》第 275 条规定：犯罪的时候不满 18 周岁，被判处 5 年有期徒刑以下刑罚的，应当对相关犯罪记录予以封存。犯罪记录被封存的，不得向任何单位和个人提供，但司法机关为办案需要或者有关单位根据国家规定进行查询的除外。依法进行查询的单位，应当对被封存的犯罪记录的情况予以保密。这些规定，对我国建立未成年人前科消灭制度，迈向现代刑事法律制度具有重要的意义，是值得称道的。

（3）建立未成年人前科消灭制度有利于保障未成年人的权利，促进未成年犯罪人在服刑期间积极改造。

根据古典刑事学派的观点，通过刑罚对犯罪人的惩罚可以达到对犯罪人的报应、谴责。贝卡利亚认为"犯罪只有能用刑罚来抵偿"❷。边沁把刑罚分为 11 个类型，其中表征刑可以通过其生动的形象容易地想起罪行，如对伪造犯把"伪造"一词印在罪犯前额上，在其双颊印上一枚货币图案，

---

❶ 赵秉志. 刑罚总论探索［M］. 北京：法律出版社，2003：640.
❷ 吴宗宪. 西方犯罪学史［M］. 北京：警官教育出版社，1990：50.

打上永久性烙印。❶ 康德认为："使用刑罚除了对犯罪人的犯罪加以报应之外，不能有任何别的目的或考虑，不能把刑罚当作实现其他目的的手段或工具。"❷ 刑事实证学派不满足于古典学派的报应刑思想，把研究的重点放在犯罪人身上，菲利提出了犯罪 3 原因素，即人类学因素、自然因素和社会因素。李斯特认为，刑罚的目的不仅仅在于预防犯罪更在于改造和教育犯人，刑罚作用出现了随着社会进步而递减的规律性现象。刑法发展到现代，刑罚追求执行方式的宽容、人道、文明，把目标放在改造、教育犯罪人上，"轻刑化""非刑罚化""非犯罪化"的趋势十分明显。尤其是对社会弱势群体如未成年犯人，应当实行特殊保护，通过各种措施尊重、改造、完善行为人的人格，促进其向上向善。

目前我国学界已基本达成共识：我国刑罚的目的不在于惩罚；刑罚不再以消灭犯罪为目的；刑罚的目的在于预防犯罪。❸ 所以，在刑事法律中明确规定未成年犯罪人的前科记录在一定情况下可以消灭，能有效地恢复其人格尊严，给未成年犯罪人以向善的推动力，使未成年犯罪人明确得知只要认真服刑积极悔过，前科记录在符合条件时就会被消灭，未成年犯罪人将会感受到社会的温暖，减轻的心理负担，积极接受刑罚惩罚，从而实现刑罚教育改造预防的功能。

二、我国建立未成年人前科消灭制度的理论争议和司法实践

严格来说，我国目前生效适用的法律体系中没有规定前科消灭制度，《刑法修正案（八）》对第 100 条第 2 款的规定仍然属于前科报告制度的免除而已，我国《刑法》理论界对于应否建立未成年人前科消灭制度存在不同的意见。一种意见支持建立未成年人犯罪前科消灭制度，另一种则持反对意见。

---

❶　吉米·边沁. 立法理论——刑法典原理. 孙力，等，译. 北京：中国人民公安大学出版社，1993：82.

❷　吴宗宪. 西方犯罪学史 [M]. 北京：警官教育出版社，1990：93.

❸　杨春洗，杨敦先. 中国刑法论 [M]. 北京：北京大学出版社，2001：133 – 140.

　　支持论者的论点为：（1）未成年人前科消灭符合人道主义精神。❶
（2）未成年人前科消灭制度有利于未成年人回归社会。❷（3）未成年人前
科消灭制度是去掉贴在未成年犯身上的犯罪"标签"的一剂良药。❸（4）未
成年人前科消灭制度有利于刑罚最终目的的实现。❹（5）未成年人前科消
灭制度符合刑罚趋轻原则。❺（6）未成年人前科消灭制度符合国际潮流。
否定论的观点为：❻（1）未成年人前科消灭治标不治本。（2）未成年人前
科消灭有违刑法的基本原则。（3）未成年人前科消灭不得将所有档案都
销毁。

　　我们认为，未成年前科消灭制度建设是值得重视的。对于未成年犯罪
人来说，从总体政策上我国历来把教育、感化、挽救放在很重要的位置，
如《未成年人保护法》第54条规定：对违法犯罪的未成年人，实行教育、
感化、挽救的方针，坚持教育为主、惩罚为辅的原则。《预防未成年人犯
罪法》第44条规定：对违法犯罪的未成年人追究刑事责任实行教育、感
化、挽救的方针，坚持教育为主、惩罚为辅的原则。第48条规定："依法
免予刑事处罚、判处非监禁刑罚、判处刑罚宣告缓刑、假释或刑罚执行完
毕的未成年人，在复学、升学、就业等方面与其他未成年人享有同等权
利，任何单位和个人不得歧视。"这些条款确认了未成年犯罪人在回归社
会后，其前科不应当作为其复学、升学、就业的障碍，所以说我国建立未
成年人前科消灭制度是有着一定的法律基础的。

　　然而在有关未成年人保护法律之外的一些法律制度，却对前科消灭的
意义认识不足，忽略了刑罚的感化、挽救和对犯罪人的再社会化改造功
能，未成年人一旦犯罪，在没有前科消灭制度的前提下就终身成为具有刑
事污点的人，如果再犯新罪即会适用刑法上规定的累犯、法定再犯，即使
不适用符合累犯和法定再犯的条件，其前科也必定作为对未成年人从重处

❶ 房清侠. 前科消灭制度研究［J］. 法学研究，2001（4）.
❷ 党建红. 前科消灭制度研究［J］. 河北法学，2006（3）.
❸ 吴宗宪. 西方犯罪学史［M］. 北京：警官教育出版社，1997：719.
❹ 赵慧. 论前科消灭制度［J］. 河北法学，2000（5）.
❺ 柴建国，等. 关于我国未成年人前科消灭制度若干问题的探讨［J］. 河北法学，2003（3）.
❻ 翁跃强，等. 未成年人刑事司法程序研究［M］. 北京：中国检察出版社，2010：268.

罚的一个酌定量刑情节，不利于青少年的悔过自新和回归社会。另外，前科对民事、行政权益有巨大的影响，可以引起未成年人某种资格和权益在一定期间或永久性受到限制或剥夺。

在我国，由于没有明确的立法支撑，相当程序上影响了对未成年犯罪人的教育、挽救，在理论探索和实践需要双重呼唤下，有的地区司法机关对前科消灭提出了一些具体性的做法。如 2003 年 12 月，河北省石家庄市长安区法院提出了建立未成年人犯罪前科消灭制度的方案，并提出了具体措施——《"未成年人前科消灭"实施办法》。该办法针对已满 14 周岁不满 18 周岁实施了犯罪并被判处刑罚且刑罚已执行完毕的人，由原审人民法院对犯罪人在服刑期间、服刑期满后的悔过表现，是否达到了遵纪守法不致再犯新罪等项进行考核、调查，经法院审查通过后，对申请人作出决定撤销前科裁定，为申请人出具前科消灭证明书。此时，该未成年人的前科归于消灭，视为未曾犯罪，并依法恢复其先前的法律地位。但对构成"累犯"的，不能取消其前科，对虽然是偶犯、初犯，但性质较为严重，也不在"消灭"之列。❶

2007 年，四川彭州法院启动《少年犯"前科消灭"试行方案》，为轻刑、缓刑、免予起诉的少年犯撕掉"犯罪人"标签，使其在今后就业、升学、生活上不受"前科"阴影的拖累。2007 年，青岛市综治委、市中级人民法院和教育局等联合下发《关于落实被判处非监禁刑的未成年人复学、升学问题的意见》，规定在升学时或继续就学期间表现较好的，可在档案中不记录前科劣迹。2009 年，山东乐陵市法院等 11 个部门联合下发文件，规定对于处刑在 3 年以下有期徒刑、拘役、管制、单处罚金、免除刑罚的未成年人，在刑罚执行完毕后其前科自然消灭，本人或家人提出申请的可以发放《前科消灭证明书》。❷

---

❶ 高亚男. 未成年人犯罪前科消灭制度研究［J］. 中国刑事法杂志，2009（1）.

❷ 赵香如，吴立国. 论宽严相济刑事政策下的前科消灭制度［J］. 武汉理工大学学报，2011（4）.

三、我国未成年人前科消灭的制度建构

前述基层司法实践经验具有重要的意义，对于我国前科消灭制度的立法工作起到了巨大的推动作用。《刑法修正案（八）》在《刑法》第100条中增加一款作为第2款："犯罪的时候不满十八周岁被判处五年有期徒刑以下刑罚的人，免除前款规定的报告义务。"现行《刑事诉讼法》第275条也规定：犯罪的时候不满18周岁，被判处5年有期徒刑以下刑罚的，应当对相关犯罪记录予以封存。犯罪记录被封存的，不得向任何单位和个人提供，但司法机关为办案需要或者有关单位根据国家规定进行查询的除外。依法进行查询的单位，应当对被封存的犯罪记录的情况予以保密。

我们认为，我国现行《刑法》第100条的规定表明有犯罪前科的人具有向相关单位报告前科的一项法定义务，是与前科消灭制度不相符合的。我国《刑法修正案（八）》第100条第2款规定免除报告义务，具有一定积极意义。同时，《刑法修正案（八）》对《刑法》第65条进行了修改，规定：被判处有期徒刑以上刑罚的犯罪分子，刑罚执行完毕或者赦免以后，在5年以内再犯应当判处有期徒刑以上刑罚之罪的，是累犯，应当从重处罚，但是过失犯罪和不满18周岁的人犯罪的除外，说明未成年人有犯罪前科又有新的犯罪行为的不构成累犯。《刑法修正案（八）》实施后，又施行了新的《刑事诉讼法》，可以说向着前科消灭制度更进了一步，明确规定对相关犯罪记录予以封存，不得向任何单位和个人提供，坚持对未成年犯罪人"教育、感化、挽救"的方针和"教育为主、惩罚为辅"的原则。

这些规定，标志着初步构建了我国前科消灭制度，在实施条件上有以下几个特点：一是不需要经过一定期限，只要有罪判决一经下达，就符合了前科消灭的条件；二是不需要判定未成年人是否已经得到再教育，或者未成年人是否已经真诚悔改；三是针对的是被判处5年有期徒刑以下刑罚的犯罪人。

但是，现行的《刑事诉讼法》规定的前科消灭又有以下不足之处。

一是以上法条中规定的前科封存具有前科消灭的性质，但它与档案的消除与销毁还是不同的，有的学者认为只要严格执行封存制度，则"封存"与"销毁"没有多大区别，其实两者还是有一定差别的。

二是以上规定仅针对被判处5年有期徒刑以下刑罚的未成年人，其范围过于狭窄。

三是现行《刑事诉讼法》仅仅规定了对相关犯罪记录予以封存，但封存的程序并没有规定，且没有规定向其单位和个人提供的后果是什么，依法进行查询的单位没有对犯罪记录予以保密的后果是什么，制度设计上仍然稍显粗疏，这都需要国家司法机关进一步加以解释。

四是现行《刑事诉讼法》中还规定："依法进行查询的单位，应当对被封存的犯罪记录的情况予以保密。"对于哪些单位可以进行查询，我们认为，结合《刑法修正案（八）》和《刑事诉讼法》对未成年犯罪人教育、改造、挽救的精神，未成年犯罪人的前科不能作为累犯从重处罚的根据，也不能作为酌定从重的量刑情节，因此只有在侦查机关为了侦破案件需要进行查询外，其他机关不能进行查询。

我国的国情是地域广、人口多、流动性强，在社会转型时期各种利益分配不平衡，各类刑事犯罪处于上升时期，刑事案件侦破难度大，且由于行政机关社会控制效率较低，因此，完全销毁刑事犯罪前科档案，确实会给国家司法机关打击刑事犯罪以及确保社会安全带来一定难度。但是，未成年人受前科限制而不能完全回归社会的问题确实较为突出，希望国家立法能更进一步，确立完全意义上的前科消灭制度。

我们认为，将来我国前科消灭制度应当包含以下几点内容。

（一）未成年人犯罪前科消灭的条件

目前世界各国对未成年人前科消灭的条件情况不一，一种是规定只要刑罚执行完毕或者赦免后，前科自动消灭。如《日本少年法》第60条规定："少年犯刑期执行完毕或免予执行，适用有关人格法律的规定，在将来得视为未受过刑罚处分。"❶ 二是规定只要未成年人已经成年，前科自动

---

❶ 高亚男. 未成年人犯罪前科消灭制度研究 [J]. 中国刑事法杂志，2009 (11).

消灭。如《澳大利亚青少年犯罪起诉法》规定：警方对未成年人的犯罪不能保留到其成年之后，18 岁后必须销毁，以便使其以无罪记录的身份进入社会，过正常人的生活。若被法院无罪释放的，该青少年犯罪的一切案件档案材料，也必须销毁。❶ 三是规定经过一定的时间后才能进行消灭。《瑞士联邦刑法典》第 96 条第 4 款规定："被附条件执行刑罚的少年在考验期届满前经受住考验的，审判机关命令注销犯罪记录。"《法国刑事诉讼法典》第 770 条规定："对未满 18 岁的未成年人作出的裁判决定，在此种决定作出起 3 年期限届满后，如未成年人已经得到再教育……有关原决定的记述不得留存于少年犯罪记录中；与此裁判相关的犯罪记录卡应销毁"。❷

我们认为，建立我国完善的未成年人前科消灭制度，应当规定所有未成年犯罪人的前科只要在具备以下条件的情况下，得以完全销毁，以利于未成年犯罪人放下包袱回归社会：

（1）刑罚已经执行完毕，并经过一定的考验期。

（2）罪错未成年人确有悔改表现。比如在刑罚执行期间或者考验期间内没有再次故意犯罪；或者在考验期内能够尽力参与社区服务等公益活动，或者行为人有阻止他人重大的犯罪活动中舍己救人等突出表现的情况。

（二）未成年人犯罪前科消灭的程序

1. 申请主体

有资格申请撤销成年人前科的人较为单一，限定为被判刑的本人，基于未成年人自我维权能力差等特点，各国刑法典对于申请人的范围设置较为宽松，如德国少年刑法规定法官可依职权、被判刑的少年本人，监护人或法定代理人申请、检察官申请、少年法官帮助机构的代表申请，均可宣布消除前科记录。申请人多样化使得未成年人前科消灭问题更受关注，利于其早日恢复正常法律地位。❸ 我们认为，在我国可经被判刑的未成年本

---

❶ 张利兆. 中国检察视野中的未成年人维权 ［M］. 北京：中国检察出版社，2004：49.

❷ 张利兆. 中国检察视野中的未成年人维权 ［M］. 北京：中国检察出版社，2004：48.

❸ 于志刚. 刑罚消灭制度研究 ［M］. 北京：法律出版社，2002：721.

人，或其父母或其他监护人可以提出申请，没有其他监护人的可以由检察机关提出申请。申请应当撰写申请书，写明被申请消灭的前科情况、事实和理由，还可提交未成年人服刑期或考验期悔改表现、实际表现等证明材料。

2. 管辖

前科消灭应当由作出终审判决的审判机关管辖，审判机关对未成年人的服刑情况及刑满释放后情况有条件进行全面的了解。

3. 前科消灭的审批和裁定

进行调查之后，审判机关认为符合条件的可作出撤销前科的裁定，当事人应当有申请复议的权利。

4. 未成年人前科消灭的法律后果

未成年人前科消灭制度的适用所要实现的效果在于消除因前科而可能引起的一切不利影响。一是其罪刑记录一并注销，犯罪事实不得对社会公开，不得在户籍、学生、人事等各种档案中载明；第二，前科报告义务得以免除，行为人在入伍、就业等情况下无需汇报自己曾经的犯罪和刑罚情况，不得以行为人曾有过犯罪行为为由在同等条件下对行为人有就业歧视。适用于未成年人的前科消灭不应当是虚拟消灭或者虚假消灭，也不是可以恢复的暂时消灭，而是一种永久性的消灭，因而在任何情况下前科均不存在。❶

---

❶ 于志刚. 刑罚消灭制度研究［M］. 北京：法律出版社，2002：724.

第八章

我国未成年人刑事司法改革

近年来，我国借鉴西方少年司法制度的成功经验，引入恢复性司法理念，对刑事和解、社区矫正、缓起诉制度、酌定不起诉制度及少年法庭（法院）制度进行了大胆的尝试，引起理论上的热烈讨论。缓起诉制度和酌定不起诉制度在第三章已经详细论述，本章不再论述。以下仅就刑事和解、社区矫正和少年法庭等制度加以研究。

一、未成年人刑事和解制度

随着全球恢复性司法运动的发展，刑事和解制度在我国逐渐引起了人们的关注，人们对刑事和解制度的探讨、研究日渐深入，并在一些地区付诸司法实践，有力地推进了刑事司法制度的发展。

（一）刑事和解概述

关于刑事和解的概念有不同理解，有的认为刑事和解是在犯罪发生后，经由调停人（通常是一名社会志愿人员）的帮助，使被害人与加害人直接商谈、解决刑事纠纷，其目的是恢复被加害人所破坏的社会关系、弥补被害人所受到的伤害以及恢复加害人与被害者之间的和睦关系，并使加害人改过自新、复归社会。❶ 有的认为，刑事和解是指控辩双方在刑事诉讼过程中，通过对话和协商，就刑事纠纷的解决达成一致意见，从而终结诉讼，不再将案件移交法庭审判的活动。❷ 刑事和解是一种以协商合作形式恢复原有秩序的案件解决方式，它是指在刑事诉讼中，加害人以认罪、赔偿、道歉等形式与被害人达成和解后，国家专门机关对加害人不追究刑事责任、免除处罚或者从轻处罚的一种制度。❸

　　以上概念论述重点各有不同，但都包含以下几个要素：一是自愿，双方当事人自主决定是否进行和解，就权利义务等内容进行协商；二是修复，加害人以口头或书面的形式承认过错、致歉，认可自己的行为给被害人带来了不当损害，并用自己的实际行动弥补被害人的损失；三是和解，被害人能够就犯罪事实向犯罪行为人叙说其所受伤害，能够叙说委屈、提出疑惑，以宣泄积压的愤怒情感，并接受犯罪行为人的悔悟；四是加害人的刑事责任得以免除或者减轻，得到改过自新、复归社会的机会。"被害人与加害人通过刑事和解这种契约形式达成相互的谅解、同情和经济赔偿，最大限度地实现被害人损害恢复和公共利益的保护。刑事契约是刑事和解最本质的所在。"❹

　　刑事和解与恢复性司法、刑事调解、辩诉交易有着密切关系，但又有明显的区别，不可混为一谈。

　　（1）恢复性司法，是对犯罪行为作出的系统性反应，它着重治疗罪行给被害人和社会所带来的或者引发的伤害，以恢复原有社会秩序为目的，和解（被害人与犯罪人之间）、协商（由被害人、犯罪人及其他人参加）、圆型会谈（由被害人、犯罪人及多方参与）逐渐被认为是恢复性司法的三种主要表现形式。❺ 恢复性司法旨在建立一个犯罪嫌疑人和被害人对话状态的模式，尽可能地将被破坏的社会关系恢复到犯罪前的状态，强调广泛

---

❶　马静华. 刑事和解制度论纲 [J]. 政治与法律，2003（4）.
❷　卞建林，封利强. 构建刑事和解的中国模式——以刑事谅解为基础 [J]. 政法论坛，2008（6）.
❸　陈光中，葛琳. 刑事和解初探 [J]. 中国法学，2006（5）.
❹　马静华. 刑事和解制度论纲 [J]. 政治与法律，2003（4）.
❺　丹尼尔·W. 凡奈思. 全球视野下的恢复性司法 [J]. 南京大学学报：哲学·人文科学·社会科学版，2005（4）.

的主体参与性、案件处理程序的人性化和公正性、化解矛盾的根本性。恢复性司法和刑事和解既有联系也有区别，学者认为，刑事和解是恢复性司法理念的具体制度化，刑事和解是在恢复正义理念指导下的一种司法模式，即刑事和解是恢复性司法的具体内容。但从理念层面说，恢复性司法产生在前，刑事和解出现在后。刑事和解仅仅表现为制度的层面，而恢复性司法不仅表现为一种制度，而且表现为一种理念。刑事和解具有单一性，恢复性司法的模式远比刑事和解的模式丰富。❶"因此，在构建我国刑事和解制度时，可以吸收西方恢复性司法理论与实践的有益经验，但这并不能泯灭二者源头上的差异。"❷

（2）刑事调解，是指在国家司法机关工作人员的参与主持下，犯罪行为人和被害人共同协商解决矛盾。刑事调解仅适用于审判阶段，强调有关工作人员的主持，在分清事实和责任的情况下，引导、促使双方当事人达成谅解。而刑事和解一般情况下可以适用于从侦查到执行的刑事诉讼的所有阶段，在调停人的帮助下，被害人可以与加害人直接商谈，国家机关处于相对消极的地位。

（3）西方国家刑事诉讼中的辩诉交易，又称答辩交易、辩诉协商或辩诉谈判，是指在法官开庭审理之前，作为控诉方的检察官和代表被告人利益的辩护律师进行谈判，以控诉方撤销指控、降格指控或要求法官从轻判处刑罚为条件，换取被告人的认罪答辩。❸辩诉交易的主体是检察官和被告人，交易的内容为被告人的罪责。与刑事和解中被害人的亲自参与不同，辩诉交易中被害人不参加辩诉交易，检察官也不征求被害人的意见。辩诉协议达成后，法院在形式上确认双方协商内容，不再对案件进行实质审判，对控方而言免去了承担的指控、举证责任和败诉风险，并节省了有限的司法资源。辩诉交易在西方是有极大争议的一项诉讼制度，反对者不在少数。而刑事和解的参加主体是被害人和加害人，被害人向犯罪行为人叙说其所受伤害的委屈或疑惑，接受犯罪行为人的真诚悔悟并表示宽恕，

---

❶ 吴立志. 论刑事和解与恢复性司法的关系［J］. 学术论坛，2012（2）.

❷ 陈光中，葛琳. 刑事和解初探［J］. 中国法学，2006（5）.

❸ 宋英辉. 刑事和解制度研究［M］. 北京：北京大学出版社，2010：43.

弥补、恢复加害人与被害人之间的和睦关系。

（二）国际刑事和解实践

刑事和解近年来在西欧、北美数十个国家得到不同程度的发展和应用，其中蕴含着西方国家刑事思潮和法律价值观的变化。

近代刑法发展过程中，报应刑向教育刑的转变体现了对被告人权利的保障，强调对犯罪人的矫治、改善，尊重犯罪人人格、实行个别化处遇，引入了缓刑、假释、保安处分等制度。然而在此转变过程中被害人的权利却遭到忽视，成了刑事司法制度中"被遗忘的人"。"二战"以后，被害人学研究蓬勃兴起，提出不能只强调保护罪犯的人权，也应当加强对被害人的权利保障，被害人在刑事公诉程序中的地位应当得到提升。1957 年英国的改革者 Margery Fry 感到在刑事司法过程中不应无视被害人，因此提出应赔偿被害人，并着力于罪犯与被害人的和解。❶ 这一观点导致了被害人学的诞生，各国开始重新反思被害人与犯罪、诉讼以及国家的关系，在立法上采取补救措施。刑事和解，以被害人亲自参与、自主决定是否和解，体现了主体的意愿。学者认为，刑事契约是刑事和解最本质的所在，个人本位与刑事契约是刑事和解的理论本源。❷

传统报应刑理论要求有罪必罚、有罪必诉，"二战"以后，西欧、北美国家进行了一场刑罚改革运动，开始转向"行刑社会化"，不让罪犯入狱而是在不脱离正常社会环境的条件下进行人格的重塑，这样刑事和解就有了实行的基础。在和解理论的理解中，以刑罚为基本实现方式的传统刑事责任的履行对很多犯罪人而言是无谓的痛苦，对被害人和社区而言也没有现实意义。因为，刑罚对既往的物质损失和精神损害没有任何弥补价值，被害人和社区未能从犯罪人的责任履行中获得现实的权益，因此他们也就不可能真正地原谅犯罪人，并接受他回归到社区中间。在"刑事和解"的理解中，刑事责任的承担方式除了刑罚之外，还存在一种更为积

---

❶ 刘凌梅. 西方国家刑事和解理论与实践介评［J］. 现代法学，2001（2）.

❷ 马静华. 刑事和解制度论纲［J］. 政治与法律，2003（4）.

极、更有意义的可能选择。❶

英美法系国家的"被害人—罪犯和解模式"（Victim – OffenderMedi-ation，VOM）刑事和解形式始于 1974 年加拿大安大略省基其那。1974 年 5 月，在基其那北部的埃尔迈拉小镇，警察正在进行突袭搜捕破坏公共财物者的活动，两个未成年人被捕，并且承认犯罪。法官签发了 1 个月的还押期命令，让罪犯与被害人见面，并且对损失作出评估。罪犯确实照做了，一个月以后法官判处两名罪犯罚金与缓刑，以及将支付给被害人赔偿作为缓刑的条件。缓刑监督官思考并完善这一程序，最后发展为"被害人—罪犯和好方案"。加拿大的基其那试验导致了北美第一个 VOM 项目建立后，该项目扩散至加拿大的其他 20 多个司法辖区。随后 VOM 模式传播到美国。20 世纪 80 年代，VOM 模式经由美国传播至英国，1989 年澳大利亚也开始出现 VOM 和解项目。❷

法国的刑事和解是从"刑事指令"的基础上发展而来，刑事和解是指检察院（共和国检察官）在提起公诉之前与犯罪行为人就公诉进行（辩诉）交易的一种特别形式，刑事和解适用于被追诉人认罪的轻罪案件，刑事和解以控辩双方达成协议为必要条件。显然，此类刑事和解是实现非刑罚化的途径之一，公诉机关通过与被追诉人对话和协商而放弃追诉，体现出来的是国家对犯罪人的宽宥。❸

英国的刑事和解制度主要运用于对少年犯罪案件的处理，执法官员与少年犯罪人进行面谈并获得对罪行的承认，征询其积极回应后召集犯罪嫌疑人的父母及被害人进行集体讨论，在讨论会中执法官员对双方的主张进行调和、折中，形成一个双方均可接受的赔偿方案。一旦达成协议，执法官员将不再将少年犯罪人送交法庭审判。德国是规定刑事和解制度最为全面的国家，其少年法院法、刑法典、刑事诉讼法典从不同角度明确规定了刑事和解的具体内容。德国 1990 年少年刑事法明确规定了刑事和解是一种

---

❶ 杜宇. 刑事和解与传统刑事责任理论［J］. 法学研究，2009（1）.

❷ 朱立恒. 英美刑事和解探析——以 VOM 模式为中心的考察［J］. 环球法律评论，2010（2）.

❸ 卞建林，封利强. 构建刑事和解的中国模式——以刑事谅解为基础［J］. 政法论坛，2008（6）.

刑事转处措施，少年犯与被害人的和解是法官可以科处的教育处分措施。1998 年少年刑事法补充规定：少年犯与被害人的和解是法官可以科处的教育处分措施；如果已执行教育处分，检察官认为无科处少年刑罚之必要的可免予追诉，法官则可终止诉讼程序。❶

上述西方主要国家的刑事和解运行模式各有特色，其适用对象主要是少年犯罪人，其目的是对轻罪案件的少年加害人能够以刑罚替代手段进行处理，少年加害人可以更加自然地实现再社会化。

（三）未成年人案件引入刑事和解的意义

当前，未成年人犯罪逐年增加，犯罪严重低龄化，而刑事和解就预防对象而言特别关注对未成年人犯罪的预防，采用刑事和解手段侧重对少年犯罪人进行保护和矫正，可谓具有非常明显的优点。

1. 刑事和解有利于未成年犯罪人的教育改造

在针对未成年人犯罪案件处理上，从惩罚主义向保护主义发展是一个普遍的趋势，具体实行的措施有不起诉制度、缓刑制度、恢复性司法等，而刑事和解也是一种较为有利的措施。

一方面，同意和解并与被害人达成和解协议的未成年罪犯不必进入刑事诉讼程序或被判处短期监禁刑，甚至不被判处监禁刑，这符合现代刑法的谦抑性要求。而对于未成年罪犯来说，以轻刑代替重刑，以民事或行政手段代替刑事处罚就更具有必要性和重要性。❷ 实行和解可以克服将未成年人关押在监狱或劳动场所导致"交叉感染"的缺陷，其做法使未成年犯罪人实现再社会化的难度就小了一些。另一方面，一般情况下犯罪人在案件发生后会招致被害人社区的怨恨，通过刑罚处罚后也很难回归社会，而和解的过程是被害人与犯罪人协商讨论的过程，未成年犯罪人，只要能真诚悔悟、积极赔偿、消除危害后果，一般情况下都能得到被害人的原谅。

2. 刑事和解有利于被害人权益的维护

在以犯罪人为本位的刑法理念下，被害人的地位被边缘化，往往沦为

---

❶ 向朝阳，马静华. 刑事和解的价值构造及中国模式的构建［J］. 中国法学，2003（6）.
❷ 徐美君. 未成年罪犯与被害人的和解［J］. 中国刑事法杂志，2006（4）.

协助支持公诉的证人，被害人利益被"正义"的国家利益替代，其个人权利长期受到漠视。刑事和解制度则给予被害人维护权益的主动权，"它颠覆了我们长久以来坚持的信念，使我们的视点从抽象的统治秩序和国家利益回到了活生生的、具体的被害个体及其利益"❶。特别是未成年犯罪案件中，被害人与未成年犯罪人直接对话，叙说被不法侵害的痛苦，"这种交流有助于减轻被害人的焦虑与仇恨，尽快恢复心理与情绪，从被害的阴影中解脱出来。而且赔偿协议是一个双方合意的结果而不再是传统司法模式下的强制判决，犯罪人的积极履行保证了被害损失的及时修复"❷。

3. 刑事和解有利于提高诉讼的效率

刑事和解能够提高个案诉讼效率，使案件不再通过刑事诉讼程序解决当事人冲突，而是被害人与加害人直接商谈协商解决刑事纠纷，实现了案件的繁简分流，减少了法院、监所和看守所等机关的工作压力和人财物的大量投入，也减少了因上诉、申诉、重新犯罪等带来的成本支出，有利于整体上节约司法资源。❸

（四）我国未成年犯罪人刑事和解制度设计

在我国，目前对未成年人犯罪也采取了多种刑事措施，但由于未成年犯罪人被集中关押教育，交叉感染性强，总体上成效不大，青少年缓刑、减刑、假释、刑满释放后的再犯率也较高。从刑事司法政策的角度考量，刑事和解具有独特的功效，我国应吸收域外法治发达国家的成功经验，构建我国未成年人犯罪刑事和解制度。

1. 我国未成年犯罪刑事和解的必要性

首先，我国目前未成年人刑事犯罪案件持续攀升，社会治安问题突出。司法机关在处理未成年人犯罪案件中，也在探索非刑罚化措施，如不

---

❶ 杜宇. 犯罪观的"交锋"："刑事和解"与传统犯罪理论［J］. 浙江大学学报：人文社会科学版，2010（2）.

❷ 黄烨. 我国引入刑事和解制度的可行性及价值评析［J］. 信阳师范学院学报：哲学社会科学版，2008（1）.

❸ 宋英辉，等. 我国刑事和解实证分析［J］. 中国法学，2005（5）.

起诉、缓刑等措施，这些措施可以避免将未成年犯罪嫌疑人投入监狱导致"交叉感染"。但这些措施仍然没有重视被害人利益的保护，而通过刑事和解可使受害人得到补偿，对犯罪的未成年人及其家属也是一种压力，具有一定的合理性。

其次，从刑事和解犯罪对象类型考虑，未成年人犯罪案件是最理想的选择。案件用和解处理未成年人刑事，可以有效地达到预防其再犯罪的目的。如湖南检察机关办理的刑事和解案件中，未成年人犯罪案件 1023 起，在校学生获从轻处理后回学校继续实现就学目的的达 96%，在校表现好的达 100%，成绩明显提高的达 86%，因从轻处罚参加高考并考上大学就读的 37 人。❶

最后，在未成年人犯罪案件中实行刑事和解符合非刑罚化的国际趋势。《联合国关于在刑事事项中采用恢复性司法方案的基本原则》第 6 条规定，在不违反本国法律的情况下，恢复性司法方案可在刑事司法制度的任何阶段使用。《北京规则》第 11 条规定，应酌情考虑在处理少年犯时，尽可能不提交……主管当局正式审判；第 18 条规定，少年司法中以补偿和赔偿作为监禁的替代措施；第 19 条规定，把少年投入监禁机关始终应是万不得已的处置方法，其期限应是尽可能最短的必要时间。

总之，刑事和解已成为世界许多国家刑事法律政策的重要内容，我国刑事法律也应在未成年人刑事犯罪领域迅速加以实践。我国刑事司法制度对未成年犯罪人的刑事和解有一些探索性的规定。如 2006 年《未成年人刑事案件规定》第 21 条规定："对于未成年人实施的轻伤害案件、初次犯罪、过失犯罪、犯罪未遂的案件以及被诱骗或者被教唆实施的犯罪案件等，情节轻微，犯罪嫌疑人确有悔罪表现，当事人双方自愿就民事赔偿达成协议并切实履行，符合刑法第 37 条规定的，人民检察院可以依照刑事诉讼法第 142 条第 2 款的规定作出不起诉的决定，并可以根据案件的不同情况，予以训诫或者责令具结悔过、赔礼道歉。"该规定第 13 条第 2 款还规定："对于罪行比较严重，但主观恶性不大，有悔罪表现，具备有效监护条件或者社会帮教措施，不具有社会危险性，不会妨害诉讼正常进行，犯

---

❶　吴建雄. 检察工作科学发展机理研究［M］. 北京：中国检察出版社，2009：200.

罪后能够如实交代罪行，认识自己行为的危害性、违法性，积极退赃，尽力减少和赔偿损失，得到被害人谅解的未成年犯罪嫌疑人，可以依法不予批准逮捕。"这些规定都具有未成年犯罪人和被害人协商和解的性质。

2. 当前刑事和解立法分析

现行《刑事诉讼法》在第五编新增加了一章，即当事人和解的公诉案件诉讼程序，其主要内容有以下几个特点。

一是明确了刑事和解的适用案件范围，即对于因民间纠纷引起，涉嫌《刑法》分则第四章、第五章规定的犯罪案件，可能判处3年有期徒刑以下刑罚的；除渎职犯罪以外的可能判处7年有期徒刑以下刑罚的过失犯罪案件可以适用刑事和解，但犯罪嫌疑人、被告人在5年以内曾经故意犯罪的不适用。

二是明确了适用条件，即犯罪嫌疑人、被告人真诚悔罪，通过向被害人赔偿损失、赔礼道歉等方式获得被害人谅解，被害人自愿和解的，双方当事人可以和解。

三是在程序上，如果双方当事人和解的，公安机关、人民检察院、人民法院应当听取当事人和其他有关人员的意见，对和解的自愿性、合法性进行审查，并主持制作和解协议书。

四是明确了刑事和解的结果，对于达成和解协议的案件，公安机关可以向人民检察院提出从宽处理的建议。人民检察院可以向人民法院提出从宽处罚的建议；对于犯罪情节轻微，不需要判处刑罚的，可以作出不起诉的决定。人民法院可以依法对被告人从宽处罚。

我们认为，我国新《刑事诉讼法》明文规定刑事和解制度，证明我国刑事诉讼制度吸收了这种新型的刑事案件处理机制，对于妥善化解社会矛盾、积极解决社会纠纷、促进社会稳定具有十分重要的意义。首先，在刑事诉讼制度中纳入和解，凸显了被害人的地位，有助于化解矛盾，使被害人得到与犯罪人直接对话的机会，积极地参与刑事诉讼过程，发表意见。其次，在程序上明确公安机关、人民检察院、人民法院对和解的自愿性、合法性进行审查，并主持制作和解协议书，有助于查明加害人是否出于真诚的悔悟，确定其人身危险性大小，克服过去轻微刑事案件中双方"私了"，而加害人以钱消灾并不真诚悔悟的缺点。三是明确公安机关、人民检察院可以提出从宽处罚的建议，而对于犯罪情节轻微不需要判处刑罚的人民检察院可以作出不起诉的决定，人民法院可以依法对被告人从宽处罚。以往在司法实践中，很多情节轻微案件双方当事人和解，检察院机关将案件退回公安机关作撤案处理，这种做法致使案件的程序倒置，浪费了司法资源，新《刑事诉讼法》的规定可以说克服了这些缺陷。

但是，《刑事诉讼法》对于刑事和解的规定也有一定不足之处：一是内容过于宏观，不涉及具体的司法操作过程，因而实际指导作用不够；二是没有规定加害人是否必须认罪的规定，只是规定了犯罪嫌疑人真诚悔罪，向被害人赔偿损失、赔礼道歉，两者之罪的关系应当进一步明确，尤其是在起因复杂、证据不完整的疑难案件如伤害案件中尤显突出；三是从该规定所适用的范围来看，并没有对未成年人犯罪与成年犯罪作出区分，而是适用同一的标准，而刑事和解最理想的适用对象应当是心智未完全发育成熟、可塑性强的未成年人，针对这一群体设计出一套实践性较强的具体操作制度是比较迫切的，将来应当在关于《刑事诉讼法》的司法解释中有所体现。

3. 未成年人案件刑事和解制度的设计

（1）未成年人案件适用刑事和解的前提。

刑事和解制度重在补偿被害人，并着力于罪犯与被害人的和解，因此在未成年人案件刑事和解中应注意考虑两个前提条件：一是真实自愿，只有在真实自愿的情况下双方当事人才能真诚协商，才可以恢复被犯罪行为人所破坏的社会关系，国家机关应处于相对消极的地位，不能在被害人不自愿的情况下强行达成和解协议；二是犯罪人真诚悔罪，被害人在平等的氛围中就犯罪事实充分倾诉感受与受到的伤害，犯罪人对受害人的倾诉予以接受，并表达悔罪与积极赔偿，积极取得被害人及家属的原谅，作出愿意赔偿的决定，使案件不必再经过复杂的庭审程序而结案。实践中，有的犯罪行为人并不真诚悔罪，凭钱开路，而司法机关也没有加强监督，结果使刑事和解变了味，这种情况下犯罪行为人不会接受教训、改正错误，受害人的情绪也没有得到安慰。

（2）未成年人案件适用刑事和解的法律条件。

一是案件事实已经基本查明。刑事和解的基础是案件事实清楚，否则很难确定是否发生了刑事案件，也难以确定加害人与被害人。查明案件事实并不能要求像诉讼程序那样高的证明要求，只有犯罪人承认有行为事实，犯罪确实存在和确系犯罪人所为即可。司法机关应当对案件可否适用刑事和解进行筛选、审查，不能在事实没有查清时通过各种压力强令当事人协商。

二是加害人主观恶性不大。根据《刑事诉讼法》的规定，加害行为是因民间纠纷引起，涉嫌《刑法》分则第四章、第五章规定的犯罪案件，可能判处 3 年有期徒刑以下刑罚的；除渎职犯罪以外的可能判处 7 年有期徒刑以下刑罚的过失犯罪案件。

三是有良好的监护条件或社会帮教条件，能对未成年人妥善的安置，对其进行矫正和帮教，不致再发生社会危害。

（3）未成年人案件适用刑事和解的程序。

首先，和解的提出与受理。刑事诉讼法的规定表明刑事和解可以适用侦查阶段、起诉阶段及审判各个阶段。在理论上，对侦查阶段是否可以适用刑事和解有很大争议，有的学者认为"侦查阶段事实不清，证据不足，放纵犯罪和冤枉无辜的可能性同样大。只有通过侦查查清了事实，分清了责任，才能有效地控制犯罪"[1]。我们认为未成年人刑事和解在侦查阶段适用应当谨慎，在审查起诉和审判阶段已经把犯罪事实查清，进行和解有事实基础，因此是和解的最佳时机。在各阶段中，被害人和未成年犯罪人可以向司法机关提出和解要求，也可以由其家属、代理人或辩护人提出。办理案件的司法机关也得根据案件情况提出和解建议，双方当事人根据意愿决定是否采纳。

其次，和解案件的筛选与审查。当双方当事人或者其家属、代理人或辩护人提出和解申请时，司法机关应当依照法律规定的条件对案件进行筛选、审查。特别注意的是查明加害人是否作有罪答辩且其认罪态度是否良好。"刑事和解应以犯罪嫌疑人的有罪答辩与当事人双方的和解自愿为基

---

[1] 邹娅. 析侦查阶段不宜刑事和解 [J]. 公安学刊——浙江警察学院学报，2010（3）.

本前提。有罪答辩意味着犯罪嫌疑人承认犯罪行为是自己所为，认识到犯罪行为对被害人的实际危害。"❶ 如果没有加害人有罪答辩的先决条件，根本无法达到预期的和解效果。

　　再次，和解的准备。刑事和解的参与主体应该是案件当事双方即加害人和被害人及其家属、代理人或辩护人，也可以吸收司法机关以外的人参加，如人民调解组织。主持者应当是公安机关、人民检察院和人民法院的工作人员。有学者认为："司法机关并不是合适的调解人，它所负担的追诉犯罪的职责与和解的目的不符，而且这也不符合诉讼效率原则。国外的实践经验是建立社会化的调解组织，培训专业的调解人员。"❷ 如果司法机关在巨大的工作压力下，有可能出现为解决积案、缓解办案压力而介入当事人的协商，而职业意识的惯性又可能会使他们强迫双方和解，这就违背了协议自愿原则。因此，从长远看，应当在国家司法权力之外组建刑事和解组织，以社会上独立的第三方作为纠纷解决的调解人。有学者提出，应当以基层普遍存在的人民调解组织为基础，建立专业的刑事和解调停机构，培训合格的调停员，在行政隶属关系上，和解调停机构应保持相对的独立性与中立性。❸

　　对于未成年人犯罪案件适用刑事和解，也应当贯彻未成年人刑事案件诉讼程序的一些基本原则，和解准备阶段应通过学校、社区、家庭等有关组织和人员，了解未成年犯罪嫌疑人的成长经历、家庭环境、个性特点、社会活动等情况，为办案提供参考，根据未成年人的身心特点办理案件。司法机关应当依法保护涉案未成年人的名誉，尊重其人格尊严，不得公开或者传播涉案未成年人的姓名、住所、照片、图像及可能推断出该未成年人的资料。在和解过程中要剖析犯罪的原因、社会危害性，适时对未成年犯罪人进行法制教育及人生观教育，促使其深刻反省，吸取教训。

　　最后，和解陈述与协商、签订和解协议。刑事和解作为一种"平和司法"方式，意在真正达至社会关系的恢复。司法机关应创造条件使被害人

---

❶　向朝阳，马静华. 刑事和解的价值构造及中国模式的构建［J］. 中国法学，2003（6）.

❷　徐启明. 论刑事和解的程序设计［J］. 河北警察学院学报，2012（3）.

❸　马静华. 刑事和解的理论基础及其在我国的制度构想［J］. 法律科学：西北政法学院学报，2003（4）.

和犯罪人直接对话，在平和的环境中讨论犯罪行为对各自生活的影响，被害人倾诉，犯罪人认错、表达歉意，最终双方达成和解协议。如果发现不能达成和解协议的情况，应当中止和解过程，进入正常的司法审判程序。和解协议达成后，加害方要切实履行其中有关物质赔偿和精神赔偿的内容。

4. 对未成年人案件刑事和解制度的监督

任何制度都不可能尽善尽美，特别是当前我国司法机关办案人员整体素质还未达到令社会各界满意的水平，加上平时工作任务大，司法资源紧张，如果司法人员一开始就在和解的思维主导下从事侦查工作，容易导致"和稀泥"和"以钱买刑"情况的发生，不仅不利于缓解社会矛盾，也不利于对未成年犯罪人的教育挽救。

因此，必须加强对未成年人案件刑事和解的监督。在侦查阶段进行的和解案件，应当接受检察机关的监督。在起诉阶段和审判阶段应当加强筛选和审查，防止不符合要求的案件进入和解程序。检察机关在监督中，应着重查明案件事实是否查清、双方当事人是否自愿、被害人能否得到陈述机会、未成年犯罪人是否真诚悔罪等情况。对于未成年人的姓名、住所、照片、图像及可能推断出该未成年人的资料，不应公开或传播，依法进行保护。对于达成的物质和精神赔偿，应监督加害方依法履行。

二、未成年人社区矫正制度

当前我国正处于社会转型期，各种不良因素导致未成年人犯罪率居高不下，然而现阶段对未成年犯罪人的针对措施仍然是监禁刑，教育、感化不足。社区矫正，作为一项宽严相济的刑事政策，对于解决严重的未成年人犯罪问题，构建和谐社会具有重大的意义。

（一）未成年人社区矫正的发展

社区，是基于地域关系而形成的社会生活共同体，是个人直接生活环境的重要组成部分。我们每个人的社会生活，除了家庭之外，很大一部分是在邻里和社区环境中度过的，它对个人的成长和个人的社会化有着广泛的影响。❶ "社区矫正"（community correction，community - based correction）是部分西方发达国家对罪犯在社区中接受刑罚执行活动的称谓，这些国家包括美国、加拿大、澳大利亚、新西兰等，而欧洲部分国家将这一刑罚执行活动称为"社区惩罚"（community penalty）。❷ 2003 年最高人民法院、最高人民检察院、公安部和司法部联合下发的《关于开展社区矫正试点工作的通知》，指出社区矫正是与监禁矫正相对的行刑方式，是指将符合社区矫正条件的罪犯于社区内，由专门的国家机关在相关社会团体和民间组织以及社会志愿者的协助下，在判决、裁定或决定确定的期限内，矫正其犯罪心理和行为恶习，并促进其顺利回归社会的非监禁刑罚执行活动。

　　社区矫正制度在国外的起源是与刑罚的改革密切相关的。古典刑事学派坚持罪刑相适应原则，认为犯罪的大小轻重依所实施的犯罪行为事实的大小轻重而定，人实施了侵害法益的行为，社会就要用刑罚来抵御、防卫，刑罚之苦必须超过犯罪之利，报应性质的监狱将行刑的中心放在对罪犯管束、隔离、限制上。19 世纪后半期，自由竞争的资本主义向垄断资本主义转化，许多社会问题接踵而至，伴随人口大量流入城市，失业、贫困、酗酒、卖淫现象严重，犯罪率不断上升，财产犯罪、累犯、少年犯罪激增，刑事古典学派面对汹涌的犯罪浪潮无能为力。刑事实证学派开始崛起，认为人是否犯罪取决于遗传因素以及社会因素和自然因素，应当受到谴责的不是犯罪人的行为而是犯罪人的反社会人格，监禁刑有巨大的弊端，会导致更多惯犯和累犯的产生，应当用非监禁刑代替监禁刑，刑罚的目的不应当是报应而应当是矫正。"刑事实证学派的刑罚思想引发了刑罚史上的一次革命，促使缓刑、假释、不定期刑、保安处分等一系列现代刑罚制度的诞生，社区矫正制度正是从这里起步并不断发展壮大的。"❸

　　刑事实证学派的矫正观念主要局限于监狱内的矫正，累犯、惯犯等现

---

❶　吴鹏森. 犯罪社会学［M］. 北京：中国审计出版社，2001：177.
❷　刘强. 社区矫正制度研究［M］. 北京：法律出版社，2007：2.
❸　葛炳瑶. 社区矫正导论［M］. 杭州：浙江大学出版社，2009：6.

象的日益严重使人们对狱内矫正的效果越来越感到怀疑，开始将矫正的目光由监狱转向社会，缓刑、假释等社区矫正制度逐渐成为重要的行刑方式。1870 年，在美国的波士顿首先产生了缓刑制度，随后美国其他州以及其他国家采用缓刑制度，假释制度也在世界各国同步兴起。1925 年美国制定《联邦缓刑法》《联邦观护法案》，在全国范围内建立社区矫正制度。1887 年，英国颁布《初犯者缓刑法》，1907 年颁布《感化犯人法》，设置官方观护人机构，1925 年制定《刑事裁判法》，设置"感化委员会"，形成社区矫正的基本制度。❶

在长期的社区矫正实践的基础上，除了在刑法和刑事诉讼法中对罪犯在社区的刑罚方法、措施和程序作出规定以外，许多国家和地区都制定了补充的社区矫正法律规范，如德国的《刑罚执行法》、俄罗斯联邦的《刑事执行法典》、加拿大的《矫正与有条件释放法》、澳大利亚的《矫正服务令》、日本的《缓刑执行保护观察法》《犯罪的预防更生法》，以及我国香港地区的《社会服务令》《感化（缓刑）令》等。❷

未成年人犯罪是特殊的一类犯罪人，他们历来受到社会的特别关注，未成年人的司法制度往往处在刑事法律变革的前沿。美国未成年人社区矫正发展是最成熟的国家之一，1899 年 7 月 1 日，伊利诺伊州第一个通过了创立未成年人法院的法规，这个法规主要是用来调整、矫正、治疗和控制没有得到应有保护的和有不法行为的未成年人，据此产生了美国的第一个正式的未成年人法院。❸未成年人法院的成立，说明司法体制对未成年犯罪人特殊性的进一步承认，在整个刑事诉讼阶段都应贯穿着对未成年犯罪人的教育和矫正。到了 20 世纪 90 年代，美国对未成年人广泛采用非监禁化或非机构化处置，其中社区性处遇和中间处遇是最主要的非监禁化措施。❹英国也是世界社区矫正制度的发源地之一，1908 年通过了《犯罪预防法》，确立了感化院模式，随后设立了少年法庭，逐渐构建起一套由法律明确规

---

❶ 山东省社区矫正工作领导小组办公室. 社区矫正理论与实务 [M]. 济南：山东画报出版社，2007：10 - 11.

❷ 王承东. 中国与欧盟社区矫正比较研究 [M]. 银川：宁夏人民出版社，2006：4.

❸ 刘强. 美国犯罪未成年人的矫正制度概要 [M]. 北京：中国人民公安大学出版，2005：3.

❹ 管仁亮. 未成年人社区矫正的比较与重构 [J]. 四川警察学院学报，2011（6）.

定、由专门机构和人员进行管理监督的违法犯罪青少年社区矫正机制。❶

　　未成年人犯罪的社区矫正受到联合国的高度关注，联合国积极倡导非监禁刑的使用，在《儿童权利公约》《少年规则》《北京规则》《利雅得准则》等联合国文件已确立了一系列少年刑事司法准则，这些国际公约和规则确立了尽量避免适用自由刑、尽可能避免监禁的原则，将监禁作为最后一种迫不得已的手段使用。在社区矫正方面，《北京规则》明确要求应当使主管当局可以采用各种各样的处理措施，使其具有灵活性，从而最大限度地避免监禁，这些措施包括照管、监护、缓刑、社区服务的裁决等，"把少年投入监禁机关始终应是万不得已的处理办法"。1990 年 12 月联合国大会通过的《利雅得准则》第 6 条规定："在防止少年犯罪中应发展以社区为基础的服务和方案，特别是在还没有设立任何机构的地方，正规的管制机构只应作为最后的手段来使用。"

　　可以说，当今世界各国对未成年人犯罪都十分重视，其矫正制度在不断建设和发展之中。

（二）未成年人社区矫正的意义

　　当代，在我国刑事法律制度中重视未成年犯社区矫正具有以下重要的理论价值和实践意义。

　　1. 有利于未成年犯罪人处遇人道化

　　监禁刑最主要的特点就是对自由的剥夺，将服刑人员与现实社会隔离开来，冷酷的管理方式使服刑人员的感情变得麻木，甚至导致心理扭曲，社会生活适应能力越来越弱。监禁刑之违背人性受到现代刑法的注意，刑罚由严酷走向宽缓，由野蛮走向文明，逐步摆脱以死刑和肉刑为中心的报复观念，由对罪犯的等价报应转向教育、感化和改造，这是一个不可阻挡的人道主义潮流。对已经犯罪的未成年人来说，他们在社区这个相对平和

---

　　❶ 于华江，朱建美. 试论我国违法犯罪青少年社区矫正机制的构建——从英国违法犯罪青少年社区矫正机制借鉴的视角［J］. 中国人民公安大学学报：社会科学版，2007（3）.

的环境中，接受矫正、监督、教育，是"以人为本"之树立❶，无论是从一般预防还是特殊预防的角度看，社区矫正都体现了行刑社会化的人道主义特点，是有利于未成年人回归社会的理性选择。

2. 有利于实现刑罚的目的

现代刑罚制度的目的是从人道主义精神出发，采取各种可能的形式对犯罪人加以教育、挽救，使他们顺利地回归社会。一方面，未成年犯罪人身心发育尚未成熟，易受社会不良因素影响走上违法犯罪道路，虽然一时犯错，但改造难度小、归正几率大，通过轻缓宽和的手段加以引导、教育，大部分能回归正常的社会化轨道。如果以对付成年犯罪人的手段加以打击，将他们集中关押进监狱或类似监狱的教养院，则交叉感染不可避免。龙勃罗梭认为，西方国家一度兴起的教养院收效甚微，对于教养院来说，当被收容的数量超过了 100 人时，效果会越来越差。❷另一方面，监禁刑强化了标签效应，未成年人出狱后不仅无法回归，反进一步滑向违法犯罪的深渊。而社区矫正，尽管也有一些缺点存在，但这种处理未成年犯罪人不被集中关押，而是放在社区中进行教育、挽救，就可以避免交叉感染，消除罪犯标签带来的负面影响，有利于实现对犯罪人教育改造之刑罚目的。

3. 社会矫正体现刑罚个别化

未成年犯罪人生理、心理发育不成熟，缺少应有的社会经验，辨别是非的能力较差，容易受到环境的影响而走上违法犯罪的道路。在对未成年人的教育、挽救中，需要查明每个人的成长经历、家庭环境、个性特点、社会活动等情况，针对他们每个人的特点施以不同的心理和社会措施，只要"对症下药"，大多数青少年的心理就会朝着健康的方向发展。监禁刑的副作用之一就是不顾个别差异，不考虑每个青少年的人身危害性和人格特点，一律投入监禁，使其突然与家庭隔离，随着自由的被剥夺、身份落差，他们普遍产生绝望、沮丧的心理，以至监禁之后重新走上违法犯罪道

---

❶ 孟红，虞青松. 未成年犯社区矫正之现实探讨及其制度设计 [J]. 东南大学学报：哲学社会科学版，2007（4）.

❷ 龙勃罗梭. 犯罪人论 [M]. 黄风，译. 中国法制出版社，2000：333.

路。因此，监禁刑应当作为最后一种手段，只有在性质严重的案件中才能运用。在社区矫正中，社会矫正机构在综合评估的基础上，为社区矫正人员制定矫正方案，制定有针对性的监管、教育和帮助措施，灵活施救，区别对待。未成年社区矫正人员接受监督管理、参加教育学习、社区服务和社会活动，接受心理治疗，还有合格的专业辅导者如心理学家、精神病学家、教师、社区工作者等参与，有利于未成年犯罪人改恶为善，复归社会。

4. 有利于节约国家的司法资源

刑罚的执行要考虑到是否经济，社区矫正将监禁修改为社会内处遇，将犯罪人放在社会上，由社会区矫正人员和其他参与人施加教育、矫治，大大降低了行刑的物质成本，节约了国家的司法资源。粗略估计，在 2005 年，中国每监禁一名罪犯的年度平均费用为 1.1 万元左右。如果参照国外社区矫正经费与监狱经费的比例，社区矫正经费不超过监狱经费的 20%，大量使用社区矫正就可以大大节省国家在刑罚执行方面投入的资源，大幅度降低行刑成本。❶ 特别是对于未成年犯罪人来说，如果施以监禁还要分别关押，如果羁押的未成年人没有完成义务教育的还应当对其进行义务教育，司法成本较成年犯罪人高出许多，如果对未成年犯罪人适用社区矫正，就可节省国家在刑罚执行方面投入的资源，减轻了国家的财政负担，又充分发挥了社区自身的资源。

（三）国外未成年犯社区矫正制度概览

1. 美国未成年犯社区矫正制度

美国于 1899 年 7 月 1 日在伊利诺斯州出台了世界上第一部少年法院法，同年在芝加哥的库克郡成立了世界上第一个少年法院，少年司法制度在世界上得以确立，标志着少年司法制度与成人司法制度的分离。少年矫正机构的完善是少年司法制度的一个重要部分，经过不同于成年人的司法执法体系，未成年人被处以缓刑以进行释放后的安置，同时在社区中还有

---

❶ 吴宗宪. 社区矫正的问题与前景［J］. 上海政法学院学报：法治论丛，2007（1）.

一些其他的矫正项目，其中包括未成年人犯罪的预防、为离家出走未成年人专设的机构、养育之家、对未成年人团伙的调解处理、转换项目、日处遇项目、小组之家以及在荒野的学习经历项目等。❶ 缓刑是未成年人法院最为广泛适用的司法处置方法，犯罪未成年人在缓刑官的监督下生活在社区中，并需遵守一定的约束。缓刑的程序包括未成年人法院程序中的接收阶段、为处置阶段所做的社会调查、对缓刑人员的监督、让未成年人在缓刑中接受提供的服务。当未成年人被处以缓刑后，缓刑工作者应提供监督管理，包括监督、个案分析的服务和咨询或指导。监督的重点是认真地监控未成年人在社区中的适应情况。❷

2. 英国未成年犯社区矫正制度

英国的社区矫正制度源远流长，是世界社区矫正制度的发源地之一。社区服务公认是在英国最早发展起来的，保护观察制度（Probation）是由英国 1907 年罪犯保护观察法首创的。

英国的社区矫正法律是长期审判实践的总结，其中对社区矫正制度有较完备规定的是 2000 年英国颁布的《刑事法院权力（判决法）2000》，该法第四编规定了适用社区矫正的判决种类，"社区令"包括宵禁令、缓刑令、社区服务令、结合令、毒品治疗和测试令、管护中心令、监督令、行动计划令等。在英国，"社区刑判决"是指由一个或多个社区令组成，或其中包括一个或多个社区令的判决。其中适用于已满 16 周岁罪犯的有缓刑令、社区服务令、结合令、毒品治疗和测试令、参与中心令，适用于未满 18 周岁的罪犯的有监督令、行动计划令、补偿令。❸ 其中监督是指把青少年交给地方当局或者保护观察官监督。监督人的职责是"建议、帮助和亲近被监督人"。监督应当在监督令生效之后的 5 天内开始，内容包括经常的见面、准确及时的见面记录、有效的监督行动等。其中行动计划是指青少年犯人从判决生效之日起，依照监管人员随时的指示而行事，适用于 10

❶ 刘强. 美国犯罪未成年人的矫正制度概要 [M]. 北京：中国人民公安大学出版社，2005：80.

❷ 刘强. 美国犯罪未成年人的矫正制度概要 [M]. 北京：中国人民公安大学出版社，2005：24－33.

❸ 王承东. 中国与欧盟社区矫正比较研究 [M]. 银川：宁夏人民出版社，2006：45－46.

岁至 17 岁的青少年犯人，监管人员可以是保护观察官、社会工作者或青少年帮教队成员。❶

3. 德国未成年犯社区矫正制度

在德国，一般情况下，对违法的少年一般不适用监禁刑，而是采取社区矫正方式。《德国少年法院法》第 9 条规定对少年的违法行为可以予以教育处分，包括给予指示以及给予教育帮助和教养。对特定的违法青少年需要交社区矫正机构，要在不影响其求学或就业且自愿的情况下，由法院确定的考验帮助人给予多种教育，考验帮助人要与少年的监护人及法定代理人精诚合作，全面了解缓刑考验期间少年的生活情况，并且应当将此向法官报告。❷

4. 日本未成年犯社区矫正制度

第二次世界大战之后，社区处遇在日本开始蓬勃发展起来，社区处遇作为一项制度也是在这一时期被确定下来的。1948 年的《日本少年法》规定了少年的保护观察制度，1949 年的《日本犯罪者预防更生法》，详细规定和确立了假释与保护观察制度。1950 年制定了《保护司法》，1954 年制定了《缓期执行者保护观察法》，确立了有关成年犯罪者的保护观察制度。并于 1995 年将《更生紧急保护法》中的国家更生保护部分并入《日本犯罪者预防更生法》。在日本，"社区矫正"是指把受刑者置于监狱之外的社会内执行，它不仅需要对犯罪者监督考察，更重要的是对其进行指导和提供各种援助，以谋求改善和更生，以增强个人和公共的利益，使罪犯迅速成为善良公民中的一员，从而顺利复归社会。日本的社区处遇主要包括缓刑、假释、罚金、社区服务令、损害赔偿令、保护观察、恩赦等。❸ 日本的未成年人社区矫正较为完备，如保护观察所负责以社会为基础矫正未成年人的行政机构；未成年人必须每隔一定时期与保护观察官（员）见面，

---

❶ 陈梦琪. 英国社区矫正制度评析 ［J］. 青少年犯罪问题，2003 (6).

❷ 王承东. 中国与欧盟社区矫正比较研究 ［M］. 银川：宁夏人民出版社，2006：37 – 38.

❸ 刘强. 各国（地区）社区矫正法规选编及评价 ［M］. 北京：中国人民公安大学出版社，2004：506 – 511.

或到保护观察所接受必要的指导和监督。❶

（四）我国关于未成年犯社区矫正的立法

2011 年 2 月 25 日，第十一届全国人民代表大会常务委员会第十九次会议通过了《刑法修正案（八）》，在这次修法中，对刑罚制度的改革给予了充分的重视，可以说开启了社区矫正工作的新局面。在内容上，《刑法修正案（八）》规定，对判处管制的犯罪分子、对宣告缓刑的犯罪分子在缓刑考验期限内、对假释的犯罪分子在假释考验期限内依法实行社区矫正，以立法的方式推动我国社区矫正的发展。

为了规范社区矫正，最高人民法院、最高人民检察院、公安部、司法部在深入调研论证和广泛征求意见的基础上，于 2012 年 1 月 10 日联合发布了《社区矫正实施办法》，对社区矫正的实施机关、内容、程序、监督机关等进行了详细的规定，主要有以下几个方面。

1. 社区矫正的实施机构

司法行政机关负责指导管理、组织实施，具体由县级司法行政机关社区矫正机构对社区矫正人员进行监督管理和教育帮助，司法所承担社区矫正日常工作，有关部门、村（居）民委员会、社区矫正人员所在单位、就读学校、家庭成员或者监护人、保证人等协助社区矫正机构进行社区矫正，社会工作者和志愿者在社区矫正机构的组织指导下参与社区矫正工作。

2. 社区矫正的实施程序

首先，对拟适用社区矫正的被告人、罪犯，需要调查其对所居住社区影响的，可以委托县级司法行政机关进行调查评估。受委托的司法行政机关应当根据委托机关的要求，对被告人或者罪犯的居所情况、家庭和社会关系、一贯表现、犯罪行为的后果和影响、居住地村（居）民委员会和被害人意见、拟禁止的事项等进行调查了解，形成评估意见，及时提交委托机关。

其次，适用社区矫正的，由罪犯本人到居住地县级司法行政机关报到，司法所及时向社区矫正人员宣告判决书、裁定书、决定书、执行通知

---

❶ 管仁亮. 未成年人社区矫正的比较与重构［J］. 四川警察学院学报，2011（6）.

书等有关法律文书的主要内容。

再次，司法所为社区矫正人员制定矫正方案，在对社区矫正人员被判处的刑罚种类、犯罪情况、悔罪表现、个性特征和生活环境等情况进行综合评估的基础上，制定有针对性的监管、教育和帮助措施，罪犯在司法机关的主持下接受社区矫正。司法所记录社区矫正人员接受监督管理、参加教育学习和社区服务等情况，定期对其接受矫正的表现进行考核，并根据考核结果对社区矫正人员实施分类管理。

最后，社区矫正期满，社区矫正人员作出个人总结，司法所作出书面鉴定，并对其安置帮教提出建议。司法所工作人员主持，按照规定程序公开宣告解除社区矫正，对判处管制的宣布执行期满解除管制，对宣告缓刑的宣布缓刑考验期满原判刑罚不再执行，对裁定假释的宣布考验期满原判刑罚执行完毕。

3. 社区矫正的内容

一是社区矫正人员应当定期向司法所报告遵纪守法、接受监督管理、参加教育学习、社区服务和社会活动的情况。未经批准不得进入禁止令确定的特定区域或者场所，不得离开所居住的市、县（旗）；二是社区矫正人员应当参加公共道德、法律常识、时事政策等教育学习活动，增强法制观念、道德素质和悔罪自新意识。社区矫正人员每月参加教育学习时间不少于8小时；三是有劳动能力的社区矫正人员应当参加社区服务，修复社会关系，培养社会责任感、集体观念和纪律意识。社区矫正人员每月参加社区服务时间不少于8小时；四是根据社区矫正人员的心理状态、行为特点等具体情况，采取有针对性的措施进行个别教育和心理辅导，矫正其违法犯罪心理，提高其适应社会能力。

4. 社区矫正的监督机关

人民法院对符合社区矫正适用条件的被告人、罪犯依法作出判决、裁定或者决定。人民检察院对社区矫正各执法环节依法实行法律监督，公安机关对违反治安管理规定和重新犯罪的社区矫正人员及时依法处理。

对于未成年犯罪的社区矫正，《社区矫正实施办法》也有涉及，其中第33条规定，总的原则上对未成年人实施社区矫正，应当遵循教育、感化、挽救的方针；具体而言，对未成年人的社区矫正应当与成年人分开进行。对其身份给予保护，矫正宣告不公开进行，矫正档案应当保密。矫正小组应当有熟悉青少年成长特点的人员参加，监督管理措施应有益于其身心健康发展，针对未成年人的年龄、心理特点和身心发育需要等特殊情况采取，开展思想、法制、道德教育和心理辅导在方式上要易为未成年人接受。另外还规定了协调有关部门为未成年社区矫正人员就学、就业等提供帮助，督促未成年社区矫正人员的监护人履行监护职责，承担抚养、管教等义务，采取其他有利于未成年社区矫正人员改过自新、融入正常社会生活的必要措施等内容。

（五）当前我国未成年犯罪人适用社区矫正存在的问题

从整体上讲，当前我国社区矫正试点工作开展的时间不长，对社区矫正制度缺乏比较系统的实践经验，主要存在以下几个方面的问题。

1. 传统刑罚观念在一些司法机关中还没有根本性的转变

未成年人违法犯罪与多种因素有关，如家庭的残缺、教育制度的偏差、贫富分化的加剧、不良生活环境、大众传媒不良影响等，是一种"社会综合征"，犯罪未成年人既是加害者又是受害者，社会有责任采取适当手段尽量促使未成年犯罪人回归社会。从总体上看我国刑法，仍然是一种报应主义的刑法观，以执行监禁刑罚为主，非监禁刑罚的适用处于较为薄弱的阶段，在这种观念的主导下未成年人很难得到社区矫正的机会。我国《刑法修正案（八）》和《社区矫正实施办法》已经对社区矫正工作进行了详细规定，但当前一些司法部门仍然没有转变报应型的刑罚观念，仍然强调用传统的控制手段来达到维护社会治安的目标，倾向于对未成年犯罪人判处监禁刑罚，难以真正收到社会长治久安的成效。要使我国的刑法由"惩罚刑"向"教育刑"转变，必须根除重刑主义和刑罚万能的思想，为全面、深入地推行社区矫正制度奠定基础。

2. 社区矫正是一项综合性工作，需要多方协同工作

《社区矫正实施办法》规定，司法行政机关负责指导管理、组织实施社区矫正，县级司法行政机关社区矫正机构对社区矫正人员进行监督管理

和教育帮助，司法所承担社区矫正日常工作，有关部门、村（居）民委员会、社区矫正人员所在单位、就读学校、家庭成员或者监护人、保证人等协助社区矫正机构进行社区矫正，社会工作者和志愿者在社区矫正机构的组织指导下参与社区矫正工作。所以说，社区矫正是一项综合性的工作。在司法实践中要避免两种错误的思维：一种是把社区矫正与社会工作等同；另一种是把社区矫正单纯地当成一种刑罚执行活动，不需要社会工作者的积极参与，这样就不利于未成年犯顺利回归社会，也不利于矫正工作取得社区居民的支持。

3. 普通群众对社区矫正认同度不高

社区矫正的基础是在社区，当前我国群众普遍对社区矫正并不认可，在有未成年犯罪人居住的地方，人际关系疏远、冷漠，社区居民并不愿意协助矫正机构开展工作。在调查中发现，大多数民众对犯罪分子受刑罚处罚的态度是"尽量多判""最好关在里面别放出来"，究其原因主要基于自身安全的考虑，对开展社区矫正工作能否取得理想的效果表示怀疑。说明社区成员从心理上并没有接纳矫正对象，这将进一步打击对社区矫正工作的努力，强化了社区居民对矫正对象冷漠歧视心理，从而陷入一个恶性循环，不利于犯罪人顺利回归社会。❶ 再者，我国城市与广大农村并存，并不像西方发达国家那样有集中的城市群，在农村和城乡接合部等社会治安较差、经济条件较差的地区，社区建制和管理更是不完善。特别是城乡结合部的社区，流动人口、人员成分复杂，每个人都在为了生存忙碌，很难形成能展开对未成年人矫治、教育、监督的社区组织。

另外，在我国社会矫正制度建设中，还存在社区矫正项目缺乏、矫正效果不足、适用社区矫正未成年犯数量不足、缺乏有针对性的矫正计划和实施方案等问题，这都需要进一步探索和研究。

（六）我国未成年犯罪人社区矫正工作的改进

1. 加强专项立法

我国针对未成年罪犯的矫正措施仍然在探索之中，很多内容没有形成

---

❶ 谢钢，林婷婷. 从标签理论视角看社区矫正的基层推广［J］. 吉林师范大学学报：人文社会科学版，2010（4）.

成熟的模式，比如哪些是熟悉青少年成长的人员，哪些是有益于未成年人身心健康发展的监督管理措施等，都需要法律明确加以规定。从其他国家的制度发展来看，制定统一的社区矫正法律是必由之路，美国的明尼苏达州在1973年通过了《社区矫正法》，还有《德国刑罚执行法》《加拿大矫正与有条件释放法》等，还有的国家和地区制定一些单行的法律规范，如《日本缓刑执行法》、我国香港地区的《社区服务令》等。我国目前已经推出《社区矫正实施办法》，但其规定仍然较为宏观，这在很大程度上影响到未成年犯罪人社区矫正工作的实际效果，迫切需要进一步研究制定一部《未成年人社区矫正法》，为我国未成年人社区矫正工作打下基础。

2. 建立培养专业的未成年犯罪人矫正队伍

目前西方社会矫正在长期实践基础上，其矫正管理体制已趋于成熟，有专门负责未成年人社区矫正的管理机构和专职的管理人员。我国《社区矫正实施办法》规定社区矫正由司法行政机关负责指导管理、组织实施，并应当引进社会工作者参与社区矫正工作的制度，这是符合未成年人矫正工作的基本精神的，还应当充分吸收法律专家、心理学家、离退休干部、高等院校学生，明确社会工作人员的资格评定制度，提高社会矫正职业者的薪酬待遇，使他们安心工作，发挥出最大的积极性、责任心。

再者，关于社会矫正工作的经费问题，应切实落实专门的经费，明确矫正机构的专门性质，充分发挥其作用。在美国，联邦资助提供了矫正理论与社会和政治现实得以联系起来的接触剂，从而使社区矫正制度在全国得到广泛的采用。例如，从执法辅助委员会1967年开始拨款到1975年7月，联邦为《街道安全法》提供资金达23 837 512美元，州和地方提供了12 300 710美元，专用于成年犯释放后居住、就业辅导方案。❶

3. 努力探索矫正处置措施，加强对未成年人考验的力度

社区矫正符合刑罚轻缓化、执行社会化的历史潮流，能避免监禁刑的种种弊端。但将未成年人置放于社会中，必须要有足够的惩罚措施、教育

---

❶ 克莱门斯·巴特勒斯. 矫正导论［M］. 孙晓雳，等，译. 北京：中国人民公安大学出版社，1991：82.

改造措施作为补充，否则很大可能放纵犯罪。我国当前矫正试点中对于未成年犯的处置措施是比较简单的，《社区矫正实施办法》规定了教育学习、社区服务、心理辅导、就业培训等措施，下步仍应该充分吸收当前国际上未成年犯矫正的先进经验，大胆探索灵活多样的处置措施。应当特别重视社区服务的作用，多方拓展社区服务的形式。西方国家的社会服务经过长期实践有成熟的经验，如英国的社会服务项目包括打扫马路、建设儿童游戏场、照顾老年夫妇、屋顶铺设及修理、燃烧垃圾、擦窗户、拆卸工作、油漆和装饰、栽树、搬运工作、园艺、修理工作等。荷兰的社区服务劳动类型通常为社会福利机构从事维护、修理、油漆、家务劳动、林业和园艺等工作。❶ 这些形式都是值得借鉴的。当然在实行中要针对未成年人的生理、心理特点进行设计，采取清洁修缮公园、协助从事交通服务、照顾孤寡老人等形式。

4. 完善重新犯罪的风险评估机制，维护司法公正

犯罪人通过社区矫正，一般可能改正罪错行为回归社会。但也可能拒不接受教育学习，拒不从事社会服务工作，继续从事违法犯罪，甚至从事一些暴力犯罪活动。因此，需要加强对犯罪人参加社区矫正前后的风险评估，而未成年犯罪人由于其身心发育尚未成熟，性格形成尚处于不确定之中，就更需要一套完善的风险评估机制。

从发达国家和地区对未成年犯进行社区矫正的实践来看，当矫正机关接受了社区矫正对象后，首先要对其进行危险性评估和需要结构的评估，然后才制订针对性的矫正工作措施和计划。❷ 当前，我国社会很大部分群众对社区矫正不热心，其主要原因就是对风险评估的公正性持怀疑态度，所以要特别加强这方面的建设。根据《社区矫正实施办法》第29条规定，社区矫正期满前，社区矫正人员应当作出个人总结，司法所应当根据其在接受社区矫正期间的表现、考核结果、社区意见等情况作出书面鉴定。司法所也可以吸收法律专家、心理学家、高等院校学生、社区群众及未成年人保护机构的人士参加，也可以听取受害人的意见。

---

❶ 贾宇. 社区矫正导论 ［M］. 北京：知识产权出版社，2010：199－200.
❷ 赵新东. 社区矫正管理实务 ［M］. 北京：法律出版社，2006：142.

总之，社区矫正制度施用于对未成年犯罪人的教育、挽救其功效将是巨大的，囿于我国现阶段的国情、民情，可能在实施初期会有一些不良反应，但应以持之以恒的决心加以推进。在美国有一段时期，社会矫正就变得不受欢迎，官方出版物和新闻媒介大力渲染街头犯罪现象，公众相信犯罪已失去控制，舆论要求对罪犯采取严厉的惩罚手段，把犯人留在社会上的做法越来越不能被接受。于是，监狱里的罪犯人数达到了历史上的最高纪录。❶ 这些情况也许在我国也可能会出现，未成年犯罪也许仍将增多，但将未成年犯罪人置放于社会上，采取非监禁的措施加以施救，仍是首选之策。我们需要将外国的先进经验和我国独特的国情相结合，建设具有中国特色的社区矫正模式。

三、少年法庭制度

1984 年 10 月，上海市长宁区人民法院正式成立未成年人刑事案件合议庭，将未成年人刑事案件从成年人刑事案件中分离出来进行专门审判，中国历史上第一个少年法庭由此诞生。20 多年来，经过不断的探索和实践，我国的少年法庭已逐步走上规范化、制度化的轨道，具有中国特色的少年刑事审判组织体系初步形成。❷ 尽管我国少年法庭的建立对于维护青少年的利益，减少青少年犯罪等方面取得了很大的成绩，但是在实践中还是存在诸多的缺点和不足。下面通过对我国少年审判机构发展的梳理进一步总结我国少年审判机构存在的缺陷，进而提出发展的方向。

---

❶ 克莱门斯·巴特勒斯. 矫正导论 [M]. 孙晓雳，等，译. 北京：中国人民公安大学出版社，1991：82.

❷ 截至 2008 年年底，全国法院共设有各种类型的少年法庭 2219 个，有专兼职少年法庭法官7 000 余人。少年司法审判机构和队伍，从最初的刑事案件合议庭发展为独立建制的刑事或综合审判庭；从仅在基层人民法院设置少年法庭到部分中级、高级人民法院也设置少年法庭。26 年来，全国法院共判处未成年罪犯 115 万余人。经过少年法庭教育矫正的未成年罪犯绝大多数都能悔罪服判，在社区和未成年犯管教所积极改造，他们重返社会后多数都成为自食其力的守法公民，其中还有相当一部分人考入大学及各类职业学校，成为社会有用之才。据统计，2002～2008 年，我国未成年罪犯的重新犯罪率基本控制在 1%～2% 之间，大大低于全部罪犯的重新犯罪率。

（一）我国少年审判机构的发展阶段

我国少年法庭的建立和发展，主要经历了以下几个阶段：❶

1. 少年法庭初创阶段（1984～1988 年）

1984 年初夏，在华东政法学院（现华东政法大学）青少年犯罪研究所与上海市长宁区人民法院合作进行青少年犯罪与少年刑事审判调查研究。同年 11 月，在研究总结该院近 5 年的少年刑事案件的特点及问题的基础上，结合国外的经验，依据我国《法院组织法》，试行并率先创建了我国第一个未成年人合议庭。少年刑事案件合议庭设在刑事审判厅内，其审判组织由具备一定少年审判经验的法官与热心于青少年教育的陪审员组成，负责对未成年人刑事案件进行审判。当时的媒体对这一新生事物进行了追踪报道。这一创举也引起了最高人民法院的注意和肯定，提出要在全国有条件的地区加以推广学习。截至 1988 年 5 月上海会议前，全国已建立 100多个少年法庭。❷ 少年法庭的创建和试点带动了我国整个少年司法制度的改革。为了与少年审判改革相协调，少年侦查、少年检察、少年羁押、管教制度随即开始改革。1987 年 1 月，长宁区与上海公检司等机构正式建立了配套制度；同年 10 月，又与上海市少年管教所签订了《关于建立业务协作的协议书》。初步形成了对少年被告人羁押、预审、起诉、审判、辩护、管教"一条龙"工作体系。❸

2. 逐步推广积累阶段（1998～1990 年）

1988 年 5 月，最高人民法院在上海召开"全国法院审理未成年人刑事案件经验交流会"。从此，未成年人合议庭在全国各省、市推广试验。1990 年 10 月最高人民法院在南京召开全国少年刑事审判工作会议，总结了少年刑事审判工作经验。据统计，到 1990 年 6 月，全国各级法院已建立

---

❶ 以下的阶段划分参考了莫洪宪教授发表在《东方法学》2009 年第 5 期上的《我国少年审判机构改革历程回顾与展望》一文的相关部分，特此说明。

❷ 林准. 在全国法院审理未成年人刑事案件经验交流上的讲话［A］//雷迅. 中国少年刑事审判实践. 北京：人民法院出版社，1994：3.

❸ 曹加雄，丁年保. 针对少年被告人特点开展审判活动［A］//雷迅. 中国少年刑事审判实践. 北京：人民法院出版社，1994：66.

少年法庭 862 个，比 1988 年"上海会议"时增加了 7 倍多。其中，6 个高级法院、144 个中级法院、712 个基层法院建立了少年法庭；14 个高级法院建立了"少年法庭指导小组"。京津沪的中级法院和基层法院全部建立了少年法庭；江苏、福建、吉林等省建庭比例高达 70%～80%；还有一些省、自治区正在试点、推广。少年法庭配备了一定数量政治和业务素质较好的审判人员，并且保持了队伍的相对稳定性。另外，这一时期，我国少年法庭还向农村发展。❶ 另外，1988 年 7 月 1 日，上海市长宁区法院将"少年刑事案件合议庭"改为独立建制的审判庭，专门审理未成年人犯罪案件。这一改革有力推动了少年法庭的独立化、专业化，其做法也迅速被国内其他法院所效仿。少年司法制度的改革向前迈出了坚实的一步。

3. 普遍发展与巩固提高阶段（1990～1995 年）

1991 年 8 月江苏省常州市天宁区法院在《未成年人保护法》颁布的背景下，突破未成年人法庭仅受理纯刑事案件的特点，将涉及未成年人权益保护的民事、行政、经济等案件纳入未成年人法庭的受案范围，成立未成年人审判综合审判庭，被称之为"天宁模式"。同年 11 月，上海长宁区法院也把未成年人刑庭改为未成年人综合庭，之后，其他地方法院也纷纷效仿。至 1994 年底，全国已有 249 个未成年人综合法庭。此后在我国出现了形式多样的少年审判庭。1995 年 5 月，最高人民法院在福州召开了第三次全国少年法庭工作会议，总结了我国少年法庭 10 年来的发展经验，提出了"巩固、加强、规范、充实、提高、发展"的工作方针。据统计当时少年刑事案件合议庭数达到 2580 个。同年，最高人民法院还颁布了《最高人民法院关于办理未成年人刑事案件适用法律的若干问题的解释》。

4. 停止徘徊阶段（1995～2003 年）

1995 年 5 月的福州会议，鉴于当时我国少年法庭形式多样，缺乏统一性与规范性，规范少年法庭自然成为本次会议的重点。会议制定了："巩固、加强、充实、规范、提高、发展"的方针，并将该方针确立为今后少

---

❶ 林准. 在全国法院审理未成年人刑事案件经验交流上的讲话［A］//雷迅. 中国少年刑事审判实践. 北京：人民法院出版社，1994：14.

年法庭工作的基本任务，提出"应当按照需要和可能设置机构"。对少年综合庭，会议指出："现在一些地方少年法庭的受案范围很不一致，已经影响到法院内部的审判工作秩序和少年法庭今后的发展。少年法庭应集中搞好未成年人犯罪案件的审判，有条件的可以承担一些侵害未成年人人身权利案件的审判任务。原来试办的'综合庭'应认真总结经验，权衡利弊得失，调整受案范围。少数地方结合当地实际情况，尝试由少年法庭受理某些以未成年人为当事人的民事案件，可以继续进行试点，但不宜在较大范围内提倡和推广。少年法庭不应受理经济纠纷案件。"

"福州会议"试图规范少年法庭发展中出现的乱象，但却产生了事与愿违的另外后果，很大程度上直接导致了少年法庭在数量上的急剧减少。许多地方法院把"应当按照需要和可能设置机构"的指导意见，理解为中央对少年法庭不支持的政策，因而对少年法庭的未来与发展产生了怀疑、观望和动摇。❶ 同时，对未成年人综合审判庭的出现在当时引起了广泛的争议，对曾经推行未成年人综合庭改革的法院在试行一段时间后，又开始重新将未成年人综合庭改建为未成年人刑庭。例如，上海长宁区、普陀区未成年人法庭。原因在于：综合庭冲淡了未成年人法庭优势和特色，涉及未成年人权益保护的案件纳入未成年人综合庭受案范围，但对于涉及未成年人权益保护案件范围实际上主要根据的是未成年人综合庭审判力量的配备情况来决定的，范围难以明确界定受到质疑。

1996 年《刑事诉讼法》吸收了抗辩式庭审方式，又使少年法庭原建立在纠问式庭审方式上的许多特色性做法（如法庭教育、少年法官的庭外调查等）面临着合法性危机。1999 年 10 月，最高人民法院发布的《人民法院五年改革纲要》，要求"1999 年年底之前完成对现存各种'专业法庭'和不符合条件、不利于依法独立公正地行使审判权的人民法庭的清理、调整和撤并工作。"纲要的发布，对于当时正处危机中的我国少年法庭无疑是雪上加霜。另外，在这段时期，以下原因也导致了我国少年法庭的急剧萎缩：（1）此前大量成立少年法庭，不少是因为响应中央政策，很多地方成立少年法庭并非具有必要性，有"跟风"的倾向。"跟风"之后的调整

---

❶ 姚建龙. 评最高人民法院少年综合庭试点改革［J］. 法学，2007（12）.

是必然的。（2）尽管少年法庭在我国存在了 20 年，但其审判方式的法律依据主要是最高人民法院的相关解释，刑事审判的两部主要法律———《刑法》和《刑事诉讼法》，并未对少年法庭和少年审判的内容作明确、详细规定。法律的缺失，直接影响到少年审判工作的进一步扩展和探索。❶

为了扭转少年法庭改革的困境，1998 年 8 月 11 ~ 14 日在成都召开的"第四次少年法庭工作会议"专门分析了当时少年法庭发展中遇到的困难，部署了今后一个时期少年法庭的基本任务。但"成都会议"并未改变少年法庭身处困境的局面，全国少年法庭继续撤销、合并。到 2004 年年底，我国尚存的少年审判庭只有 2 400 个，10 年中减少了近 1/3，其中绝大多数还是合议庭。可以说，少年法庭在经历了 10 年繁荣发展后，在这段时期经历的是 10 年萎缩史。❷

5. 全面突破阶段（2003 年至今）

2003 年 8 月，全国人大常委会副委员长顾秀莲在十届全国人大会常委会第四次会议上所作《全国人大常委会执法检查组关于检查〈中华人民共和国未成年人保护法〉实施情况的报告》中提出"在一些条件较好的大城市可进行建立未成年人法院的试点；在中级法院要加强未成年人法庭建设；在基层法院要巩固未成年人审判合议庭或未成年人法庭"的指导性意见。顾秀莲的报告廓清了未成年法庭改革的思路，指明了改革的方向，对于我国未成年人司法制度的改革具有重要的指导意义。随后司法机关着手进行未成年审判制度改革，并于 2005 年 10 月发布《人民法院第二个五年改革纲要》，将"完善审理未成年人刑事案件和涉及未成年人权益保护的民事、行政案件的组织机构"作为人民法院"二五改革"的重要目标。

2006 年 2 月在广州召开的全国法院第五次少年法庭工作会议上，最高人民法院副院长沈德咏公开、正式、高度地评价和肯定了未成年人综合庭，认为未成年人综合庭"体现了保障未成年人合法权益的全面性，符合未成年人保护法的基本精神。未成年人法庭在确保未成年人刑事案件审判质量的基础上，扩大受理涉及未成年人保护法的基本精神。未成年人法庭

---

❶ 李郁. 少年法庭出现萎缩原因何在 ［N］. 法制日报，2005 – 11 – 01.

❷ 李郁. 少年法庭出现萎缩原因何在 ［N］. 法制日报，2005 – 11 – 01.

在确保未成年人刑事案件审判质量的基础上，扩大受理涉及未成年人权益的民事案件，有利于在全面保护未成年人合法权益、保障未成年人健康成长方面，充分发挥审判职能作用。设立未成年人案件审判庭还有利于未成年人法庭机构和法官队伍的稳定……今后条件具备的人民法院可以设置独立建制的未成年人案件综合审判庭，受理未成年人刑事案件及未成年人民事案件"。❶

2006 年 7 月在哈尔滨召开"全国部分中级人民法院设立未成年人案件（综合）审判庭试点工作会议"，统一部署在 18 个中级人民法院开展建立独立建制未成年人综合庭的试点工作，以未成年人法庭审判为重心的我国未成年人司法制度开始步入一个新的发展阶段。

2010 年 3 月 25 日，最高法院在《人民法院第三个五年改革纲要》中提出，要完善未成年人案件审判制度和机构设置，推行适合未成年人生理特点和心理特征的案件审理方式及刑罚执行方式的改革，"探索建立被告人附条件的认罪从轻处罚制度，并配合有关部门有条件地建立未成年人轻罪犯罪纪录消灭制度"。❷

应当说，改革开放 30 多年来最值得称道的就是关于未成年人审判制度的不断探索与创新。无论是上海长宁的少年法庭还是北京海淀的圆桌审判，无论是饱受争议的"刑事和解"还是才露尖尖角的"前科消灭"，都是我们应该感到欣慰的改革成果。

从以上各个阶段的实际情况来看，我国少年审判制度的每一次重大发展，都伴随着少年审判组织形式的变革。从另外的角度讲，司法实务部门自发的关于未成年审判组织的实践推动着未成年人司法制度的变革。这种变革反过来又促进了理论上对于未成年司法制度的思考。从目前看，我国少年法庭的组织形式大概包括以下几种：（1）少年刑事案件合议庭（此类合议庭附设于刑事审判庭之内，专门受理未成年人刑事案件）；（2）独立建制的少年刑事案件审判庭（此类是庭级建制的审判庭，专门受理未成年人刑事犯罪案件）；（3）综合性少年案件审判庭（此类少年庭不仅受理少

---

❶　http：//china. findlaw. cn/jingjifa/fuyoubaohufa/wcnrzs/qlfw/8721. html.
❷　http：//china. findlaw. cn/jingjifa/fuyoubaohufa/wcnrzs/qlfw/8721. html.

年刑事案件，还受理有关未成年人保护的民事、行政案件）；（4）指定管辖形成的未成年人案件集中审判机制（在某一个城市里将几个基层法院管辖的未成年人刑事案件，集中到某一个法院审判的做法）。

（二）我国少年法庭制度存在的主要问题

如前所述，目前我国出现了 4 种少年审判组织形式，少年刑事案件合议庭设在刑事审判庭内，其审判组织由具备一定少年案件经验的法官与热心于青少年教育的陪审员组成，负责对未成年人刑事案件进行审判。但是该种形式比较粗糙，法律地位不明确，组织形式也不稳定，其管理、人员、经费都受刑事审判庭的制约，几乎没有什么独立性。因此，很快被具有独立地位的少年刑事审判庭所取代。少年刑事审判庭具有明确的地位，是人民法院内部的一级审判庭。少年法庭的独立性问题得到解决，在人员、经费、管理等方面也有相对的自主权，为少年法庭的专业化发展奠定了基础。但是，突出的问题是案源不足，相对其他业务庭案源得不到保障。基于这种情况，在一些地方法院创办了少年综合案件审判庭，将涉及未成年人的民事、行政、刑事案件统统纳入少年法庭管辖，这一定程度上解决了少年法庭案源不足的问题。但是，这一创举被认为不符合我国经济发展的状况，而没有得到最高人民法院的认可。另外，少年法庭包揽了民事、行政、刑事等审判业务，也不符合现代化分工越来越细的特点，人员配置也是不好解决的主要问题，结果可能不利于审判质量的提高，有损未成年人的合法利益的弊端。至此，未成年人审判改革遇到了不好克服的瓶颈，全国少年法庭出现了缩减的想象，少年司法处在发展的低谷。面对这种情况，司法实务部门结合自身实际，积极探索符合未成年人特点的审判形式，1998 年 5 月，连云港市率先实行对少年案件实行集中指定管辖审理，即将一个地区的少年案件集中到工作基础好、少年法庭机构健全的区法院进行审理，以有效地解决分散管辖产生的案件来源问题和审判质量问题。但是这一形式仍然存在法律依据缺乏、管理及配套措施欠缺的难题。这只能说是一个临时性的、过渡性的组织形式，实属无奈之举。司法实务界并没有停止对少年审判制度的实践反思。2001 年 6 月，在最高人民法院的主持下，北京、上海、天津、江苏、河南等 5 省市少年审判工作研讨会召开，专题研讨建立少年法院的问题。近几年，少年法院的建制是个热点问题，在全国人大会议上多次有人大代表提出设立少年法院的议案，几乎每次有关少年司法的学术会议上，少年法院的设立都成为会议讨论的热点。同时，创设独立少年法院的探索也在部分城市悄然开始，上海、广州、洛阳已经做了许多开创性的工作，提出了设立少年法院的详细实施方案。❶

综上所述，我们认为，我国少年法庭制度存在以下主要问题需要加以研究解决。

第一，未成年人刑事审判组织的专门化程度不高。2001 年《最高法若干规定》第 6 条规定："中级人民法院和基层人民法院可以建立未成年人刑事审判庭。条件不具备的地方，应当在刑事审判庭内设立未成年人刑事案件合议庭或者由专人负责办理未成年人刑事案件。高级人民法院可以在刑事审判庭内设立未成年人刑事案件合议庭。"2012 年《最高人民法院关于适用〈中华人民共和国刑事诉讼法〉的解释》第 462 条做了同样的规定。从这些规定来看，应当说，我国对未成年人刑事审判组织的专门化问题在制度上是明确的。但是从实践中的情况来看，我国未成年人刑事审判组织的专门化程度并不高。这表现在两个方面：一是专门的少年审判组织在全国范围内覆盖率不太高。据统计，截至 2005 年年底，全国法院共建有少年法庭 2420 个，少年法官 7233 名，少年法庭在县地两级行政区划上的覆盖率不到 75%。这表明，我国尚有 1/4 以上的中基层法院尚未建立专门化的未成年人刑事审判组织。二是少年法庭审判人员稳定性不够。虽然，根据 2001 年《最高法若干规定》第 8 条的规定，担任少年审判工作的法官特别是审判长"应当保持其工作的相对稳定性"，但是在实践中，由于多种原因，如领导意识不到位、重视不够、法院内部不同部门的轮岗，其他工作需要以及不少法官不愿意长期从事少年审判工作等，导致大多数法院从事少年审判的法官流动性较大，变化比较频繁。少年法官队伍的不稳定严重制约了少年审判组织专业化水平的提高，直接影响到审判组织专门

---

❶ 翁跃强，等. 未成年人刑事司法程序研究［M］. 北京：中国检察出版社，2010：156 - 157.

化的程度。因此，我们必须进一步加大少年法庭的建设，提高少年法庭在全国中基层法院的覆盖率，同时采取各种措施建立和维持一支稳定的少年审判队伍，借此进一步提高少年审判组织的专门化程度。[1]

第二，独任庭适用未成年人刑事案件的范围过大。从西方其他国家的立法经验看，对于未成年犯罪的案件，可由独任法官审判的一般仅限于轻微的刑事案件。例如在德国，少年法官即独任制少年法庭无权判处 1 年以上的少年刑罚。凡是需要判处 1 年以上刑罚的案件均应由少年参审庭或少年庭管辖。[2] 在英国，治安法院对少年刑事案件的司法管辖权范围限于最高罚款额为 1 000 英镑或判处 6 个月徒刑，或两者并处的案件。[3] 在我国，根据新《刑事诉讼法》第 178 条、第 208 条以及 2001 年《最高法若干规定》第 7 条等规定，凡可能判处 3 年以下有期徒刑并适用附加刑的案件均可由独任庭审理。与国外的情况相比，我国现行制度规定的独任庭可适用的少年刑事案件的范围过大，有权判处的刑罚过重。这与对未成年人案件谨慎处理原则不符，也不能满足未成年人案件由于不公开审判应加大内部监督的客观需要。因此，我们应当缩小独任庭管辖未成年人刑事案件的范围，相应扩大合议庭的适用范围。

第三，在保护未成年刑事被告人合法权利的同时，被害人的合法权益如何保障，也是一个十分突出的问题。全国法院每年受理的刑事案件在1 万件左右，其中大量受害人无法从罪犯那里得到赔偿。据统计，2005 ~ 2006 年，上海两级法院立案执行的刑事附带民事案件 1 030 件，执行到位率为 13.74%。2005 年 1 ~ 5 月，上海市第一中级人民法院受理刑事附带民事诉讼案件执行 30 件，执结 16 件，其中，执行到位的仅 1 件。其原因多数是被告人无稳定的职业和固定收入，或者正在监狱服刑，确实没有赔偿能力，法院责令被告人赔偿被害人经济损失的判决等于是"空判"，从而使那些因犯罪行为遭受重大经济损失、身心受到严重损害的被害人及其亲属产生心理上的巨大失衡。刑事被害人及其亲属缠诉、上访呈逐年上升趋

---

[1] 曾康. 少年刑事审判组织研究 [J]. 少年司法，2009 (5).

[2] 孙云晓，张美英. 当代未成年人法律译丛：德国卷 [M]. 北京：中国检察出版社，2005：182 – 183.

[3] 韩苏琳. 美英德法四国司法制度概况 [M]. 北京：人民法院出版社，2002：248.

势，其中，因没有实际获得赔偿的占 90% 以上，影响社会的安定。因此，确立刑事被害人国家补偿制度，以填补法律制度上的空白，十分必要。❶

（三）我国少年法庭制度的改革完善

1. 我国设立少年法院的必要性和可能性❷

在我国是否有必要设立少年法院的问题，理论界和实务界观点并不统一。大体上有肯定说和否定说两种观点："肯定说"的学者认为，在我国当前设立少年法院具有必要性和可行性。关于其必要性，择其要者归纳如下：（1）设立少年法院正是实施《北京规则》，履行《儿童权利公约》义务的具体体现。《北京规则》和《儿童权利公约》的基本理念应在少年司法和少年审判中得以遵循：一是国家亲权理念。二是保护优先理念。三是特别保护理念。（2）设立少年法院有利于全面保护未成年人的合法权益。现在的少年法庭审理大多只是未成年人犯罪的刑事案件。但在实践中，以未成年人为侵害对象的案件，涉及变更监护人、追索抚养费、抚育费，探视权，侵权赔偿以及继承、婚姻案件中涉及未成年人权利等民事案件和治安行政、教育行政等行政案件也时有发生，都应纳入少年法院进行审理，以充分保护未成年人的合法权益，保护未成年人的健康成长。❸（3）建立少年法院是我国少年司法制度走向全面法制化的关键一步。持该意见的学者还认为，在我国设立少年法院具有可行性：①在法官队伍建设方面，20多年来，我国培养了一大批热心少年审判工作，精通相关审判业务的法官，这是设立少年法院在组织上的重要保证。②我国的少年法庭工作经过10多年的探索和发展，为设立少年法院探索并积累了许多有益的经验和制度。③目前，我国有军事、海事等专门法院，这些专门法院为审理某一行业或类型的案件作出了成功的探索，为少年法院的设置提供了可资借鉴的

---

❶ 周道鸾. 中国少年法庭制度的发展与完善——苏沪少年法庭制度调查报告 [J]. 青少年犯罪问题，2007（6）.

❷ 莫洪宪. 我国少年审判机构改革历程回顾与展望 [J]. 东方法学，2009（5）.

❸ 周道鸾. 中国少年法庭制度的发展与完善——苏沪少年法庭制度调查报告 [J]. 青少年犯罪问题，2007（6）.

经验。④我国具有设立少年法院的法制条件、社会环境等。❶

否定说的学者认为：（1）外国也有少年法庭工作，但受理的都是少年刑事案件，没有涉及少年民事和行政案件。在我国，建立少年法庭是必要的，但建立少年法院没有必要，且不便就地起诉、就地审理。❷（2）在受案范围上，与"少年综合庭"一样，少年法院采取的是"宽幅型"受案，而"宽幅型"受案的指导思想与保护案件的界定之间存在着内在逻辑矛盾，不适合我国法院的现行机构体制，存在少年法庭同其他审判庭在案件管辖上的冲突，不是我国少年审判制度改革和完善的理想模式。❸（3）"宽幅型"受案对审判人员的要求过高。（4）少年法院采纳与少年综合审判庭相同的受案范围，虽有根据当事人是否成年进行专门化分工的优点，但更偏重综合，从总体上讲是与审判组织专门化相背离的，因此是弊大于利。（5）设立少年法院的一个重要原因在于强调对未成年犯罪人的保护，但片面强调未成年犯罪人保护而不利于平等保护各方当事人的合法权益，削弱了对未成年人刑事案件的审理。❹

我们倾向于赞同肯定说，认为建立独立少年法院应该是我国未来少年审判机构改革追求和发展的方向。但是，由于我国司法体制本身的特点以及我国地区经济发展不平衡带来的青少年犯罪的地区分布不均衡性等诸多因素的影响，一刀切式的强制性的在全国实行统一样式的少年法院还有点时机不太成熟。比较合乎实际的做法是在青少年犯罪比较严重的地区搞试点工程，到经验成熟后再逐步推广。在其他地区的今后相当长一段时期应该做好综合庭的研究和建设，为以后建设少年法院积攒人才和经验，到条件成熟再着手建设少年法院。换言之，少年综合庭应该成为向少年法院过渡的一种审判组织形式。

2. 建立健全刑事被害人国家补偿制度，切实保护被害人的合法权益❺

针对司法实践中不少刑事附带民事诉讼案件，被害人得不到赔偿，被

---

❶ 莫洪宪. 我国少年审判机构改革历程回顾与展望［J］. 东方法学，2009（5）.

❷ 周道鸾. 中国少年法庭制度的发展与完善——苏沪少年法庭制度调查报告［J］. 青少年犯罪问题，2007（6）.

❸ 张正富. 上海市举行少年法庭工作交流研讨会［J］. 青少年犯罪问题，1995（1）.

❹ 胡勇敏. 试论审判组织的专门化——兼论少年审判的组织形式［J］. 法律适用，1996（1）.

❺ 见前引周道鸾文.

害人的合法权益得不到保障。我们认为，可以借鉴国际社会经验，除应适用刑事和解、推进恢复性司法外，还应通过立法建立刑事被害人国家补偿制度。刑事被害人国家补偿制度，是指国家对于遭受特定犯罪行为侵害，损失达到一定程度，并且没有获得加害人的赔偿或者赔偿不够的被害人及其家属，由国家给予一定补偿的法律制度。自新西兰率先建立这一制度以来，英国、美国、加拿大、日本、韩国等许多经济社会福利发达国家都相继建立了刑事被害人国家补偿制度。

我国立法部门十分关注建立刑事被害人国家补偿制度，正委托有关单位进行调研，最高人民法院已提出要"研究建立刑事被害人国家救助制度"，有关单位正在研究起草《刑事被害人国家补偿法建议稿》。一些城市如湖北大冶、四川绵竹、山东青岛等也在就建立刑事被害人国家补偿制度问题积极进行探索。我们认为，建立这一制度需要重点研究以下几个问题。

一是国家补偿制度的性质。这种补偿属于社会救济性质。第一，它不是附带民事赔偿，但是对刑事附带民事诉讼制度的一种补充。两者的根本区别在于性质不同：前者是具有救助性质的补偿，后者是具有过错责任的赔偿。第二，它不是国家赔偿。因为国家并没有代替加害人进行赔偿的义务。这种赔偿义务应当由加害人来承担，以附带民事诉讼的形式来实现。第三，它也不是司法救助。"司法救助"有特定的含义。按照《最高人民法院关于对经济确有困难的当事人予以司法救助的规定》，司法救助，"是指人民法院对于民事、行政案件中有充分理由证明自己合法权益受到侵害但经济确有困难的当事人，实行诉讼费用的缓交、减交、免交"。通过司法救助，可以确保当事人依法平等行使诉讼权利，平等享有国家司法资源，体现社会主义司法制度的优越性，维护当事人的合法权益。因此，司法救助适用的对象和目的，与国家补偿制度均不相同。

二是补偿的资金来源。既然是国家补偿，资金来源理应以国家财政拨款为主，以社会捐助资金为辅。国家财政拨款原则上可采由中央和地方两级财政共同负担的形式。考虑到西部地区大西北、大西南经济欠发达，财政比较困难，中央财政拨款应向西部地区倾斜。

三是适用的对象。主要应适用于因严重暴力性犯罪而使被害人的财产和身心受到严重伤害的被害人及依靠被害人生活的人，应以保障被害人及其亲属最低生活水平为标准进行补偿。

四是适用的原则。有两条：一是救济原则。国家只是在被害人确实没有得到被告人赔偿的情况下，对被害人进行的救助。二是有限原则。这一补偿制度只能适用于最需要救助的被害人，不能随意扩大被救助人的范围。

参考文献

一、著作类

[1] 张智辉. 国际刑法问题研究［M］. 北京：中国方正出版社，2002.

[2] 马克昌. 犯罪通论［M］. 武汉：武汉大学出版社，2001.

[3] 马克昌. 比较刑法学原理［M］. 武汉：武汉大学出版社，2002.

[4] 康树华，向泽选. 青少年法学新论［M］. 北京：高等教育出版社，1996.

[5] 康树华. 犯罪学［M］. 北京：群众出版社，1998.

[6] 康树华. 预防未成年人犯罪与法制教育全书：下卷［M］. 北京：西苑出版社，1999.

[7] 康树华. 比较犯罪学［M］. 北京：北京大学出版社，1994.

[8] 康树华. 青少年犯罪与治理［M］. 北京：中国人民公安大学出版社，2000.

[9] 康树华. 犯罪学——历史、现状、未来［M］. 北京：群众出版社，1998.

[10] 梅传强. 犯罪心理学［M］. 北京：法律出版社，2003.

[11] 李伟. 犯罪学的基本范畴［M］. 北京：北京大学出版社，2004.

[12] 罗大华，何为民. 犯罪心理学［M］. 杭州：浙江教育出版社，2002.

[13] 温小洁. 我国未成年人刑事案件诉讼程序研究［M］. 北京：中国人民公安大学出版社，2003.

[14] 周振想. 青少年犯罪学［M］. 北京：中国青年出版社，2004.

[15] 郑杭生. 社会学概论新修［M］. 3 版. 北京：中国人民大学出版社，2003.

[16] 王雪梅. 儿童权利论［M］. 北京：社会科学文献出版社，2005.

[17] 翁跃强，等. 未成年人刑事司法程序研究［M］. 北京：中国检察出版社，2010.

[18] 姚建龙. 长大成人：少年司法制度的建构［M］. 北京：中国人民大学出版社，2003.

［19］储槐植. 刑事一体化与关系刑法论［M］. 北京：北京大学出版社，1997.

［20］张利兆. 未成年人刑事政策研究［M］. 北京：中国检察出版社，2006.

［21］张明楷. 外国刑法纲要［M］. 北京：清华大学出版社，1999.

［22］冯卫国. 刑法总则定罪量刑情节通释［M］. 北京：人民法院出版社，2006.

［23］高铭暄. 刑法专论［M］. 北京：高等教育出版社，2002.

［24］张保平，徐永新. 犯罪心理学［M］. 北京：警官教育出版社，1999.

［25］龙宗智，杨建广. 刑事诉讼法［M］. 北京：高等教育出版社，2003.

［26］甘雨沛，何鹏. 外国刑法学［M］. 北京：北京大学出版社，1984.

［27］樊崇义. 刑事诉讼法学［M］. 北京：中国政法大学出版社，2002.

［28］徐美君. 侦查讯问程序正当性研究［M］. 北京：中国人民公安大学出版社，2003.

［29］烟台大学法学所. 中美学者论青少年犯罪［M］. 北京：群众出版社，1989.

［30］孙云晓，张美英. 当代未成年人法律译丛：德国卷［M］. 北京：中国检察出版社，2005.

［31］孙云晓，张美英. 当代未成年人法律译丛：英国卷［M］. 北京：中国检察出版社，2005.

［32］赵新东. 社区矫正管理实务［M］. 北京：法律出版社，2006.

［33］韩苏琳. 美英德法四国司法制度概况［M］. 北京：人民法院出版社，2002.

［34］陆志谦，胡家福. 当代中国未成年人违法犯罪问题研究［M］. 北京：中国人民公安大学出版社，2005.

［35］赵秉志. 香港刑事诉讼程序法［M］. 北京：北京大学出版社，1996.

［36］陈兴良，周光权. 刑法学的现代展开［M］. 北京：中国人民大学出版社，2006.

［37］傅长禄. 程序与公正［M］. 上海：上海人民出版社，2002.

［38］杨春洗，杨敦先. 中国刑法论［M］. 北京：北京大学出版社，2001.

［39］吴宗宪. 西方犯罪学史［M］. 北京：警官教育出版社，1997.

［40］汪建成. 理想与现实：刑事证据理论的新探索［M］. 北京：北京大学出版社，2006.

［41］吴鹏森. 犯罪社会学［M］. 北京：中国审计出版社，2001.

［42］王利明. 司法改革研究［M］. 北京：法律出版社，2001.

［43］王牧. 犯罪学［M］. 长春：吉林大学出版社，1992.

［44］王运生，严军兴. 英国刑事司法与替刑制度［M］. 北京：中国法制出版社，1999.

［45］张景然. 青少年犯罪学［M］. 台北：台湾巨流出版公司，1993.

［46］沈银和. 中德少年刑法比较研究［M］. 台北：台湾五南图书出版公司，2000.

［47］刘日安. 少年事件处理法论［M］. 台北：台湾三民书局.

［48］刘作揖. 少年事件处理法［M］. 台北：台湾三民书局.

［49］林清祥. 少年事件处理法研究［M］. 台北：台湾五南图书出版公司.

［50］林山田. 刑罚学［M］. 台北：台湾商务印书馆.

［51］林纪东. 少年法概论［M］. 台北：台湾编译馆.

［52］杜里奥·帕多瓦尼. 意大利刑法学原理［M］. 陈忠林，译. 北京：法律出版社，1998.

［53］贝卡利亚. 论犯罪与刑罚［M］. 黄风，译. 北京：中国大百科全书出版社，1993.

［54］龙勃罗梭. 犯罪人论［M］. 黄风，译. 北京：中国法制出版社，2000.

［55］菲利. 实证派犯罪学［M］. 郭建安，译. 北京：中国人民公安大学出版社，1987.

［56］菲利. 犯罪社会学［M］. 郭建安，译. 北京：中国人民公安大学出版社，1990.

［57］克莱门斯·巴特勒斯. 矫正导论［M］. 孙晓雳，等，译. 北京：中国人民公安大学出版社，1991.

［58］马丁·R. 哈斯科尔，路易斯·雅布隆斯基. 青少年犯罪［M］. 耿佐林，等，译. 北京：群众出版社，1987.

［59］汉斯·海因里希·耶塞克，托马斯·魏根特. 德国刑法教科书（总论）［M］. 徐久生，译. 北京：中国法制出版社，2000.

［60］李斯特. 刑法教科书［M］. 徐久生，译. 北京：法律出版社，2000.

［61］木村龟二. 刑法学词典［M］. 顾肖荣，等，译. 上海：上海翻译出版公司，1991.

［62］泽登俊雄. 世界诸国的少年法制［M］. 东京：成文堂，1998.

二、论文类

［1］左卫民，周光权. 论刑事诉讼的迅速原则［J］. 政治与法律，1992（3）.

［2］梁根林. 当代中国少年犯罪的刑事政策总评［J］. 南京大学法律评论，2009（3）.

［3］张波，陈霞. 重庆市未成年犯罪十年调查——以法院审判为视角［D］//中国犯罪学学会第八届学术研讨会论文集（中册），2009.

［4］郭翔. 青少年犯罪：预防、惩教与康复［M］//中国青少年犯罪研究年鉴. 北京：中国方正出版社，2002.

［5］郭翔. 家庭变迁与青少年犯罪［J］. 青少年犯罪研究，2000（3）.

［6］罗开卷，郭振兰. 转型社会中未成年人违法犯罪的现状分析与防治对策［M］//中国刑法学年会文集（2004 年度）第二卷：实务问题研究（下册）. 北京：中国人民公安大学出版社，2004.

［7］戴宜生. 关于 2001 年中国青少年违法犯罪趋势的分析与预测［J］. 青少年犯罪研究，2001（5）.

［8］刘才光，林常茵. 福建省 21 世纪初期少年犯罪概况动态及审判对策［M］//中国刑法学年会文集（2004 年度）第二卷：实务问题研究（下册）. 北京：中国人民公安大学出版社，2004.

［9］邵磊. 略谈我国未成年人犯罪的社会原因及司法对策［J］. 河北青年干部管理学院学报，2005（3）.

［10］吕红梅. 未成年人犯罪现状、成因及对策分析［J］. 广西青年干部学院学报，2005（3）.

［11］胡安忠. 当代家庭与未成年人违法犯罪［J］. 天府新论，2006（6）.

［12］贾冬梅. 当前少女犯罪案件分析［J］. 青少年犯罪问题，1999（1）.

［13］崔建中. 当前女性犯罪的趋势与对策［J］. 青少年犯罪研究，2004（1）.

［14］龙昶. 未成年人犯罪的心理特征及原因分析［J］. 新西部，2007（12）.

［15］顾君忠. 浅析家庭因素与青少年犯罪的关系［J］. 青少年犯罪问题，2002（4）.

［16］尚秀云. 家庭教育应当成为预防未成年人犯罪的第一道防线［J］. 青少年犯罪问题，2004（4）.

［17］周芦萍，余长秀. 城市家庭问题与青少年违法犯罪［J］. 青少年导刊，2002（1）.

［18］刘晓英，康明树，马琰，黄淼. 影响青少年犯罪的家庭原因探析［J］. 中国青年研究，2005（1）.

［19］叶国平，等. 未成年人犯罪刑事政策的完善和发展［J］. 青少年犯罪问题，2004（1）.

［20］杨盛欢，许建军. 少年司法制度的构成与模式述评［J］. 广西政法管理干部学院学报，2009（2）.

［21］杨雄. 未成年人刑事案件中社会调查制度的运用［J］. 法学论坛，2008（1）.

［22］姚建龙. 少年司法制度原则论［J］. 青年探索，2003（1）.

［23］周小萍，曾宁. 略论未成年人刑事诉讼中的分案起诉制度［J］. 青少年犯罪问题，2000（5）.

［24］阮方民. 论刑法中相对负刑事责任年龄规定的适用［J］. 人大报刊复印资料：刑事法学，1999（1）.

［25］韩轶. 未成年人犯罪立法之反思［J］. 法学，2006（1）.

［26］林亚刚. 论我国未成年人犯罪刑事立法的若干规定［J］. 吉林大学社会科学学报，2005（3）.

［27］徐岱. 未成年人犯罪的刑法处遇——刑事政策视域下的学理解释［J］. 吉林大学社会科学学报，2006（6）.

［28］郑鲁宁. 对未成年人犯罪适用无期徒刑问题的探讨［J］. 华东政法学院学报，2001（4）.

［29］彭辅顺. 论对未成年人犯罪适用无期徒刑［J］. 东北大学学报（社科版），2005（1）.

［30］胡云腾，李兵. 未成年人刑事案件法律适用若干问题研究［M］//陈兴良，胡云腾. 中国刑法学年会论文集（2004年度）实务问题研究（下册）. 北京：中国人民公安大学出版社，2004.

［31］柏利民. 未成年人犯罪案件特别诉讼程序研究［J］. 云南大学学报（法学版），2008（3）.

［32］姚建龙. 少年司法制度概念论［J］. 当代青年研究，2002（5）.

［33］姚建龙. 评最高人民法院少年综合庭试点改革［J］. 法学，2007（12）.

［34］马桂平. 中外少年司法矫正制度比较［J］. 郑州大学学报，2004（4）.

［35］许宁. 降低未成年犯罪嫌疑人逮捕率的思考［J］. 青少年犯罪问题，2007（2）.

［36］宋英辉. 酌定不起诉适用中面临的问题与对策——基于未成年人案件的实证研究［J］. 现代法学，2007（1）.

［37］张卫星，秦世飞. 暂缓起诉制度研究［M］//樊崇义，冯中华，刘建国. 刑事起诉与不起诉制度研究. 北京：中国人民公安大学出版社，2007.

［38］毛建平，段明学. 暂缓起诉若干问题研究［J］. 人民检察，2004（6）.

［39］孟红，崔小峰. 未成年人刑事案件中法定代理人制度研究［J］. 青少年犯罪问题，2005（5）.

［40］陈光中，汪海燕.《刑事诉讼法》再修改与未成年人诉讼权利的保障［J］. 中国司法，2007（1）.

［41］江涌. 缺损与完善：未成年犯罪嫌疑人、被告人的律师辩护权探析［J］. 青少年犯罪问题，2007（3）.

［42］傅佳唯. 简易程序不适用少年刑事案件［J］. 青少年犯罪问题，1997（1）.

［43］宋远升. 论未成年人犯罪刑事程序的实质保护［J］. 青少年犯罪问题，2006
（2）.

［44］姚莉. 认罪后的诉讼程序——简易程序与辩诉交易的协调与适用［J］. 法学，
2002（12）.

［45］姜伟，卢宇蓉. 宽严相济刑事政策的辩证关系［J］. 人大复印资料：刑事法学，
2008（3）.

［46］陈伟. 悖论与反正：论未成年人的教育改造——兼评教育刑的否证性［J］. 青少
年犯罪问题，2007（1）.

［47］时奇文. 暂缓判决与未成年犯人权保护［J］. 法制与社会，2008（6）.

［48］陈建明. 未成年人被告人暂缓判决的实践与思考［J］. 青少年犯罪问题，2002
（2）.

［49］张竞模，陈建明. 刑事审判中少年司法保护的探索与实践［J］. 青少年犯罪问
题，2004（5）.

［50］谌远知. 暂缓判决制度管窥［J］. 学术交流，2006（10）.

［51］赵惠. 论前科消灭制度［J］. 河北法学，2000（5）.

［52］李维娜. 论我国前科消灭制度的构建［J］. 河北法学，2003（4）.

［53］于志刚. 简论前科消灭的定义及其内涵［J］. 云南大学学报（法学版），2002
（4）.

［54］管晓静，张惠芳. "未成年人前科消灭"的理论与实践探讨［J］. 山西警官高等
专科学校学报，2004（4）.

［55］高亚男. 未成年人犯罪前科消灭制度研究［J］. 中国刑事法杂志，2009（1）.

［56］赵秉志，廖万里. 论未成年人犯罪前科应予消灭——个社会学角度的分析［J］.
法学论坛，2008（1）.

［57］虞浔. 论我国刑事污点取消制度的建立［J］. 青少年犯罪问题，2001（6）.

［58］房清侠. 前科消灭制度研究［J］. 法学研究，2001（4）.

［59］党建红. 前科消灭制度研究［J］. 河北法学，2006（3）.

［60］柴建国，等. 关于我国未成年人前科消灭制度若干问题的探讨［J］. 河北法学，
2003（3）.

［61］房清侠. 前科消灭制度研究［J］. 法学研究，2001（4）.

［62］马静华. 刑事和解制度论纲［J］. 政治与法律，2003（4）.

［63］刘凌梅. 西方国家刑事和解理论与实践介评［J］. 现代法学，2001（2）.

［64］徐美君. 未成年罪犯与被害人的和解［J］. 中国刑事法杂志，2006（4）.

［65］黄烨. 我国引入刑事和解制度的可行性及价值评析［J］. 信阳师范学院学报：哲学社会科学版，2008（1）.

［66］黄京平，左袖阳. 刑事和解借鉴之分析［J］. 当代法学，2008（1）.

［67］陈庆安，王剑波. 刑事和解制度的优劣势再解读［J］. 河南社会科学，2008（1）.

［68］孟红，虞青松. 未成年犯社区矫正之现实探讨及其制度设计［J］. 东南大学学报：哲学社会科学版，2007（4）.

［69］陈伟. 论未成年人社区矫正——以未成年人特殊刑事政策为中心［J］. 江西公安专科学校学报，2008（2）.

［70］林准. 在全国法院审理未成年人刑事案件经验交流上的讲话［A］//雷迅. 中国少年刑事审判实. 北京：人民法院出版社，1994.

［71］曹加雄，丁年保. 针对少年被告人特点开展审判活动［A］//雷迅. 中国少年刑事审判实践. 北京：人民法院出版社，1994.

［72］莫洪宪. 我国少年审判机构改革历程回顾与展望［J］. 东方法学，2009（5）.

［73］张正富. 上海市举行少年法庭工作交流研讨会［J］. 青少年犯罪问题，1995（1）.

［74］胡勇敏. 试论审判组织的专门化——兼论少年审判的组织形式［J］. 法律适用，1996（1）.

［75］曾康. 少年刑事审判组织研究［J］. 少年司法，2009（5）.

［76］周道鸾. 中国少年法庭制度的发展与完善——苏沪少年法庭制度调查报告［J］. 青少年犯罪问题，2007（6）.

［77］邓芸菁等. 少年犯人格的基本特征及其相关因素的研究［J］. 中国临床心理学杂志，2000（3）.

［78］濑川晃. 少年犯罪的现状与对策［M］//西原春夫. 金光旭，冯军，张凌，等，译. 日本刑事法的重要问题. 北京：法律出版社，2000.

［79］张栋. 未成年被告人法定代理人出庭的若干问题［N］. 检察日报，2008 - 06 - 27.

［80］窦玉梅. 刑事和解，是耶非耶？［N］. 人民法院报，2006 - 08 - 15.

［81］杨宜中. 尽快完善未成年人社区矫正制度［N］. 民法院报，2008 - 03 - 21.

［82］李郁. 少年法庭出现萎缩原因何在［N］. 法制日报，2005 - 11 - 01.

［83］张有义，申欣旺. 未成年人犯罪的全方位治理［N］. 法制日报，2007 - 08 - 26.

［84］郭志俊，周智霞. 38 名少年缘何走上犯罪歧途？［N］. 人民法院报，2007 -

05 – 30.

［85］林志标. 福建龙海：未成年人案件捕前三见面［N］. 检察日报，2007 – 08 – 19.

［86］刘晓阳. 未成年人案件审查逮捕方式改革三点建议［N］. 检察日报，2007 – 07 – 02.

［87］李若凡. 检察院新规：未成年人轻罪可不批捕［N］. 河南日报，2007 – 07 – 02.

［88］高健，宋晓鹏. 东城法院推出未成年人轻微刑事案件和解制度［J］. 北京日报，2007 – 11 – 24.

［89］曾康. 未成年人刑事审判程序研究［D］. 重庆：西南政法大学，2007.

［90］张忠斌. 未成年人犯罪的刑事责任研究［D］. 武汉：武汉大学，2005.

［91］郑荣富. 预防未成年人犯罪的法社会学研究［D］. 兰州：西北师范大学，2007.

［92］樊颖. 青少年犯罪心理探讨［D］. 成都：四川大学，2005.

［93］顾家彪. 当前我国农村未成年人犯罪的原因及对策［D］. 武汉：华中师范大学，2007.

［94］郑英豪. 大城市中心城区青少年犯罪的特点. 成因与预防［D］. 上海：华东政法大学，2007.

三、其他

［1］http：//news. xinhuanet. com/legal/2009 – 06/23/content_ 11586205. htm.

［2］http：//www. chinalawedu. com/news/16900/173/2008/9/wy05621358294980022 6341 – 0. htm.

［3］http：//china. findlaw. cn/jingjifa/fuyoubaohufa/wcnrzs/qlfw/8721. html.

［4］中国青少年研究会调查显示：少年犯主要来自闲散未成年人［J］. 青少年犯罪问题，2003（4）.

［5］俄罗斯联邦刑事诉讼法典［M］. 黄道秀，译. 北京：中国政法大学出版社，2003.

［6］程味秋，等. 联合国人权公约和刑事司法文献汇编［M］. 北京：中国法制出版社，2000.

［7］重庆市沙坪坝区人民法院课题组. 审判实践中未成年人刑事处罚研究［M］. 刑事诉讼前沿研究：第六卷. 北京：中国检察出版社，2007.